U0632450

疾病如何
改变我们的历史

于赓哲　著

图书在版编目(CIP)数据

疾病如何改变我们的历史/于赓哲著. —北京:中华书局,
2021.4
ISBN 978-7-101-15083-4

Ⅰ.疾… Ⅱ.于… Ⅲ.中国历史-古代史-研究
Ⅳ.K220.7

中国版本图书馆 CIP 数据核字(2021)第 031021 号

书　　名	疾病如何改变我们的历史	
著　　者	于赓哲	
责任编辑	郭时羽	
装帧设计	王铭基	
出版发行	中华书局	
	(北京市丰台区太平桥西里 38 号　100073)	
	http://www.zhbc.com.cn	
	E-mail:zhbc@zhbc.com.cn	
印　　刷	北京瑞古冠中印刷厂	
版　　次	2021 年 4 月北京第 1 版	
	2021 年 4 月北京第 1 次印刷	
规　　格	开本/920×1250 毫米　1/32	
	印张 11½　插页 2　字数 210 千字	
印　　数	1-8000 册	
国际书号	ISBN 978-7-101-15083-4	
定　　价	58.00 元	

目 录

引　言

　　疾病可以影响历史，以往这个话题只是一个遥远的历史回音，如今却让全球人感同身受。所以此时此刻阅读本书，相信一定会激起您的很多共鸣。

　　历史学是提供人文思考的学科，历史学是人与人关系的学科，疫病除了影响健康，还对社会稳定、社会结构和人的思想造成冲击。历史上每次大疫病都伴随着政治、经济和思想的巨变，尤其是后者，往往是在面对死亡和恐惧之时人类真实情感的爆发，以往掩盖在平安祥和气氛下的思想分歧也会日渐显著。

　　关于这一点，大家能立即联想到的是黑死病之后的文艺复兴，这大概是疫病改变世界、改变思想的最著名的例证。实际上类似的事情广泛存在于全球范围内，疫病与文明的兴衰、疫病与战争、疫病与经济、疫病与医学思想的巨变、疫病与社会分歧……相关例子不胜枚举，疫病是人类社会进步的结果，是人类必须承受的成长代价。

死神的镰刀一次又一次干扰到人类的安全与发展。但纵观人类历史，瘟疫恰恰又是文明进步的结果，是人口达到一定密度、交通体系日渐发达的副产品。

可能在一般人的想象中，原始人缺乏医学手段，易受传染病戕害，一场伤寒或者流感就要了无数人的命。但实际上不一定。原始社会"老死不相往来"，部落与部落之间缺乏交流，人口稀少，传染病反倒不易传播。原始人健康方面的主要困扰来自外伤、口腔疾病、骨关节疾病、难产等。当然，原始人本就活不了多大岁数，例如北京猿人平均寿命只有 15 岁，新石器时期有了进步，但也很有限，六处遗址（华县、姜寨、大汶口、西麦候、崧泽、圩墩）人骨年龄统计结果是 14 岁以下者 10.8%，15—23 岁者 18.7%，24—35 岁者 31.3%，36—55 岁者 32.5%，56 岁以上者 6.6%。（《中国新石器时代古代居民体质研究》）那时候的营养水平和居住环境决定了人类体质的羸弱，但正是稀疏的人口密度才维持住最后的防线，无意中切断了传染病的传播链条。

随着文明时代的降临，人口逐渐密集，贸易、战争逐步增加，传染病开始获得广阔的舞台。可以说没有文明时代，也就没有人际传染病的频繁密集发生。但是，传染病是有自己的发展史的，同样一种疾病，在各个历史阶段也有不同的形态，细菌、病毒、螺旋体、衣原体、支原体、原虫等病源微生物，其实从它们的角度来看，它们的目的和人类一样，都是繁衍生存。就病毒而言，自然界对于病毒也有筛选机制，杀死所有宿主对于病毒来说并非最优选择：病毒本身会随机变异，其中毒性过强的因为杀死宿主太快而灭绝，传染性弱的因为无法有效传播而灭绝，筛选留下来的病毒体现为传染性强、毒性弱，这是很多病毒性传染病发展的规律，尽可能多繁衍，尽可能少杀死宿主。所以有的疾病刚开始出现的时候十分酷烈，但随着进化会逐渐降低烈度，例如梅毒，例如艾滋病，再例如正在全球肆虐的新型冠状病毒肺炎。如今加上疫苗的广泛接种，新冠病毒最终发展的方向一定是"泯然众人矣"。

在人类社会早期阶段，各个文明的体量还不够大，往往一场疫病就能摧毁一个文明。随着文明实体的不断壮大，人类对抗饥荒、瘟疫和气候地理变化的能力也在增强，所以文明的发展最终是可以提供更强大的应对疫病的手段。当然，文明程度越高，瘟疫传播的速度就越快，但同时人类应对手段也会更加先进。总的来说，传染病在人类疾病图谱中所占比重已经开始走下坡路，不再是导致人类死亡的主要原因。以我国为例：1957 年，威胁中国人健康的主要因素前十名是呼吸系统疾病、急性传染病、肺结核、消化系病、心脏病、脑血管病、恶性肿瘤、神经系病、外伤及中毒、其他结核。到了 2002 年，威胁中国人健康的主要因素前十名座次有了明显变化，分别为恶性肿瘤、脑血管疾病、呼吸系统疾病、心脏病、损伤及中毒、消化系病、内分泌和营养代谢疾病、泌尿生殖系病、神经系病、围生期病。（根据《中国卫生年鉴（1984）》《中国卫生年鉴（2003）》）美国的情况与此类似：1900 年的统计表明，当时威胁美国人健康的主要因素前十名是肺炎与流感、肺结核、痢疾与肠炎、心脏病、中风、肾炎、意外事故、婴儿早期疾病、癌症、年迈；而到了 1990 年，"座次"同样发生明显变化，心脏病、恶性肿瘤、脑血管疾病成为前三名，其后依次是意外事故、慢性动脉障碍疾病、肺炎与流感、糖尿病、自杀、他杀、慢性肝病及肝硬化。（根据美国人口普查局《美国历史统计年鉴：从殖民时代到 1970 年》）

看得出来，这是一个传染病不断"退席"的过程，随着人类营养条件改善，现代化的医疗技术和公共卫生体系的进步使得传染病退居次席，正是在人类接连战胜天花、结核、鼠疫、疟疾、霍乱等疾病后，癌症、心脑血管疾病才逐渐凸显出来。如今经常有人抱怨说"现在的癌症怎么这么多"，其实癌症日渐增多，恰恰是人类进步的体现。疾病就好比是守阵地的敌人，医学好比进攻者，进攻者已经拿下了天花、鼠疫、疟疾、霍乱等外围阵地，才直面癌症这个核心阵地。而且癌症总的来说多见于老年患者，人类寿命的延长也是癌症凸显的一大要因，在古代大多数人活不到癌症高发的年龄。

本次疫情所带来的社会结构和思想的变化还有待时间来

展现和验证，而目前显而易见的则是全球范围内对于全球化的反思。

　　新冠肺炎疫情最可瞩目的就是其全球化色彩。病毒借助现代化的交通体系可以在数日甚至十数小时之内传至万里之外，进而蔓延成全球性疫情。虽然问题丛生，但不可否认的是第二次世界大战以后的人类在物质文明上取得了前所未有的成就，人类整体的营养水平和医疗保健水平都达到了历史新高。只是，这也造成了一种"文恬武嬉"的松弛氛围，人们面对新的公共卫生灾难时四顾茫然，被打了个措手不及。另一方面来说，民众的心理承受能力比起以前也有明显改变，对科技充满信心的反面，是对病毒竟然无法被迅速消灭这一事实的难以接受。再加上互联网的信息集中和放大作用，一时间将巨量消息推送到人们面前，让人们的心理更加敏感，更加脆弱，由此还产生了种种阴谋论和悲观论，甚至产生"全球化就此终结"的结论。

　　这一切其实大可不必。

　　全球化的疫情本就是全球化生活的附属品，自古以来便是如此。而全球化大大促进了人类文明水平提升，也能提供更多的疾病应对手段，从这个角度来说，败也萧何，成也萧何，人类既然不可能靠封闭模式发展，那么也就必须正视全球化所带来的全球化疫情。这是人类前进的必要代价。而且以现代人类的科技和组织能力，这个坎必须也必然能够迈过。

全球化的国际合作也会增强人类抵抗瘟疫的能力，比如港口检疫制度就是一例。港口检疫制度发源于黑死病时期的意大利。当时的意大利是黑死病的重灾区，而黑死病的传播就是靠着地中海的贸易路线，所以作为贸易重镇的威尼斯和米兰最早采取了港口检疫措施。起初只是对可疑船只的抽检，并有简单的消毒措施；1374 年以后，规定来自疫区的船只全部在港口停泊隔离，最初是 10 天，后来是 30 天，最后确立为 40 天，隔离期满无病才可靠岸贸易，quarantine（隔离检疫期）这个单词源自 quarantina，后者即"40 天"的意思，据说当时炼金术家称 40 天为一个哲学月，所以作为隔离周期。这其实应该是经验积累的结果，因为 40 天足以覆盖多数传染病的潜伏期了。1383 年，法国马赛港也采取了这个措施，后来欧洲各港口相继效仿。

但是，应对疾病需要更密切的国际合作。18 世纪早期，欧洲又爆发了一场瘟疫，被称作马赛鼠疫或马赛大瘟疫，是欧洲近代史上最后肆虐的大瘟疫之一。伏尔泰、卢梭、黑格尔都记载和论述过这场瘟疫。1720 年，一艘名叫大圣安图望号的货船经由黎巴嫩、塞浦路斯到达马赛，由于近东有鼠疫，而船上有土耳其乘客因病去世，且船员也有发病者，所以港口按照港口检疫制度拒绝该船入港。但是当地商人的货（主要是丝绸和棉花）在船上，延期上岸将导致利益受损，所以在大商人的压力下，港口准许靠岸。瘟疫由此蔓延到城内。

　　这场大鼠疫死亡率奇高，停尸房迅速爆满，新挖的万人坑也迅速被填满，市民恐慌，四处奔逃。法国政府下令封锁马赛和普罗旺斯其他地区，为此建造一道长墙（Murdela Peste）进行封锁，长墙用石块堆砌，高2米，厚0.7米，至今尚有残段保留。在当时，违反禁令逾墙者甚至会被处死。

　　在严厉措施的保障下，马赛鼠疫在较短时间内被平息，但仍然造成马赛9万居民中的近5万人丧生，在艾克斯、阿尔勒和土伦，也有5万人丧生。总死亡率估计在25%至50%，马赛为40%以上。这场瘟疫中，法国与西班牙制定国际法，保证检疫合作，算得上是抗疫过程中的一个亮点。人们意识到，充分的国际合作、卫生情报的交换、技术和经验交流是保障检疫措施有效的不二法门。国际卫生组织的使命之一就在于此。

　　文明客观上可能为传染病的传播提供途径，但文明因交流而强大，强大的文明和现代化的卫生体系能够反过来克制传染病的传播。中国古代十室九空的疫病惨景已经不复存在，欧洲杀死近一半人口的黑死病也只存留于记忆之中，威胁人类健康的因素中，传染病已经式微。但为什么当代人往往发出"现在怎么这么多新病"的疑问？那是因为大多数民众习惯于"疾病一成不变"的固有认知。其实通过前面的讲述可以看到，老的疾病会有新的品种，新的疾病会自外传入。而且在分子生物学介入医学以前，对于病毒的变异的认知是模糊的，病毒自身在不断变异，变异的周期也有变化，由动物传给人、实现人际传播的现象等，这些对于一般民众来说都是比较模糊的知识（甚至于现在还有很多人不知道细菌与病毒是两回事）。再加上检查和筛选手段的进步，使得疾病来源的认知脱离了大众常识，所以才造成了"现在怎么这么多新病"的认知误区。而现代网络的传播速度，使得全球的传染病都以各种方式展现在人们面前，这些疾病很多是前网络时代难以得知的，因此也容易造成一种新病特别多的错觉。

所以说，全球化是几千年来人类发展的结果，是人类壮大自己、丰富自己的必要途径，瘟疫是与它相伴相随的"副产品"，任何事物都有正负两面，瘟疫是人类发展必须要付出的代价，因为瘟疫而终止全球化，不是也不可能是我们的选择。更何况，全球化还能带来更有效、更全面的对抗瘟疫的手段，人类的历史尤其是最近百年的历史，就是一部不断克制瘟疫的历史，任何新的疫情都不会彻底扭转全球化的趋势。克服它只是时间问题。

本书所提供的，不是"中国医学史"，或者"中国疾病史"，而是将疾病和应对疾病的手段作为"读史"的窗口，举凡重大瘟疫、防疫措施、古代医疗系统、长生药与政治、性病与青楼文化、神秘而虚无缥缈的蛊毒与瘴气、古代外科手术尤其是华佗事迹的真假、割股疗亲是否真有治病功效……

从中不仅要看到疾病对历史进程的影响，还要看到人们为了对抗疾病、追求健康与长生时采取的种种手段对历史进程的影响，以及疾病对古代中国思想的冲击，对许多人人生的改变——尽管有时他们可能完全没有意识到这种改变源于疾病。

　　本书力求做到深入浅出，贴近人心，呈送细节，不作大而化之的概述，而是尽量将一些历史碎片缀合在一起，展现疾病与历史进程关系图谱；不求面面俱到，但求能够让枯燥的史料鲜活起来，展现人类生活史"另一面"的部分细节。细节有时最能打动人心。

第一章

中国历史上的大瘟疫

正如引言所说，瘟疫的蔓延是人类文明进步、交往频繁的副产品，随着陆上丝绸之路的日渐繁荣，汉代以来外来疾病的进入亦格外引人瞩目。范行准《中国预防医学思想史》："中国最早发生有毁灭性的传染病，如鼠疫、天花、真性霍乱等，都是外来的。"的确如此，但是事情可能是比较复杂的，新发现也在不断补充或者修正我们的看法。

一、历史上杀人最多的瘟疫：鼠疫

（一）鼠疫的起源和五千年前部落的灭亡

一般认为鼠疫的传入始于秦汉时期，其实不然，鼠疫侵入中国的时间比我们想象得更早，不必晚到此时。

北方和中亚草原地带是鼠疫的策源地，*Cell*（《细胞》）杂志曾报道生物考古学者的研究，他们在欧亚大陆数个史前遗址中发现了鼠疫的直接证据，鼠疫杆菌至少在大约五千年前就已经存在于内陆草原，并且开始袭扰人类。内蒙古通辽哈民忙哈遗址的发现就很有代表性。哈民忙哈遗址共有房址43座、墓葬6座、灰坑33座、环壕1条，清理面积达4000余平方米，在7座房屋遗迹中发现了完整的房屋顶部木质结构。一些房屋内有大量尸骨，其中一座房子里有 97 具，体现出集中死亡的迹象，有观点认为死因是战争，还有观点认为是瘟疫。遗址研究者陈胜前即撰文指出："哈民忙哈先民过着一种以广谱狩猎采集兼营少量农业的生活。他们生活在科尔沁沙地的腹心地带，农业的边缘环境，很容易遇到灾年。可能是某一年的春夏之交时，因为食物不足，人们挖掘穴居动物的洞穴，捕食这些动物，由此感染了瘟疫，最有可能是鼠疫，大量人口死亡，剩下的人仓促埋葬了死者后，迅速撤离。"碳十四测年结果表明该遗址距今约 5500 年至 5000 年，相当于红山文化晚期，"哈民忙哈遗址是目前国内发现最早的一处因为瘟疫而废弃的新石器时代遗址，年代较红山文化略晚。除此之外，另一处同样可能因为瘟疫而废弃的遗址是内蒙古乌兰察布的庙子沟遗址……庙子沟遗址使用时间比较长，遭遇瘟疫的庙子沟人似乎受到了惊吓，迅速逃离，因此我们能够看到大量完整的物品。庙子沟与哈民忙哈遗址的年代差不多，环境也类似，遭遇的也可能是同样的瘟疫"（《瘟疫的考古学思考》）。

如果这个结论能得到体质人类学的确认，那无疑是很有意义的。范行准《中国预防医学思想史》认为鼠疫是外来疾病，现在就看怎么定义这个"外"了。按照古人中原与非中原的划分，鼠疫的确可能起源于欧亚内陆尤其是草原地区，算是外，但既然空间距离如此之近，进入中原的时间恐怕也比原先的判断早得多。

（二）汉末瘟疫与建安文学的凋零

中国古代几乎每个朝代都有重大疫情，而且很多属于外来疾病，越是外来疾病，往往就越酷烈，原因是本地人对外来病菌、病毒没有抵抗力，也缺乏应对经验。比如东汉末汉献帝时期爆发了严重的瘟疫，长安、洛阳城外白骨蔽野，到处都是病死之人。曹植《说疫气》记载："建安二十二年，疠气流行，家家有僵尸之痛，室室有号泣之哀。或阖门而殪，或覆族而丧。"

这场疫情对建安文学也构成了巨大打击。说到建安文学，我们首先想到的代表人物除了曹家父子（曹操、曹丕、曹植）、蔡琰等人外，就是建安七子（孔融、陈琳、王粲、徐幹、阮瑀、应玚、刘桢）。而建安七子中至少有四人死于这场瘟疫。邺城等地当时是重疫区，曹丕在《与吴质书》中说："昔年疾疫，亲故多罹其灾，徐、陈、应、刘一时俱逝。"时在邺下的徐幹、陈琳、应玚、刘桢短时间内均染病去世。

其余三人中，王粲亦疑似死于瘟疫。《三国志》卷二一记载，他于"建安二十一年，从征吴。二十二年春，道病卒，时年四十一"。而卷一五记载司马懿之兄司马朗就是在军中死于疾病："建安二十二年，与夏侯惇、臧霸等征吴。到居巢，军士大疫，朗躬巡视，致医药。遇疾卒，时年四十七。"当时军中已有大瘟疫，王粲也染疫而去世的可能性不能排除。

不过晋皇甫谧《针灸甲乙经》序言中有另外一个故事："仲景见侍中王仲宣，时年二十余，谓曰：'君有病，四十当眉落，眉落半年而死，令服五石汤可免。'仲宣嫌其言忤，受汤勿服。居三日，见仲宣谓曰：'服汤否？'仲宣曰：'已服。'仲景曰：'色候固非服汤之诊，君何轻命也？'仲宣犹不言。后二十年果眉落，后一百八十七日而死，终如其言。"此事又见于《太平御览》卷七三九引《何颙别传》，不过仲宣的年龄变成了十七。王仲宣就是王粲，张仲景在其年轻时就预言中年以后眉毛当脱落，意即王粲身患麻风病，后来果如其言。这两段史料的真实性令人怀疑，尤其是张仲景的生卒年目前尚有争议。学界观点：第一种为仲景生于 140—150 年，卒于 205—220 年；第二种为晚期说，即仲景可能接近三国时代；第三种为早期说，即仲景跨越汉桓帝时期（147—167），151—153 年已成壮年，则其生年当早于 140 年，甚至可能至 130 年。（韩奕、耿建国《张仲景时代与生卒年考》）目前尚无定论，所以张仲景与王粲是否有交集，仍须存疑。

建安七子中另外两人均在早先去世，孔融于建安十三年被杀，阮瑀于建安十七年病死。至建安二十二年大瘟疫过后，建安七子全部凋零。这只是冰山之一角，可见当时疫病死亡率之高。

这场瘟疫究竟是什么病？郭霭春认为是疟疾，但北方应无恶性疟，间日、三日疟危害性较低，似乎无法造成如此巨大的死亡率。符友丰认为是鼠疫。虽然证据比较单薄，但就其惨烈程度和传播速度之快，以及患者有皮下结节这一特征来看，确实极可能是鼠疫。

（三）金朝灭亡与明末死局

可能与鼠疫有关的还有金朝的灭亡。

蒙古曾长期臣服于金朝，备受欺凌。成吉思汗势力壮大后，对外扩张重要的一步就是发动对金战争（包括对西夏的战争）。蒙金战争前后历时 24 年，1213 年，成吉思汗进逼金中都（北京），迫使金宣宗乞和。

第二年，畏惧蒙古兵威的金宣宗迁都南京（今开封）。1215 年，蒙古占据中都。随后的战争变得规模更大，更加残酷。蒙古从三个方向展开战略攻势，并且借助中原技术力量强化攻城能力。金则以封九公的方式调动各种力量，划分战区责任，与蒙古在今山西、河北、山东、陕西展开拉锯战，金哀宗完颜守绪即位后，同西夏和好，严守潼关，另派精兵二十万沿黄河分段坚守。

成吉思汗去世后，窝阔台御驾亲征，兵分三路大举围攻金朝。金哀宗紧急征调黄河守军二十万在钧州西南三峰山迎击拖雷，先胜后败，在大雪中被蒙古击溃，金丧失了最后的精锐主力。潼关守军也宣告投降。三月，速不台、塔察儿奉命围攻南京汴梁。

此时的汴京，有以前从中都迁来的大批居民，又有大量从周边逃难入城的难民，城内拥挤、混乱、肮脏，补给渠道也不够通畅。

不久，一场大瘟疫降临，《金史》卷一七记载："汴京大疫，凡五十日，诸门出死者九十余万人，贫不能葬者不在是数。"

李杲《内外伤辨惑论》："向者壬辰改元，京师戒严，迨三月下旬，受敌者凡半月，解围之后，都人之不受病者，万无一二。既病而死者，继踵而不绝。都门十有二所，每日各门所送，多者二千，少者不下一千，似此者几三月。"

《蒙兀儿史记》："夏四月……速别额台乃托言避暑，退驻汝州，掠其粮，欲俟汴京守者饥疲自溃。未几汴京果大疫，五旬之内，诸门出死者九十余万人。"

当时蒙古军使用抛石机数百台攻城，守军则使用火药武器还击，双方均付出较大代价。蒙古军队素来善于疲敌，故速不台等暂时撤退到汝州一带，虎视眈眈，期待汴京爆发饥荒而自溃。结果汴京迎来了大瘟疫。

关于瘟疫爆发时间，各种史料记载不一，王星光、郑言午《也论金末汴京大疫的诱因与性质》认为瘟疫爆发时间是金天兴元年夏四月。持续六十余天。

　　当时城内的人口总数惊人（因为有迁都移民和临时入城难民），王国维《耶律文正公年谱余记》认为有四五百万，吴松弟认为有二百万，曹树基、李玉尚认为有二百五十万。对比一下的话，南朝建康、盛唐长安鼎盛时期也不过一百万居民，此时汴京城内之拥挤混乱可想而知，这为瘟疫的发生创造了条件。而且城内补给日缺，"汴受围数月，仓库匮乏"，"及大元兵围汴，日久食尽"，皇宫开始杀马充饥。营养条件的下降导致城内军民体质羸弱，免疫力低下。

　　蒙古军也遭到瘟疫波及。双方暂时议和。但蒙古并未真正撤军，依旧保持虎视眈眈之势。而汴京人则度日如年，惶惶不可终日。六月，飞虎军二百人夺封丘门出逃，九月又发生军人杀害门吏出逃事件。到了年底，金哀宗被迫撤离汴京。第二年正月，汴京投降。

　　1234 年，蒙古灭金。汴京大疫堪称这场历时二十四年战争中压倒金朝的最后一根稻草。至于这场病究竟是什么病，亲历此役的医学家李杲在《脉诀指掌》（一题朱震亨著）中记载："予目壬辰首乱以来，民中燥热之气者，多发热，痰结咳嗽。医又不识时变，投半夏、南星等，以益其燥热，遂至咳血，肾涎逆涌，咯吐不已，肌肉干枯而死者多矣。"他否认此病为伤寒，认为是内伤脾胃。范行准、符友丰、曹树基等认为这是一场大鼠疫，但是也有学者提出疑问，如马伯英认为李杲的描述"均不见淋巴腺肿、咯血、皮肤出血或瘀血等症状。如果是鼠疫，蛛丝马迹总应当有的"。尤其是 1202 年李呆曾经治疗过大头天行病（又名大头瘟），这就是鼠疫，假如是同一种病，李呆不至于陌生化描述汴京的这场疫情。马伯英提出是真性伤寒。此外还有传染性肝炎、流感等诸多说法，莫衷一是。

明代晚期也爆发了大鼠疫（电影《大明劫》所展现的就是这场鼠疫），集中爆发于崇祯年间。曹树基、李玉尚《鼠疫：战争与和平——中国的环境与社会变迁（1230—1960年）》一书指出，中国 13 世纪以来鼠疫就十分频繁，而崇祯年间格外严重，造成大量人口死亡和流离失所。与此同时崇祯还面临着小冰河期气候带来的干旱减产、农民起义、女真入侵，这些因素一起铸成了明末的死局——任何人都无法解开的死局。顺便说一下，这场鼠疫促生了人类第一次对肺鼠疫的认知，医人吴又可在这场灾难中首先提出戾气致病，并且明确提出戾气自口鼻传入，将原先模糊的邪气致病渠道说明确化，超越伤寒、六淫之说，为以后的科学防疫提供了理论支持。当然，他的学说也有进两步退一步的弊端，可参看拙著《从疾病到人心——中古医疗社会史再探》中的第七章《弥漫天地间——气与中国古代瘟疫的"致"与"治"》。

（四）世界上的三次鼠疫大流行

鼠疫不仅给中国造成灾难，在全世界各地都曾酿成无与伦比的惨剧，可以说是历史上杀人最多的瘟疫。对于欧洲人来说，有三次鼠疫大流行让他们刻骨铭心。

第一次是"查士丁尼瘟疫"。公元541年，东罗马帝国君士坦丁堡爆发鼠疫，并且顺着交通网蔓延到地中海沿岸地区，且于半个世纪内几度复发。据估计，其中第一次爆发导致帝国三分之一人口病死，人口总数由四千多万下降到两千六百万，首都君士坦丁堡损失尤为惨重，约百分之四十的居民被杀死。鼠疫还让畜牧业受到致命打击。这场瘟疫可以说直接击碎了查士丁尼大帝原本势头良好的"帝国光荣复兴"之梦。541年至700年间，整个欧洲人口因此减少近一半。而依靠伊斯兰教崛起的阿拉伯人能够迅速占领原属欧洲人的大片领地，可能也受益于此。

关于这次鼠疫，威廉·麦克尼尔（William H. McNeill）1976年出版的《瘟疫与人》构建了一个"鼠疫流行框架"，其中涉及中国。由于我不懂外国史，所以不好评价涉及外国的部分，但就中国这部分而言，不少论断是有硬伤的。麦克尼尔对于中国古代医学的了解似乎主要源自王吉民、伍连德《中国医史》，而原因可以想见——这是第一部用英文书写的中国医学史，西方学者看得懂。所以书中一些错误也被因袭下来。比如对于中国鼠疫的描述，麦克尼尔想将其"镶嵌"入他的"鼠疫全球流行框架"中，所以他借助了《中国医史》的论述，认为"中国最早对该病的描述始于610年……可推

断，鼠疫系由海路于 7 世纪早期来到中国，距离该病于 542
年侵入地中海，仅隔两代人的时间"。可是问题在于，这段论
述依据是隋代《诸病源候论》里的"恶核者，肉里忽有核，
累累如梅李，小如豆粒，皮肉燥痛，左右走身中，卒然而起，
此风邪挟毒所成。其亦似射工毒。初得无常处，多恻恻痛，
不即治，毒入腹，烦闷恶寒即杀人。久不瘥，则变作瘘"。唐
代《千金方》中亦有类似描述。这段描述因为涉及鼠疫常见
症状——结节，所以被认为说的是鼠疫。这一点是否正确先
不论（"久不瘥，则变作瘘"这一句并不符合鼠疫症状），就
说史料来源也明显有硬伤。《诸病源候论》成书于 610 年，
《千金方》成书于 642 年，所以麦克尼尔认为中国最早的鼠疫
就是发生于这个时期的。麦克尼尔丝毫不懂中国古籍的特
点——古籍内容辗转沿袭，一定要追根溯源才行。这段文字
很明显来自葛洪《肘后备急方》卷五："恶核病者，肉中忽有
核，如梅李，小者如豆粒，皮中惨痛，左右走身中，壮热□禁
恶寒是也。此病卒然如起，有毒入腹杀人，南方多有此患。"
葛洪是东晋人，即便把后期陶弘景窜入文字考虑进去，也是南
朝的，都无法支持麦克尼尔的鼠疫流行框架中鼠疫最早于公元
7 世纪才来到中国的论述。查诸史料，7 世纪的时候，中国境
内没有严重的鼠疫疫情，不能被纳入全球流行框架中。

在该书中译本 81 页，麦克尼尔还称中国在 762 年爆发瘟
疫，"山东省死者过半"。首先，唐代不存在"山东省"。其

次，这段史料来自《旧唐书·代宗纪》："是岁（宝应元年，762 年），江东大疫，死者过半。"可能作者不知道"江东"是什么，于是套用了自己熟悉的"山东"，导致南辕北辙。《瘟疫与人》是一部经典著作，其思想和理论框架（尤其是寄生理论）是值得赞赏的，但是此类错误也必须指出，因为这会影响到我们对其理论的评价。

第二次大鼠疫即著名的"黑死病"。14 世纪从意大利开始爆发。沿着港口和海路迅速蔓延，杀死了将近一半的欧洲人，带来巨大的社会恐慌，并且引发思想巨变，间接促生了文艺复兴和近代欧洲的崛起。

一直以来有一种观点占据主流，即这场瘟疫起自中国，然后蔓延到欧洲。麦克尼尔在《瘟疫与人》中即表示："在1252 年蒙古人初次侵入云南、缅甸后的某个时候，他们不经意地把鼠疫杆菌传给了自家大草原上的啮齿类族群，并因此开启了现代医学研究人员在中国东北所发现的慢性长期感染模式。"也有中国学者认为黑死病首先发源于云南，经由埃及北渡地中海传染至意大利，最终蔓延至整个欧洲。但现在看来，有关鼠疫来自中国之说，主要依靠的是意大利人和埃及人的记载，并不见得可靠。李化成《瘟疫来自中国？—— 14世纪黑死病发源地问题研究述论》：

在黑死病的发源地问题上，学者们颇有争论，特别是中国受到了较多的关注。但从词源学的角度来看，黑死病源于中国的论断很可能是个谣传。鼠疫自然疫源地在中亚地区自东而西连绵不绝的分布，使我们目前很难断定到底哪一处是瘟疫的发源地；而只有在断定了瘟疫在中亚各地爆发的时间次序，才有可能进一步考证其准确的发源地。从某种意义上说，整个中亚都是黑死病的发源地。

道斯作出黑死病发源于北中国这一判断的主要论据，是建立在马穆鲁克帝国时代著名的埃及史学家艾哈迈德·麦格里齐（Al·Maqrizi，1364—1442 年）的一段记载之上的：瘟疫在到达埃及以前，先出现在大汗的土地上——距离大不里士（Tabriz）要六个月的行程，那里居住着契丹人（Khitai）和蒙古人，推测起来应为今天的蒙古和中国北部。……

从词源学上来说，Khitai 或 Khitay 起源于公元 10 至 13 世纪在我国北方（含东北和西北部）广大地区由契丹族建立的契丹国国名 Khya—ttan（即辽和西辽），Khyattan 进入突厥语称为 Khitay……最后由拉丁语借入并演化成 Cathay……而此时无论 Cathay 还是 Khitai 或者 Khitay，即使是指"北中国"，也不是现在意义上的中国北部，而是蒙古人统治的土地。

也就是说，那时候的意大利人和埃及人口中的"中国"，并不见得是真正的中国，而是泛指蒙古人统治的广大地盘。更重要的是，作为所谓起源地的中国，却在14世纪前半阶段找不到相应的鼠疫大爆发的记录。既然如此，又拿什么传给欧洲呢？所以，黑死病起源地最大可能是中亚草原地带，是随着蒙古西征的脚步传播到欧洲去的。

第三次世界鼠疫大流行则发生在19世纪，这场鼠疫的确起源于中国。从18世纪开始，云南就有鼠疫疫情，1855年，又一轮疫情在云南出现（本地人称为"痒子病"）。1894年扩散至香港，这个国际贸易港可能起到了传播中枢作用。鼠疫波及亚洲、欧洲、美洲、非洲的数十个国家，一直到20世纪40年代以后才逐渐停止。据估计全球死亡人数在1500万以上。

鼠疫肆虐历史久矣，但人类长时间不知道这种瘟疫与老鼠之间的关系。清代乾隆壬子癸丑年间（1792—1793），中国西南数省爆发大鼠疫，死亡累累，云南赵州诗人师道南写下《鼠死行》，记录了当时鼠疫流行的惨状，并且第一次明确将老鼠与鼠疫相联系，尽管不是清晰的因果关系，但已经有了初步的模糊认识（古代人类很多认知都是靠实践和归纳总结出来的，而非理论先行），诗曰：

东死鼠，西死鼠，人见死鼠如见虎。鼠死不几日，人死如圻堵。昼死人，莫问数，日色惨淡愁云护。三人行未十步多，忽死两人横截路。夜死人，不敢哭，疫鬼吐气灯摇绿。须臾风起灯忽无，人鬼尸棺暗同屋。乌啼不断，犬泣时闻。人含鬼色，鬼夺人神。白日逢人多是鬼，黄昏遇鬼反疑人。人死满地人烟倒，人骨渐被风吹老。田禾无人收，官租向谁考。我欲骑天龙，上天府，呼天公，乞天母，洒天浆，散天乳，酥透九原千丈土，地下人人都活归，黄泉化作回春雨。

洪亮吉《北江诗话》记载，师道南作此诗后不久去世，死时未满 30 岁。不能排除也是死于鼠疫的可能。

（五）清末东北地区的大鼠疫

清末东北地区也有一次大鼠疫流行，而且病源的确是外入。1910 年 10 月，俄罗斯大乌拉尔地区务工的中国人中爆发了鼠疫，多人死亡。沙俄当局驱逐中国人，鼠疫就这样被带回国内。1910 年 10 月 25 日，满洲里首次出现鼠疫，11 月 8 日即传至哈尔滨。黑龙江逐渐成为漩涡中心，鼠疫一度蔓延到了河北、山东等地，最后死亡总人数达到 6 万以上。

与此同时，清政府在自己灭亡前夕终于展现了一点"近代化政府"的色彩，委派剑桥大学西医博士伍连德为钦差，主持防疫。而伍连德的抗疫成功，也为他带来了巨大声誉。

伍连德是最早获得医学博士学位的华人之一。他的二舅是北洋水师广乙号管带林国祥，参加过丰岛海战，三舅林国裕亦是海军，阵亡于黄海海战。伍连德妻黄淑琼是名门望族，叔父黄乃模为致远号副管带，随邓世昌殉国，清廷追赠武威将军。伍连德可谓系出名门。

伍连德的东北防疫，不仅要对抗疫病，还要与势力在东北盘根错节的沙俄、日本周旋，同时还要应对传统观念，例如解剖尸体、焚烧患者遗体、大规模隔离、阻断春节交通等措施，都与当时的社会观念格格不入，以至于当时民间有人讽刺曰："民不死于疫而死于防疫。"可以想见伍连德当时顶着多大的压力。

伍连德来到哈尔滨的时候，中国、俄国、日本、法国等国医生已经在疫区工作若干时日。按照当时的理论，这次鼠疫被断定为腺鼠疫，传播渠道是鼠—跳蚤—人。这是有著名鼠疫研究者、日本学者北里柴三郎的理论做支撑的，同时还获得了北洋医学堂首席教授、法国医生梅斯尼的支持。所以当时以灭鼠为要务。但是死亡者依旧众多。

伍连德来到疫情最重的哈尔滨傅家甸，时值冬季，伍连德产生疑问：如此严寒之下老鼠活动并不活跃，为什么会大规模传染鼠疫？检验老鼠尸体也没有发现鼠疫杆菌，但是在鼠疫患者的肺部中发现了大量的鼠疫杆菌。于是他大胆提出了全新的观点：鼠疫杆菌可以通过人与人之间近距离呼吸传播，即肺鼠疫。

这个观点几乎遭到了当时参与防疫的所有外国医生的一

致反对。因为这超越了他们的认知范围。但是伍连德坚持认为人际传播是目前传播的主要渠道，所以他开展大规模的隔离防疫，并且强制要求佩戴口罩。梅斯尼则拒绝佩戴，最终不幸殉职。伍连德还顶着舆论压力，成批焚烧死者遗体，阻断春节时的交通。鼠疫终于被遏制住了。伍连德的发现也被世界医学界所接受，并且由此获得了诺贝尔医学奖的提名。

清政府在这次防疫过程中，不仅依靠现代科学，而且展开多国协作，破除旧观念，多省协调防疫（例如在阻断交通方面就涉及东北、直隶、山东等多地），初步建立起了近代化的防疫机制，展现了一点近代化的色彩，可算是清末黑暗政治中为数不多的亮点之一。

二、左右皇帝人选的疫病：天花

　　天花也是外来疾病，数千年前的埃及木乃伊身上就发现了天花的痕迹。而天花进入中国的时间可能是魏晋南北朝时期。葛洪《肘后方》记载这种病的症状是"比岁有病时行，仍发疮，头面及身，须臾周匝，状如火疮，皆戴白浆，随决随生，不即治，剧者多死，治得瘥后，疮瘢紫黑，弥岁方灭"。而且他指出这种病的外来性："以建武中于南阳击虏所得，仍呼为虏疮。"所谓"虏疮"就是天花。范行准认为天花源自刘宋与北魏之间的战争，经鲜卑人从西域传来。问题是建武这个年号历史上出现多次，从东汉到葛洪在世期间一共有三个，而且《肘后方》中后人擅增文字多，所以这个建武究竟是何时，的确是问题。《宋书》记载晋安帝义熙元年十月大疫，"发赤班乃愈"，这个"赤班"可能就是天花，如是则可以证明建武非刘宋之建武。但"击虏所得"却明白无误标明了该病的外来性。笼统点说，天花在魏晋南北朝进入中国，应该不算错得离谱。

　　到了清代，天花依旧是十分严重的传染病，经常爆发疫情，死者众多，社会恐慌心理严重。北京经常因为天花疫情满城骚动，清朝皇室亦始终受到天花困扰，宫中若发现患者，就须出外"避痘"，甚至会"一夕三惊"。清朝皇帝之所以经常在木兰秋狝过程中以及承德避暑山庄接见蒙古王公，有一个重要的原因就是照顾蒙古王公惧怕天花而不敢进北京城的心理。

清代天花患者中最著名的大约就是顺治与康熙两个皇帝。顺治死于此病，而康熙当上皇帝也与此有关，是传教士汤若望建议选择玄烨即位，因为玄烨曾出天花，已有抗体。

汤若望是德国传教士，明末就已经来到中国，曾经在崇祯皇帝身边工作，清朝入关后又为清朝服务。顺治帝对汤若望十分信赖，经常听汤若望讲授天文、历法、矿冶知识以及基督教义，称其为"玛法"（满洲语"爷爷"），授予"通玄教师"称号，并为其在宣武门外设置天主教堂（北京南堂）。

孝庄皇太后也很赏识汤若望。所以在顺治皇帝弥留之际，她要汤若望就继位人选问题发表意见，汤若望建议选择皇子中出过天花的玄烨，孝庄皇太后首肯。天花就这样在无意中左右了清朝皇帝人选。

由此我们也知道了，流传甚广的康熙老年画像是经过美化的，重要特点就是天花患者特有的"月球坑脸"被掩饰了，堪称那个年代的"美图秀秀"（见下页上图）。而另一张青年时的画像则如实反映了康熙劫后余生的真容（见下页下图）。

美化后面部光洁无斑的康熙画像

如实体现面部天花遗留斑点的康熙青年时画

三、全球化带来的传染病：真性霍乱

　　明清时期，外来疾病的进入比汉唐时期更加频繁，这与文明的进步与交流密切相关。汉唐时期，对外交流主要依靠北方草原之路和西域丝绸之路，海上交通所占份额甚少。漫长的丝绸之路可能起到自动隔离的作用：首先路途艰险，限制了东西方人群的大规模频繁交往；而且行走艰难，行程长，超越一般传染病潜伏期，病发者往往在路程中被淘汰。但丝路贸易多是辗转贸易，有阶段性、多方向性的特点，所以还是有一些外来疾病成为漏网之鱼，比如前面提到的天花等。

　　而明清时期海路为主的对外交通方式，使得新的疾病能以更加快捷高效的方式入侵。这与西方大航海时代开启的"全球化"密切相关。海船速度快、航行范围广，可实现跨洋传播。船内藏污纳垢，疾病载体俱全，尤其是鼠类肆虐，将病毒细菌传播到世界各个港口。那时候无港口检疫制度，新病的进入毫无阻力，而且海员们的特点是每每到港就寻花问柳，导致性病和其他人际传染病迅速传播。

　　霍乱和梅毒就是明清时期引入的"新品种"，它们都是早期"全球化"的结果。威廉·麦克尼尔《瘟疫与人》："更先进的汽船和铁路运输所取得的成就之一，就是加快了霍乱从所有重要的世界中心向全球传播的步伐。"中国是被迫搭上了这条疾病传播的"快船"。

梅毒也是这条快船"下载"给我们的灾难。这可能是一种原产于美洲的疾病，克罗斯比《哥伦布大交换：1492 年以后的生物影响和文化冲击》认为，西方殖民者给印第安人带去了流感、伤寒、天花，尤其是天花和伤寒几乎摧毁了印第安文明，使他们的人口急剧减少，为殖民者扫清了道路。而美洲"回报"给旧大陆以梅毒、查加斯病、美洲幼虫病。尤其是梅毒的传播路径简直就是全球化的"路线图"。

有关梅毒的话题，本书有专章论述，此不赘言。这里要说的是真性霍乱问题。

中国古代就有"霍乱"一词，张仲景《伤寒论》说其症状是"呕吐而利（痢）"，这可能是急性肠胃炎或者其他肠胃病。现在所说的霍乱是真性霍乱，指的是由霍乱弧菌污染食物和水造成的肠道感染，在当时有发病猛、预后差、死亡率高的特点。这个病 19 世纪才被人们发现，至于首发地点，有人认为是埃及，也有人认为是印度，至清代随着海上贸易进入了中国。罗尔纲《霍乱病的传入中国》认为是嘉庆二十五年（1820）首见于南方沿海，然后逐步蔓延到北方。清代后期到民国时期，霍乱十分频繁，杀伤众多，人闻"虎烈拉"（Cholera 的音译，即霍乱）则色变。但是当时糟糕的卫生条件和松弛的医疗卫生体制导致虎烈拉年年杀人，梁实秋的散文随笔《虎烈拉》抱着一种无可奈何正话反说的口吻描述了人们的无奈："年年到夏天，要闹一顿虎烈拉。幸亏我们中国人多，你死了还有我，不至于剩出粮食来没有人吃。并且人多就命贱，死一个两个的，无关宏旨。因此，虎烈拉不住地拉人。"巴金《寒夜》："对面裁缝店里死了人，害霍乱，昨天还是好好的，才一天的工夫就死了。"老舍《四世同堂》里说："他们不惜屠了全村，假若那里发现了霍乱或猩红热。"这里说的都是真性霍乱。

虎烈拉的快速蔓延又是借助了交通体系尤其是水路。邓铁涛主编《中国防疫史》：

> 至于疫情传播的路径，众多资料均表明是从海路传入。如清代《痧症全书》载："嘉庆庚辰（1820年）秋，人多吐泻之疾。次年辛巳，其病更剧，不移时而殒者，比比皆是。此症始自广东，今岁福建、台湾患者尤甚。或云自舶起风来，此言未尽无稽。"（《痧症全书·宋如林序》）这是写于道光元年的文字，应是可信的第一手材料。另外光绪《海阳县志》也载："嘉庆庚辰六七月间，各处有瘟疫传染之症……其近海滨一带最剧。其症之初起，云自暹罗海船来。"（光绪《海阳县志·杂录》）赖文等认为，这说明真性霍乱可能是由泰国商船传入汕头。

　　李玉尚《霍乱在中国的流行（1817—1821）》认为，1821 年前后全国范围内的霍乱流行，以江南地区和河北平原流行区域最广，社会危害最深。其中，东南地区由于海上交通与贸易发达，霍乱沿海传播，苏南、浙北是典型的水乡，霍乱由大运河传入后，很快向周边地区传染，通过大运河疫情从江南传至华北。在华北各省通过运河和陆路交通要道蔓延，构成另一个重灾区。

　　与此同时，在全球范围内，整个 19 世纪出现了 5 次霍乱传播高峰，遍及所有大洲。全球化程度越深，瘟疫传播范围越广、速度越快，甚至频繁的人际交往和贸易还会让病毒、细菌有更快的更新换代速度，剧烈变化的生存环境也会对病毒变种进行筛选，生存力强、能广泛传播的病毒、细菌或其他病原体优势更大，更容易存活下来。

　　真性霍乱疫情造成惨重牺牲，仅天津地区可能就有数万人死亡。尤其是社会下层人民，由于真性霍乱主要依靠食水传染，升斗小民多依靠自然河流或者公共水井汲水，容易接触污染源，而达官贵人家有自己的水井，相对来说感染率较低。

　　不仅仅是霍乱，自古以来疾病面前就不是人人平等的。人都会有病，都会有生命终结的那一天，可是不同的生活水平、营养条件和生活环境让传染病也带上了深刻的阶级烙印，感染率、治疗效率都有阶级差异。正如曹植《说疫气》所云：

"夫罹此者悉被褐茹藿之子、荆室蓬户之人耳。若夫殿处鼎食之家、重貂累蓐之门，若是者鲜焉。"自古以来如此。劳拉·斯宾尼（Laura Spinney）《改变20世纪人类历史的西班牙大流感》也论述了第一次世界大战后夺走上千万人性命的西班牙大流感中的阶级和地域差异：

> 全球性大爆发的流感有时候被称为民主瘟疫（所谓不分贵贱，人人皆会受传染），但是1918年大流感远非如此。例如，如果是生活在亚洲某些地区，致死率是欧洲一些地区的30倍。……
>
> 人们当时已隐约感到这不均等的现象，但统计学家花了几十年才提供了确凿的数据。完成之后，他们意识到死亡率之悬殊应该是来自于群体人口的差异，特别是社会经济因素的差异。例如，在美国的康涅狄格州，最晚的一批移民是意大利人，死亡人数最多，而在曾是巴西首都的里约热内卢，市郊不断建起的棚户区是重灾区。巴黎出了个难解的现象，部分高级富人区所记录的死亡率最高。最后统计学家弄明白原来死于流感的不是豪宅的业主，而是他们过度劳累的女仆，她们夜晚是睡在屋顶下冰冷的阁楼单间里。在世界范围内，贫困人口、移民和少数民族更易受感染，不是因为如优生学家所谓他们体质差人一等，而更可能是因为他们饮食不好，居住

拥挤，本身已患有其他疾病，以及很难获得医疗等。

上述情况至今没有大幅好转。一项对英国 2009 年流感大流行的研究表明，在最贫困的五分之一人口中，死亡率是富人中的三倍。

第二章

中国古代应对瘟疫的办法

　　至于我国古代应对瘟疫的办法，坦白说，办法肯定没有现代人多，但从经验出发，也有不少行之有效的措施。中国古代医学中对待传染病有伤寒说、内伤脾胃说、邪气说、温病说等诸多思想，其中一些思想是有实际效果的，例如吴又可的温病学说，提出戾气由口鼻干犯人体，导致疫情，就比较早地意识到了肺鼠疫呼吸道人际传播的特征，这当然有利于治疗。但总的来说，效果、效率不如今人，这是毋庸置疑的。

一、隔离与自我隔离

　　比如隔离，《论语·雍也》记载孔子弟子冉耕患病，孔子"自牖执其手曰：亡之，命矣夫！斯人也而有斯疾也，斯人也而有斯疾也！"邢昺疏："冉耕有德行而遇恶疾也。"所谓恶疾特指麻风。冉耕得病时曾被隔离，这是因为麻风病是传染病，而且患者外形恐怖，有极强的视觉冲击力，容易引发恐慌，所以隔离就成为当时常见的应对手段。刘钊《古文字中的"疫"情》中介绍，从秦简中能看出，"当时对'疠'即麻风病已经可以进行准确的诊断"，且有医生鉴定麻风病和麻风病症状的详细记载，而涉及如何处置麻风病人的法律文献中，就提到了隔离区：

1. 疠者有罪，定杀。"定杀"何如？生定杀水中之谓也。或曰生埋，生埋之异事也。2. 甲有完城旦罪，未断，今甲疠，问甲何以论？当迁疠所处之；或曰当迁迁所定杀。3. 城旦、鬼薪疠，何论？当迁疠迁所。可译为：1. 麻风病人有罪，应该定杀。"定杀"是什么意思？指的是活着在水中淹死。有人认为指的是活埋。活埋与律文的意思不符。2. 甲犯有应处以"完城旦"的罪，在尚未判决时，患上了麻风病。问甲应该如何论处？应该迁往麻风病隔离区隐居，有人认为应该前往麻风病隔离区淹死。3. 犯有"城旦""鬼薪"两种罪的人，在尚未判决时，患上了麻风病，应该如何论处？应该迁往麻风病隔离区。

还有专门的麻风病医院，《续高僧传》卷二《隋西京大兴善寺北天竺沙门那连提黎耶舍传》记载，那连提黎耶曾于天保七年（568）在河南汲郡西山寺设病坊，"收养疠疾（麻风病），男女别坊，四事供承，务令周给"。

自古以来，麻风病患者就经常被隔离于社会之外，甚至在社会压力之下有了自我隔离的措施。《太平广记》卷一〇七"强伯达"条引《报应记》："唐强伯达，元和九年，家于房州，世传恶疾，子孙少小，便患风癞之病，二百年矣。伯达才冠便患，嘱于父兄：'疾必不起，虑贻后患，请送山中。'父兄裹粮送之岩下，泣涕而去。"这是麻风病世代感染的史料，同时也说明当时有把麻风病患者放置山中隔离等死的做法。

　　古人往往追求净土以禳灾，古代很多隐士隐居是出于治病目的，如孙思邈《备急千金要方》卷二三云："又《神仙传》有数十人皆因恶疾而致仙道，何者？皆由割弃尘累，怀颍阳之风，所以非止瘥病，乃因祸而取福。"隐士中常见"大风"（麻风病）患者，所谓"八叠山多恶疾人"，这又是传染病自我隔离的例证。隔离当然也不是只针对麻风病，很多疾病都会采取隔离措施，日本圆仁《入唐求法巡礼行记》："行廿里，到中李村，有廿余家，经五六宅觅宿处，家家多有病人，不许客宿。最后到一家，又不许宿，再三嗔骂。"古代疾病发作时常有自我隔离措施，或者不照顾亲人，或者拒客，都是应对传染病的经验体现。

　　有时不是传染病也会如此。隋代辛公义任岷州刺史，当地风俗一人有病，全家远避，至亲不相照顾。辛氏以身作则，所有病人均由官府照看，亲自护理，然后将家属召来，说"死生由命，不关相著"。其实土著如此做是出于隔离传染病之需，扩大到所有疾病自然不对，但辛氏将染病与否归结为"命"，否定一切隔离措施，则属于矫枉过正矣。这主要体现在他们对于隔离措施的态度上。由于平民无法明确区分传染性、流行性和非传染性疾病，所以往往会将隔离变成一种普适措施，即不分种类均以隔离相对。而这一点恰恰违背了儒家敦亲的信条，所以儒家在这个问题上态度基本一致，即亲身证明"疫不相染"。

以下为中古时期官员移风易俗与避疫矛盾事例：

1.《晋书》卷八八《孝友·庾衮传》：

> 咸宁中，大疫，二兄俱亡，次兄毗复殆，疠气方炽，父母诸弟皆出次于外，衮独留不去。诸父兄强之，乃曰："衮性不畏病。"遂亲自扶持，昼夜不眠，其间复抚柩哀临不辍。如此十有余旬，疫势既歇，家人乃反，毗病得差，衮亦无恙。父老咸曰："异哉此子！守人所不能守，行人所不能行，岁寒然后知松柏之后凋。"始疑疠疫之不相染也。

2.《隋书》卷七三《辛公义传》：

> 以功除岷州刺史。土俗畏病，若一人有疾，即合家避之，父子夫妻不相看养，孝义道绝，由是病者多死。公义患之，欲变其俗。因分遣官人巡检部内，凡有疾病，皆以床舆来，安置厅事。暑月疫时，病人或至数百，厅廊悉满。公义亲设一榻，独坐其间，终日连夕，对之理事。所得秩俸，尽用市药，为迎医疗之，躬劝其饮食，于是悉差，方召其亲戚而谕之曰："死生由命，不关相著。前汝弃之，所以死耳。今我聚病者，坐卧其间，若

言相染，那得不死，病儿复差！汝等勿复信之。"诸病家子孙惭谢而去。

3.《旧唐书》卷一七四《李德裕传》：

江、岭之间信巫祝，惑鬼怪，有父母兄弟厉疾者，举室弃之而去。德裕欲变其风，择乡人之有识者，谕之以言，绳之以法，数年之间，弊风顿革。

4.《册府元龟》卷五九：

（后唐明宗）三年八月，帝闻随、邓、复、郢、均、房之间，父母骨肉有疾，以竹竿遥致粥食于病者之侧。出嫁女父母有疾，夫家亦不令知，闻哀始奔丧者。敕曰："万物之中，人曹为贵；百行之内，孝道居先。……宜令随处观察使、刺史丁宁晓告，自今后父母骨肉有疾者，并须日夕专切，不离左右看侍，使子奉其父母，妇侍其舅姑，弟不慢于诸兄，侄不怠于诸父，如或不移故态，老者卧病，少者不勤侍养，子女弟侄并加严断，出嫁女父母有疾不令其知者，当罪其夫及舅姑。"

可以看出，面对民间自发的隔离措施，士大夫全部采取否定态度，并经常以身作则，亲身照顾疾患，以示疫不相染。值得注意的是，以上行为发生地基本上都是南方（第 2、3、4 项），所以这种行为背后又带有移风易俗的用意。经过汉儒改造的神秘化的儒学原本就相信个人德行可以规避乃至战胜疾病，例如《全唐文》卷三九〇独孤及《唐故洪州刺史张公遗爱碑》："人相食，厉鬼出行，札丧毒痛，淮河之境，骼胔成岳，而我仓如陵，我民孔阜，犬牙之境，疵疠不作，灾不胜德也。"意即境无瘟疫全靠长官功德。皮日休《祝疟疠文》将疟疾的发作与人的德行联系起来，认为"疠之能祸人，是必有知也"，既然如此，那就应该降临在不忠、不孝、谄媚之徒身上。宋洪迈《夷坚志》丁卷"管枢密"云疫鬼不犯之家是"或三世积德，或门户将兴"。所以面对疾病，他们坚信儒家的孝悌完全可以使疾病不相染易。

而且那时还有"自我在家隔离"。《晋书》卷七六《王彪之传》："永和末，多疾疫。旧制，朝臣家有时疾，染易三人以上者，身虽无病，百日不得入宫。至是，百官多列家疾，不入。彪之又言：'疾疫之年，家无不染。若以之不复入宫，则直侍顿阙，王者宫省空矣。'朝廷从之。"所谓"时疾"即季节性传染病或者流行病，晋代的规矩是朝臣家有三人以上感染同样疾病，则该大臣百日内不得入宫，以免传染。但是却造成一些官员借机偷懒。王彪之认为瘟疫盛行时期，实行此制度会导致朝堂无人，建议废除此规定。

二、迁移与环境改造

通过搬迁离开死水，防治疟疾，也是一种常见的办法。古人虽然不懂疟原虫致病，但实践经验告诉他们：远离死水有利于防止"瘴气"（多数情况下指恶性疟）。在秦汉至唐宋的城镇改造过程中，对于"湿"的规避是重要的目的。

秦汉—隋唐（公元前 3—公元 10 世纪）部分城市改造一览表

序号	时代	地　点	关　键　语　句	目　的
1	秦	襄邑 （今河南睢县）	《汉书》卷二八《地理志》颜师古注：襄邑宋地，本承匡襄陵乡也。……秦始皇以承匡卑湿，故徙县于襄陵，谓之襄邑。	躲避湿气
2	汉	宋州 （今河南商丘）	《史记》卷五八《梁孝王世家》中《正义》引《括地志》：宋州宋城县在州南二里外城中，本汉之睢阳县也。汉文帝封子武于大梁，以其卑湿，徙睢阳，故改曰梁也。	躲避湿气
3	汉	春陵 （今湖南宁远）	《东观汉记》卷七：考侯仁以春陵地势下湿，有山林毒气，难以久处，上书愿减户徙南阳。	躲避毒气

（续表）

序号	时代	地 点	关 键 语 句	目 的
4	北周	贵乡 （今河北大名）	《旧唐书》卷三九《地理志》：后周建德七年（578），以赵城卑湿，东南移三十里，就孔思集寺为贵乡县。	躲避湿气
5	唐	宣州 （今安徽宣城）	《文苑英华》卷八〇七《宣州响山新亭新营记》：元和二年（807）冬十月，宣城长帅中执法襄阳郡王路公作新亭新营。……初舆师所处，在郡之北偏，地洳垫下，水泉沮洳，积弊不迁，介夫病焉。至是则修武备，建长利。寝兴得安其室处，坐起以观其习变。	铲除低洼积水
6	唐	韶州 （今广东韶关）	《文苑英华》卷八一〇《朝阳楼记》：庭除湫底，秋之潦雨，沉气乃上，暑之燀烁，清风不下。人慢吏亵，无严诸侯。于是掠旁人之利，乘可为之时，端景相势，凝土度木，经营未几，兴就巍然，登闳丰崇。	躲避湿气
7	唐	越州 （今浙江绍兴）	《全唐文》卷五二三《判曹食堂壁记》：而食堂之制，陋而不称。期年，故太子少师皇甫公来临是邦，始更而广之。……有爽垲之美，无湿燠之患。颐神宁体，君子攸处。	躲避湿气

（续表）

序号	时代	地点	关　键　语　句	目　的
8	唐	郓州 （今山东东平）	《全唐文》卷四八一《郓州刺史厅壁记》：贞观初，废府复为州，八年（634）始自郓城移于是，就高爽也。	躲避湿气
9	唐	漳州 （今福建漳州）	《全唐文》卷五一三《漳州图经序》：（漳州）初在漳浦水北，因水为名，寻以地多瘴疠，吏民苦之，耆寿余恭讷等乞迁他所，开元四年（716）敕移就李澳州置郡，故废绥安县地也。	躲避瘴气
10	唐	泉州 （今福建泉州）	《文苑英华》卷八〇四《泉州六曹新都堂记》：（原六曹都堂）处湫居卑，非智也……（改造后）夏处其达则炎天以凉，冬居其隩则凄风以温。	躲避湿气
11	唐	洪州 （今江西南昌）	《韩昌黎文集校注》卷六《唐故江西观察使韦公墓志铭》：为瓦屋万三千七百，为重屋四千七百……民无火忧，暑湿则乘其高。……为长衢，南北夹两营，东西七里，人去溇污，气益苏，复作南昌县，徙厩于高地，因其废仓大屋，马以不连死。	铲除污秽、积水

（续表）

序号	时代	地　点	关　键　语　句	目　的
12	唐	鄂州（今湖北武昌）	《全唐文》卷七二七《鄂政记》：治本鄂城，置在岛渚间，土势大凹凸，凸者颇险，凹者潴浸，不可久宅息，不可议制度。公命削凸堙凹，廓恢闾巷，修通衢，种嘉树，南北绳直，拔潴浸者升高明，湖泽瘴疠，勿药有愈。	铲除低洼积水，预防瘴气
13	唐	楚州（今江苏淮安）	《文苑英华》卷八〇二《楚州刺史厅记》：然则刺史大厅卑而且俭……及夏秋之交，淮海蒸湿之气中人为病，多至烦热愤闷，居常无以逃其虐。……（郑公）乃筑崇基，乃创宏规。……清气和风，且暮飔飔，氛厉不干，笑语自怡。大会其中，寒暑皆宜。	躲避湿气
14	唐	虔州（今江西赣州）	《全唐文》卷八〇六《虔州孔目院食堂记》：院食堂旧基圮陋，咸通七年夏，前太守陇西公，遇时之丰，伺农之隙，因革廨署，爰立兹堂。环之高楼，翼之虚楹，有风月之景、花木之阴，无燥湿之虞、垫陷之虑。	躲避湿气

　　湿气被认为是致病的六淫之一，而南方地区比北方潮湿，所以上述改造多半发生于南方。这里面有两点值得注意：首先，主持改造的基本上都是从北方到南方任职的士大夫；其次，改造思想来源于实践。医学思想中的六淫邪气观念并未对积水、潮湿与疟疾之间的关系进行明确的论述，但上表中第5、11、12项均提到去除死水可预防疾病，尤其是瘴气。传说中的瘴气对应有多种疾病，其中恶性疟疾始终是重要的一端。蚊子是疟原虫的中间宿主，而蚊子的繁衍离不开死水，古人虽不懂蚊子对于疟疾传播的作用，但是凭借实践经验得知远离或者消除死水可以有效降低疟疾发病率，所以才有了这样的举措。

三、中国古代医学对世界的贡献之一：种痘

虽然传染病随着文明的发展而发展，但克制它的手段还是跑在了它的前面，这当然首先归功于科技的昌明。与此同时，全球化也为克制瘟疫提供了渠道，学术思想和技术手段、药物通过交流而丰富。比如疟疾，肆虐中国起码有两千年以上的时间，而特效药"金鸡纳霜"则是清代进入中国的。西班牙殖民者在 17 世纪初在美洲接触到金鸡纳。据土著印第安人介绍，他们的先祖发现患有"热病"（印第安人对疟疾的称呼）的美洲狮、美洲虎会寻找奎宁树，撕咬树皮，摩擦树干，由此发现奎宁树皮对疟疾有效。这种药被带往欧洲。康熙曾经患疟疾，久治不愈，最后是两位天主教神父献上金鸡纳霜，服用后才痊愈。由此这种神奇药物暴得大名。曹雪芹的祖父曹寅临死前还通过自己的亲戚苏州织造李煦向康熙乞要金鸡纳霜，康熙反复叮咛一定要对症，一定要是疟疾才可使用，然后快马送出，可惜尚未抵达，曹寅已病故。

中国古代医学对世界的贡献之一，是提供了消灭天花的途径——种痘。原理是以人工手段引发低烈度天花，使得患者产生抗体。清代《痘科金镜赋集解》："闻种痘法起于明朝隆庆年间宁国府太平县，姓氏失考……由此蔓延天下。"也就是说，人痘术发明于 16 世纪中叶的安徽地区，具体发明人不

详。明代许多著作如《金陵琐事剩录》《程氏医案》都提到种痘之事；清乾隆时期张琰在《种痘新书》中说："余祖承聂久吾先生之教，种痘箕裘，已经数代。……种痘者八九千人，其莫救者二三十耳。"如果没有夸大，那应该是一个很高的成功比例了。

人痘据记载有四法：1. 痘衣法：取天花患儿内衣给健康小儿穿着。2. 浆苗法：采集天花患者脓疮浆，用棉花沾上塞进被接种者的鼻孔，诱发低烈度天花，进而产生抗体。3. 旱苗法：把痊愈期天花患者脱落的痘痂研粉，吹入被接种者的鼻孔。4. 水苗法：又称为鼻痘法。把痘痂研粉水调，用棉花包起塞入鼻腔。后两种安全性高，故逐渐成为主流。当然，不管怎么样，人痘法不可控因素太多，弄巧成拙的事例也有，所以还不算一种特别安全的免疫法。

康熙时期俄罗斯闻听中国有此法，特地派人来理藩院学习。但是这个办法在俄罗斯并没有完全得以推广，相反，俄罗斯的宿敌奥斯曼土耳其帝国成为这项技术传往世界的关键中枢。在当时的奥斯曼帝国统治区域内，人痘术主要在非穆斯林的亚美尼亚人和希腊人中流行。英国驻土耳其公使夫人蒙塔古（M. L. Montague）将此法传入英国，她本人曾经罹患天花，侥幸不死，却由此毁容，因而对此病患者抱有深切的同情。但种痘术入欧洲之初，也曾引起广泛的争议（西方国家民众目前对待各种疫苗的态度依旧是泾渭分明），伏尔泰《哲学通信》第 11 封信《谈种痘》说的就是此事：

> 现在欧洲的那些基督教国家，人们随意地认为，英国人是些傻瓜和疯子。说傻是因为他们给他们的孩子传上天花以预防天花；说他们疯了，因为他们胡乱地让他们的孩子们沾染一种确定而可怕的疾病而只不过是为了预防那并不一定会发生的灾祸。但是在另一方面，英国人就称其他地方的欧洲人懦弱和失去人性。懦弱，因为他们害怕孩子受一点点痛苦；失去人性，因为他们任孩子某一天面临死于天花。不过，读者随着以下著名的种痘沿革和在法国如此的引起惊骇的故事，判断出是英国人对，还是观点不同的那些人对。……但是所有我在这儿必须说出来的，是乔治王一世初年，那位温特莱·蒙塔古夫人，一位具有与任何英国妇女一样的杰出天才并赋有巨大精神力量的女子，曾随她丈夫出使君士坦丁堡，她毫无疑惧地为她在那儿出生的婴儿种了天花。她的牧师徒劳地对夫人说，这是非基督教的方式，因而对基督徒无效而只对异教徒有效。然而，这方式在蒙塔古夫人的儿子身上却取得了令人感到非常欣慰的效果。她回到英国，对那时的威尔士王妃、现在的英国皇后传述了她的这一试验。

伏尔泰的书信里有很多问题，比如他认为人痘术是锡尔嘎西人的发明，但是又说："有人声称，这一习俗是锡尔嘎西人早先从阿拉伯人那儿借用过来的。我们且留这个历史问题给那些本内弟格丁修会的教士去弄清它吧。"而在信的末尾他又说："我被告知，中国人近百年来已经实施种痘。事实上好处极大。他们被认为是世界上最聪明、管理最好的人民。中国人确实不受这种疾病的传染，不过他们是通过鼻子，与我们吸鼻烟的方式相同。这是更为可以欣然同意的办法，其效果一样。倘若我们在法国曾经施行种痘，或许会挽救千千万万人的性命。"① 哲学家伏尔泰毕竟不是史学家，是没多大兴趣研究人痘术起源问题的。

蒙塔古夫人并不是英国人中第一个知道人痘术的，在她之前，皇家学会就已经知道了，但是却没有推行的打算，可能是怀疑这个办法的可行性。这一点可以参看马伯英《伏尔泰〈谈种痘〉及蒙塔古夫人传种人痘于英国史料辨误》。在蒙塔古夫人的劝说下，卡洛琳公主（Princess Caroline，1683—1737）推行了人痘法的人体临床试验，数名死囚接种后，全部存活，与天花患者共处后也无一染病，这些死囚因此得到释放，而人痘法也开始在英国得以确证。皇家医师学会在 1754 年认可了人痘接种的可行性。1795 年进一步宣告，人痘接种可以有效用作天花预防。而

①　伏尔泰《哲学通信》译文引自马伯英《中国医学文化史》（上海人民出版社 2010 年 11 月版），据作者自注，系据 1733 年英文重印版译出。

人痘术则间接启发了英国医生
詹纳发明牛痘（詹纳本人及其
兄任都曾从事人痘术接种，有
关这个问题可以参看 Edward
Jenner, *On The Origin of The
vaccine Innoculation*, printed by
D. N. Shury, soho. 1801：
1～2），他在实践中有感于人痘
术还是有一定的危险性，然后
又发现牛奶工不会得天花，因
为她们往往从牛身上得过轻度
天花，詹纳时代并无免疫理论，
但他决心试验。1796 年，人体
试验成功，一儿童在人工控制

蒙塔古夫人和爱子的画像，儿子
抬起来的臂膀暗示这是接种人痘
的那只胳膊

下接种牛痘，随之发烧，进而痊愈。从此安全的牛痘术逐渐成
为主流，甚至在 19 世纪 20 年代左右进入中国，广州十三行就
曾有牛痘术使用的记录。这可称为是一次免疫技术的"出口转
内销"。

　　而著名的叶卡捷琳娜大帝成了人痘术在俄罗斯的"形象
代言人"。她本人是伏尔泰的忠实拥趸，伏尔泰的思想对她影
响巨大，有关人痘术的书信让她产生了很大的兴趣。尤其是
那时候的俄罗斯正饱受天花之害，于是这项曾经在俄罗斯湮

没无闻的技术被叶卡捷琳娜拾起并且发扬光大。当时她邀请英国医师托马斯·迪姆斯戴勒（Thomas Dimsdale）来到圣彼得堡，为她本人接种人痘，消息传出，朝野震惊。谨慎起见，托马斯·迪姆斯戴勒先在几个年轻人身上做了实验，实验成功，叶卡捷琳娜大帝更加坚定了接种的决心。

托马斯·迪姆斯戴勒的方法是用刀在接种者臂膀上划出口子，然后将天花患者脓包结痂磨碎，塞入伤口。当时俄罗斯的臣子们个个磨刀霍霍，一旦女皇出事，必然将托马斯·迪姆斯戴勒千刀万剐。而女皇早已料到他们的作为，接种前就已经备下快马，手术结束后立即送托马斯·迪姆斯戴勒父子离开俄国，女皇大有独自承担后果的勇气。

接种过后，臣下忐忑不安，九天后，女皇依旧健康，臣民欢欣鼓舞，人痘术就此开始在俄罗斯普及，有效遏制了天花的蔓延。女皇去世后第二年，遥远的英国，詹纳发明了牛痘术。

牛痘的推广则应归功于拿破仑，1804 年 4 月，拿破仑发布种痘令，劝告国民种痘，第二年命令军人必须接种，只有患过天花病的例外。他的举措有效遏制了天花在法国的流行，其后各国效法。这是世界上第一次强制免疫。从此天花逐步得到了遏制，1980 年世卫组织宣布消灭了天花。这是古代中国参与"全球化"之后给予世界的一大贡献。

四、无心插柳：追肥技术与城市卫生

坦白说，真正意义上的、基于国家强制力的、人人参与的卫生体系在中国古代并不存在，但是有些因素无意中帮助古人完成了部分卫生工作，追肥就是其中一例。中国农业追肥技术历史悠久，其具体发展过程推荐看杜新豪《金汁——中国传统肥料知识与技术实践研究（10—19 世纪）》。

在《周礼》中已经记载了打扫卫生的制度，古代城市一直有人负责这个工作，例如唐代左右金吾卫就有管理街容渠道的任务。中国自古农业追肥技术发达，带来的一个意外结果就是城市粪便会得到及时的清理。相比之下，中世纪欧洲城市就很差，因为不会使用人粪便追肥（会使用草木灰和羊粪等），而且也没有成体系的卫生制度，再加上人们早已忘却了罗马时代良好的卫生习惯，导致城市污秽不堪，粪便无法清理。浪漫之都巴黎，在中世纪时城内粪便随意丢弃，或者只是简单地收拾起来抛到城墙外，以至于粪山不断增高，最后甚至被迫加高城墙。而且居民还会顺手将粪便倾倒到窗外。1270 年巴黎的法令规定："任何人不得自楼台窗口倾倒水和粪便，否则要缴纳罚金。"但是巴黎人显然不愿遵守这一规定，因为一个世纪之后，又有新法令规定说："如果愿意大叫三声 Gare à l'eau!，就可以从楼台窗口倾倒尿粪。"（《西方文

明的另类历史》）以至于大家走在街上不得不打着伞。下图
就是这种"风俗"的体现：

打伞防备"从天而降"的尿粪

　　中国古代城市与农村卫生的保持，部分依靠农业对粪肥
的内在需求，粪从来是珍贵的生产资料。1957 年，陕西绥德县
贺家沟出土一块东汉时的画像石，高 118 厘米，宽 36 厘米，
下部横格中刻绘一人曲腰双手持清扫之物，在马后作清扫拾粪

的姿态。

汉武帝时期，上林苑饲养鹿极多，"武帝时使上林苑中官奴婢，及天下贫民赀不满五千，徙置苑中养鹿，因收抚鹿矢，人日五钱。到元帝时，七十亿万，以给军，击西域"（《长安志》卷四引《汉旧仪》）。养鹿的平民靠卖鹿粪可以维持生计，而国家靠向他们收费，由武帝到元帝一共积攒了七百万万钱（那时候"亿"等于十万），全部充作军费。人畜粪便的及时清理，不仅是卫生的需求，更是生产的需求，也正因为如此，不登大雅之堂的粪秽才会进入画像石，成为陪葬物的画样。城乡之间的生态平衡依靠农村向城

有捡拾马粪图案的东汉画像石

市提供粮食和蔬菜、城市向农村提供人畜粪便加以维系。

充分意识到粪便追肥作用的情况下，粪料充足的田地甚至会引起争抢。敦煌出土唐大顺元年（890）正月沙州百姓索

咄儿等状："城西有地贰拾伍亩，除高就下，粪土饱足，今被人劫将，言道博换阿你本地，在于城东。白强咸卤，种物不出，任收本地。营农时决逼，气噎闷绝，不知所至。"索咄儿因为被强行换走"粪土饱足"之土地而与人纷争，足可见对此种土地的重视。所以，中国城镇的粪便通常会得到及时处理，尤其是水稻种植业发达的明清时期，南方城镇的粪便往往成为抢手货，卫生在无意中得到维护。

明清时代，南方稻作区比北方小麦产区更重粪肥，所以各家均设置厕所，"此间农人惜粪如金，农居之侧，必置粪屋，低为檐楹，以避风雨"（《抚郡农产考略》）。甚至出现了"粪便即金钱"的说法，粪肥成为商品。至少到晚明时，"江南作厕，皆以与农夫交易"。晚明《沈氏农书》记载杭州有专门的粪码头。

但事情并非一直那么顺利。南宋以后人口激增，城市粪肥开始供大于求；运输能力和成本又限制了城市粪肥向远方运输，也就是说，能有效使用消耗城市粪肥的主要是近郊，近郊一旦粪肥饱足，城市就逐渐污秽。到了明清时期，人口爆炸式增长，城市粪便数量太多，得不到及时清理，使得城市越来越污秽。此时的粪工行业欺行霸市，还出现了粪霸这种两头吃的行业垄断者。

附录：　口罩简史

有人说医学口罩是中国人的发明，证据是《马可波罗游记》卷二："在大汗身旁伺候和预备食品的侍者，都必须用美丽的面纱或绸巾将鼻子和嘴遮住。这主要是为了防止他们呼出的气息触及大汗的食物。"但这其实不能作为证据。首先，这不是医疗用途；其次，这种遮盖口鼻防治污染的做法早在元朝以前的国外就已经出现，比如中亚袄教就有祭司戴面罩以防污染祭物的礼仪。

刻有戴面罩祭司形象的画像石

戴鸟嘴面具的医生形象

医学用口罩的雏形是欧洲17世纪应对黑死病的鸟嘴面具：这种面具遮盖整个脸，头上有尖顶或者高顶大檐帽，眼部有镜片，鸟喙里塞满香料，用来防毒。这主要是医生们佩戴，而且如图所示，面具、手套、皮鞋、长裤、长袍，成龙配套。

明代中国医学思想的进步体现之一就是温病理论的逐步成熟，口鼻传病观念明确化。明代医学家万全《万氏医书》提出用雄黄点入鼻窍，阻隔疫病于口鼻之外。这不是口罩，但意识到了呼吸传染。明末大鼠疫中，吴又可在六淫之外，提出杂气（戾气）致病说，突破了先人成说。那么邪气如何干犯人体？以往论述模糊，而吴又可提出戾气自口鼻进入人体，为鼠疫防范提供了可操作的规范。

随着细菌的发现，口罩被赋予了科学的理论解释。1887年，法国医师福谷（Fluegge）在治疗肺结核患者过程中提出飞沫传染理论，要求佩戴纱布口罩。

1897年德国医师费吕格（Flugge，C）用实验证明手术时候医护人员唾液飞沫能造成创口感染，同年奥地利医师米库利兹·拉德凯（Mikulicz·Readeki，J）倡议手术者使用口罩，以减少感染。法国医生保罗·伯蒂加厚了口罩，将纱布从原来的一两层增加到六层。

1905 年，美国医生汉密尔顿撰写论文，阐述口罩对防止猩红热起到的作用，并强烈建议在面对传染病疫情时普遍照此办理。

1910—1911 年东北大鼠疫中，全权总医官伍连德坚持认为这场鼠疫不是腺鼠疫，而是肺鼠疫，可通过呼吸传染，人际传播是当时的主要渠道。所以他开展大规模的隔离防疫，并且强制要求佩戴口罩；但仍然有医护人员（例如法国医生梅斯尼）不听他的指令，导致身亡。

伍连德医疗队戴口罩的照片

　　第一次世界大战期间，医生卡普思（Capps）在野战医院推行严格的消毒和口罩制度，用五个月的时间使医院感染率由 20% 降低到 5%。1918 年的西班牙大流感造成上千万人死亡，国际红十字会发出呼吁，要求佩戴口罩，并且强制执行。

　　20 世纪盘尼西林发明后，人们变得很乐观，认为细菌已经被遏制，所以口罩制度变得松弛，很多医生开始懈怠。但是随着细菌耐药性的增强以及医学技术的进步，口罩这个古老的工具再度焕发生机，20 世纪 50 年代，整套无菌手术制度确立，口罩的设计越发科学，兼有过滤和偏向的功能，刷手、无菌衣帽、口罩、手套、无菌环境共同组成了无菌手术室。

　　而且在医用口罩的基础上，各种工业口罩应运而生，目的是劳动保护，包括今天大名鼎鼎的 N95 口罩，就同时运用在医学和非医学领域。[1]

---

　　[1]　本篇参考了中国台湾苏上豪著《癫狂的医学：你所不知道的医疗奇闻》。

第三章

古代的医生与医院

中国历史上担负起医疗主要任务的是民间医人。古代有官医，也有"医院"，但是都不成气候，走街串巷的民间医人才是医疗的主力军，而他们中间却也良莠不齐。何为医院？如果我们将医院定义为有固定场所的医疗机构，那么中国古代的确有医院，例如坐堂医生，例如官办的某些医疗机构；但如果医院指的是有住院制、有分科、分部门协作、享有开放式学术交流机制的医疗组织的话，那么中国古代基本上没有医院可言。

一、昙花一现的古代医院

中国历史上曾有很多"医院"，但皆昙花一现。《汉书》卷一二《平帝纪》："郡国大旱，蝗，……民疾疫者，舍空邸第，为置医药。"这是中央政府在灾荒期间的临时举措，也是中国有记载的最早的医院。在缺乏公民自治传统的社会里，医院的设置常需要借助政府行政力量或者宗教势力的帮助，除了大量政府行为外，僧团也逐渐开始涉足医疗组织建设，《南齐书》卷二一《文惠太子传》："太子与竟陵王子良俱好释氏，立六疾馆以养穷民。"六疾馆就是中国较早的官办医院。更著名的佛教医院则是唐宋时期的悲田病坊和福田院。悲田病坊起自佛寺，收养贫病，是一种医疗慈善组织，《佛说诸德福田经》中有"常施医药，疗救众病"之语。但是它们都无法持续发展，其存在往往依托于行政命令或者宗教组织，缺乏内在的发展力。

官方的所谓医院实际上很难满足民间医疗需求，与其说是医院，不如说是坐堂医们聚集的地方。以备受赞扬的唐代太医署为例，有人说它是"医院"，但这个"医院"更像是医疗行政组织、医学校，它的规模很难承担起全民医疗的重任，根据其编制额定人数和人口比例推算，大约长安城内平均每千人拥有太医署医师 0.33—0.5 人，根本不足以满足百姓需求。

地方上虽然有"医博士"之设，但同样规模有限，而且水平不足。唐代医疗资源主要集中在数座大城市，故有病且有财力者多前往求医，地方医疗资源匮乏。《朝野佥载》记载说武则天时期有大臣魏光乘，是个起外号小能手：兵部尚书姚崇个子高大，走路急，魏光乘给他起外号为"赶蛇鹳鹊"；黄门侍郎卢怀慎走路好看地，外号为"观鼠猫儿"；凡此等等，不一而足。其中拾遗蔡孚爱好医学，魏光乘称之为"小州医博士诈谙药性"。最后武则天觉得魏光乘讨厌，于是把他贬为新州新与县尉。蔡孚被称为"小州医博士诈谙药性"，足可见那时候小州医博士水平不高。故唐代官员有病常理直气壮要求返京，上司不以为忤。我统计唐人爱前往求医的城市为长安、洛阳、扬州、成都等，与今患者云集京沪异曲同工。

中国历史上地方官医体系最为发达的是宋代。首先，宋代设置地方医官的制度更合理。唐代地方医疗机构只设至州一级，其规模只视州之等级（上中下）而定；而北宋时期设置地方医疗机构时，不但延及县府，且已经开始以人口密度为规制标准。惠民局、和剂局的成立在历史上第一次建立起全国性的官方医药行销体系，其所服务的对象主要是平民，这对于逐利而行的药商行销体系是一个有力的补充。

需要说明的是，宋代来自官方的医疗资源丰富程度在北宋末期、南宋前期达到了高峰。北宋末期，由于徽宗极度崇道，所以在"行善"方面很有热心，一段时间内安济坊等慈善医疗机构得到的待遇甚至高于军队。陆游《老学庵笔记》卷二对此有这样的描述：

> 崇宁间……已而置居养院、安济坊、漏泽园，所费尤大，朝廷课以为殿最（笔者注：官员考核佳者为最，差者为殿），往往竭州郡之力仅能枝梧，谚曰"不养健儿，却养乞儿，不管活人，只管死尸"，盖军粮乏、民力穷皆不问，若安济等有不及，则被罪也。

居养院乃赈济贫民之用。漏泽园是官办公墓，专门负责贫死者安葬，国内多有发现。如磁州漏泽园占地 5 万平方米，有带序列号的墓志。河南陕州也发现有北宋漏泽园，共发掘墓葬 849 座，每排有墓百座左右，以"千字文"为序，墓坑狭小且不规整，仅容两口陶缸或一具尸体，或仅容一口陶缸，多数墓葬埋藏很浅。几乎没有随葬品，只有砖墓志，共计372 块。砖墓志上阴刻"千字文"编号、墓主姓名、年龄、身份、死亡地点和埋葬时间等信息，有些还记有送尸机构的送尸人（三门峡市文物工作队《北宋陕州漏泽园》）。四川江油发现有宋代八角形漏泽园墓，分格，安葬多人。至于安济坊，则有慈善医院之性质。

江油漏泽园八角形墓局部

这种慈善机构所获待遇超过军队的现象，恐怕在中国历史上是绝无仅有的。虽然这种现象并没有持续很久，却足以说明慈善医疗机构受重视的程度。此后的医院组织虽然屡屡出现，但是命运多舛，可以说具备官办组织人亡政息的典型特征，与统治者个人好恶密切相关，只能用"长官个人意志"来解释。随着徽宗的被俘和北宋的灭亡，继任者们似乎再没有如此大的热情。元代、明代以后，官方医疗机构又开始沉寂，宋代官医之蓬勃发展只能说是昙花一现。

除了医院，还有民间自发的医疗互助组织，日本大谷探险队曾在新疆的库木吐拉寻获唐代文书，其中编号 8047 号的文书《唐大历十六年（781）三月杨三娘举钱契》提到一个组织叫药方邑，什么叫药方邑呢？这是最早的医保组织，是民间自发形成的，成员自愿报名，入会需要缴纳会费，如果没钱可以交面、油这些东西。会费集中起来由专人负责管理放贷，用钱生钱，生出的利润用于组织内人员得病使用，担负医疗费，所以可以说是现在医保组织的雏形，这就是药方邑。至于运作基本概貌，《唐大历十六年（781）三月杨三娘举钱契》载："大历十六年三月廿日，杨三娘为要钱用，遂于药方邑举钱壹阡文，每月纳贰佰文，计六个月，本利并纳……其钱每斋前纳。如违，其钱请倍……"又同出库木吐拉的大谷 8056 号《唐大历十六年（781）六月米十四举钱契》载："大历十六年六月廿日，米十四为要钱用，遂于药方邑举月抽钱壹阡文，每月纳贰佰文，限六个月……"两件文书有诸多共同点：第一，借贷时间都在大历十六年；第二，都是因需钱用，而向"药方邑"举贷；第三，举贷期限皆为6个月，且为逐月加利填还，名为"月抽钱"。杨三娘向"药方邑"共举钱1000文，每月交还200文，6个月总共还1200文，则半年利率为20%，全年为40%。米十四借钱情况与此相似，月息均未超过唐官府规定的5%，可见，利率不算太高。

所谓"邑"者，里邑之谓，即邑人相聚之地，唐代民间多有社邑组织，药方邑是一种旨在互帮互助、济世活人的组织。据大谷探险队成员野村荣三郎日记所载，上列两件文书均出土于库木吐拉废寺遗址；又8047号中记有"其钱每斋前纳"，是说每月抽回的200文，应于斋前交纳，此"斋"显然亦与佛教有关。另外，洛阳龙门石窟内现存有刻着不少医病的药方，体现了佛教济世救人的精神。据此推断，"药方邑"当是唐代龟兹地区佛寺内的一种慈善性组织，带有民间社邑性质，其主要活动是治病救人，当然也向贫困者贷借，故利率均不高，这可能源于佛教中的"无尽藏"及早期的"悲田"之设。

这些病坊有固定场所，有一定的经费来源，已经具有医院的外壳，但是其内在养成却屡遭打断。专制政府的一大特点就是不仅垄断一切权力，甚至还要垄断做好事的机会。僧团势力的发展带来多次大规模的毁佛，尤其唐武宗时期的毁佛对病坊产生了巨大影响——病坊的主办权被褫夺，转化为官办，这个最能吸引贫民、收拢人心的机构从此被纳入体制之内。但是正如大多数官办社会功能组织的命运一样，病坊很快就流于形式，唐人文献中我们看不到多少依靠病坊得到有效医疗的记载。一收归官办，悲田病坊就名存实亡了。原本可以看病，逐渐变为专门收留乞丐和打把式卖艺的人。举个例子，晚唐时黄巢进攻长安，唐朝的中央军即神策军很多士兵是市井无赖花钱在军队里挂一个名号，根本没想到要真打仗，结果真打仗，到点名了，他们有个办法，就是花钱雇人替他去打仗，而且把目光统一瞄准到悲田病坊。因为悲田病坊中有大量的人不是病号，而是乞丐。换句话说，悲田病坊办着办着，由医院变成慈善组织，最后还能替人出征。

二、平庸而悲惨的御医

"御医"二字，听起来似乎自带光环，代表最厉害的那一群医者。然而事实上，御医水平并不见得就很高。虽然他们入宫之前几乎肯定都是高手，但时间久了往往就"废掉"了。

第一个原因：医者的水平是需要一定的诊疗数来加以维持的，脱离一线医疗，或者患者数量过少，久而久之医者水平会有下降。而御医们平时面对的患者只有寥寥数人，根本做不到"手熟耳"。第二个原因，也是更重要的原因，那就是御医们的心态非常微妙，最怕出事，最怕担责任，所以遇到任何疾病都不敢给皇帝或者皇后、太子开虎狼药，一切以求稳为上，如履薄冰，疗效从来不佳。《后汉书》："夫贵者处尊高以临臣，臣怀怖慑以承之。其为疗也，有四难焉：自用意而不任臣，一难也；将身不谨，二难也；骨节不强，不能使药，三难也；好逸恶劳，四难也。……重以恐惧之心，加以裁慎之志，臣意且犹不尽，何有于病哉！此其所为不愈也。"这一句"贵者处尊高以临臣，臣怀怖慑以承之"就是御医们心理的写照。所以久而久之，他们的技术会退步，会越来越平庸。

当然，御医们的担心不是多余的，"伴君如伴虎"这句话对于御医们是恐怖的现实。本书第十一章会谈到曹操与华佗的故事，堪称典型，曹操作为历史上最大牌的"医闹"，以其行为展现了医人阶层的命运多舛。

御医们稍微有差池，就往往赔上性命，而且不仅是医治无效负罪，有时候御医们还要当"背锅侠"。例如晋司马炎忌惮其弟司马攸，将其封到齐国，催促出发。但司马攸实际上已经得病，不堪旅途劳苦，于是提出为文明皇后守陵，不去齐地。司马炎派御医为司马攸看症，御医们应该是明白司马炎的用意，都声称司马攸没病，以致司马攸不得不抱病辞行，不久吐血而死，享年三十六岁。而司马炎紧跟着归罪于御医误诊，尽杀之。

有时候得罪的原因非常奇葩。例如前秦苻生是个独眼，因此日常生活里周边人说话讳少、无、缺、伤、残、毁、偏、只等字眼，苻生听到这些字眼就大怒，无人敢违背。有一次苻生令太医令程延合药，看了药方，问所需人参是否偏少，程延回答："虽小小不具，自可堪用。"即虽然少但足够用。苻生勃然大怒，认为"小小不具"乃是讽刺自己，于是先将程延双眼凿出，再将他杀死。如此悲惨的命运，让御医们的生活真是如履薄冰。

久而久之，御医们想到一些糊弄事的方式，推卸责任。唐懿宗女儿同昌公主甚受宠爱，出嫁时候唐懿宗给准备的新房无比豪华，嫁妆也比一般公主丰厚。但是出嫁没多久公主就病入膏肓了，众多御医束手无策，想到一个歪招："医者欲难其药，奏云：'得红蜜白猿膏，食之可愈。'"即提出使用最难得的药物，预测皇帝拿不出来，假如拿不出来，则医生可推卸责任。未曾想懿宗自内库拿出离国所贡红蜜、南海所献白猿膏，但公主照样薨了。《旧唐书》："同昌公主薨，懿宗尤嗟惜之。以翰林医官韩宗召、康仲殷等用药无效，收之下狱。两家宗族枝蔓尽捕三百余人，犴牢皆满。"除了惋惜同昌公主之死，皇帝大概也对韩宗召、康仲殷推卸责任的做法感到愤怒。但御医如此做，实在也是皇权威压下的逼不得已。

再例如明代御医盛寅的遭遇。明仁宗朱高炽为太子时，有爱妃张氏经期不至，御医们皆断为怀孕，唯独盛寅把脉后认为是瘀血，要开破血剂下血。这是虎狼药。太子震怒，而张氏病得死去活来，因此自己主动提出服盛寅之方，于是太子下令将盛关押，若服药后不是下血而是堕胎则杀之。结果张氏顺利排出瘀血，痊愈。于是太子盛陈仪仗欢迎盛寅，然盛寅已经十分心寒，仁宗即位后盛寅主动要求离开北京，调任南京。

这样的"工作环境"，让御医们如何能发挥水平呢？所以御医就成了社会嘲弄的对象。宋代大臣有病，皇帝常遣宦官携御医探视，本为恩泽，实为苦事。御医所开药，大臣们不敢不服，但是往往药不对症，常耽误甚至加重病情。若去世，则皇帝派来宦官操办丧事，宦官做事，从不考虑成本，只顾将丧事办得体面风光，而且多数经费要由死者家里承担，靡费甚巨，常导致遗属破产。陆游《老学庵笔记》："故都下谚曰'宣医纳命，敕葬破家'。"明代沈德符《万历野获编》卷二十四云："京师向有谚语云：'翰林院文章，武库司刀枪，光禄寺茶汤，太医院药方。'盖讥名实之不相称也。"意谓都是些中看不中用之物。

有的御医，脱离开宫廷环境后就能发挥出自己的水平，足以证明是那种险恶的环境束缚了他们的手脚。例如唐代王彦伯，其人在唐代宗、德宗时期曾为御医，医声隆盛，在家坐诊，据说疗效颇佳，患者盈门。《太平广记》中记载孝子卢佩为母求医的故事：

> 其母先病腰脚，至是病甚，不能下床榻者累年，晓夜不堪痛楚。佩即弃官，奉母归长安，寓于常乐里之别第，将欲竭产以求国医王彦伯治之。彦伯声势重，造次不可一见。佩日往祈请焉，半年余，乃许一到。

王彦伯曾经是御医，名声响亮，此时在家坐诊，应该是已经离开了宫廷。求医者络绎不绝，等闲甚至都见不上一面。卢佩做好耗尽家财的准备，每天前去"挂号"，终于在半年后得到王彦伯同意，上门去给他母亲看一次病。

曾有一人急着向王彦伯求诊，误入王的邻居郑云逵家。

郑云逵啥也不说，装模作样诊脉，并得出结论曰"热风颇甚"，看完病一指隔壁："若觅国医王彦伯，东邻是也。"意思是您急火攻心，是谁家都没看清楚。客人惊走。

而且民间毕竟存在浓厚的官本位思想，"御医"这个名头还是很具有光环的。甚至不用当过正式御医，只要参与过宫廷医疗就可以高自标置。例如明代宫廷妃嫔生产之时经常延请民间产婆，《宛署杂记》："如内廷有喜，则先期预集老于事者直宿，日夕候之，事定乃罢。诸婆中有一经传宣者，则出入高髻彩衣如宫妆，以自别于侪伍，民间亦以此信而用之。"产婆只要进过宫廷，则往往高髻彩衣，模仿宫内女性穿着，以自标高，然后就有了光环，会有更多的人请其助产。《金瓶梅》里但凡是医生人都尊称是"太医"，有没有真的当过太医无所谓，这就是社会流行的一种尊称，也可见民间对于太医还是比较崇拜的。

三、为何中国古代无法诞生真正的医院？

　　至于民间医人，他们实际上是绝大多数医疗任务的承担者，但以单打独斗为主。古代的医者也有坐堂医，王彦伯就是典型的坐堂医。到了清代，一些药房为了招徕顾客，也会花钱请医生坐诊。但是这些都不是主流，更重要的是，医院并非坐诊等患者上门那么简单，它必须是一个分科协作的医疗组织，而中国古代缺乏这样的组织诞生的土壤。

　　民间医人大多数走街串巷，被称为闾阎医人、走方医、江湖医、游医、游方之医、草泽医、泽医、民医、走医、下走医等。亦有称为铃医，是因为医者手里往往拿着环形串铃，内有滚珠发声，又名虎刺，一边走一边摇铃，以提醒人们自己的到来。

香港浸会大学孙宪绍博士伉俪医史博物馆藏串铃

　　为什么在他们之中不会产生"医院模式"？

　　第一，医人们习惯于单打独斗，完全仰仗市场，所以往往也没有具体的分科。当年扁鹊即"随俗为变"："过邯郸，闻贵妇人，即为带下医。过雒阳，闻周人爱老人，即为耳目痹医。来入咸阳，闻秦人爱小儿，即为小儿医。"他来到赵国，听说赵国人重视妇女，于是当了妇科大夫（带下即腰带以下）；到了洛阳，知道周人讲孝道，于是当了耳目医；来到咸阳，知道秦人重视小孩，于是当了儿科医。

第二，医人们竞争激烈，相互闭塞，缺乏交流。这也导致医院模式不可能在中国持续发展。因为医院是一个开放体系，不允许有保密现象的出现。

保密来自竞争。孙思邈《备急千金要方》卷一《治病略例第三》："古来医人，皆相嫉害，扁鹊为秦太医令李醯所害即其事也。一医处方，不得使别医和合，脱或私加毒药，令人增疾，渐以致困，如此者非一，特须慎之。宁可不服其药，任其天真。不得使愚医相嫉，贼人性命，甚可哀伤。"孙思邈告诫人们，一个医生开的药方，千万不要交给另外一个医人去合药，否则后者可能故意在药物里做手脚，戕害患者，目的在于嫁祸给开药方的医人。医人之间的竞争已经到了如此骇人听闻的地步，足以反映其激烈程度。孙思邈所提到的李醯害扁鹊一事，见于《史记·扁鹊仓公列传》。扁鹊是山东名医，战国时期的秦国以招贤纳才著称，举凡商鞅、范雎、张仪、李斯、吕不韦等名人都是外国来秦的所谓"客卿"，扁鹊可能是被这种氛围所吸引，于是入秦。没想到"秦太医令李醯自知伎不如扁鹊也，使人刺杀之"。

宋代李唐绘《村医图》

　　这里顺便说一下，史籍中扁鹊事迹时间跨度极大，从春秋时期一直跨越到战国，故有人怀疑"扁鹊"不是人名而是一种称谓，是神医的名号，历史上曾有多个扁鹊，唯一知道姓名的是最后死于李醯之手的秦越人。日本医学史大家山田庆儿氏著《中国古代医学的形成》有《扁鹊传奇》一章，认为扁鹊初为一行医集团，历代皆有领袖，司马迁等后世史家及民间传说将其附会成一人。

但是竞争并没有使得医人们争相改良医术，反而造成严重的技术保密、封锁，医疗界缺乏经验技术交流。例如《千金翼方》卷五《妇人一·妇人面药第五》："面脂手膏，衣香藻豆，仕人贵胜，皆是所要。然今之医门，极为秘惜，不许子弟泻漏一法，至于父子之间亦不传示。"面脂手膏这种美容品为达官贵人所喜好，利润当极丰厚，医人之间严格保密，父子亦不例外。由于人生出口狭窄，所以医人多贪利，这也是他们恶性竞争的根本原因之一。保密至上的时代必然没有学科发展所必需的正常的交流平台和话语体系，甚至药名都可以故弄玄虚。中国自古以来同一种药往往有多个名称，这是因为地域不同、方言不同，或者是时代不同，药名有变化，但也有人出于保密目的故意为之。

有一个故事，宋代洪迈《夷坚志》记福州某人患眼疾烂缘血风，友人赵子春声称有特效药"二百味草花膏"。患者疑心，从未闻有如此大型的药方，能多达二百味药。第二天赵携药而来，患者一试果然奇效。求问其成分，赵看在朋友分上和盘托出——其实只是羖羊胆，去油脂填蜜，晒干碾粉。患者大为惊异，一共只有两味药，为何称为"二百味"？赵子春回答："以蜂采百花、羊食百草，故隐其名以眩人云。"两个百相加故曰二百，这简直是黑色幽默。药名故弄玄虚，无非出于保密之需要，如此还能指望有正常的分科协作吗？这个现象几乎贯穿当时医疗界的各个方面。

需要指出的是，这是整个历史上中医界之痼疾，伍连德《论中国当筹防病之方实行卫生之法》云："数千年来，吾国之通病，偶有所得，秘而不宣，则日久渐就湮灭。"中医学是高度倚赖经验积累的学科，这种缺乏交流的状况无疑是医学发展的障碍。

第三，中国医患关系模式不利于医院的产生。医院必须建立在医者主动、患者从动的医患关系基础上，这样才能实现对患者的持续治疗。中世纪的欧洲，在十字架下，疾病被看作神给予的历练，或者是个人品德瑕疵所带来的苦难（因教派而异）。中国则相反，医者必须对治疗效果负责。雷祥麟指出："在二十世纪以前的中国，医疗的主体是病人，病人自主地择医而求治，医生是被动地提供医疗服务。病人这方全家都会参与医疗过程，而且握有最终决定权。"古克礼（Christopher Cullen）在研究《金瓶梅》过程中发现，中国古代患者有频繁换医的行为，似乎在追求立竿见影的效果，他称之为在寻找"魔术子弹"。

而且患者还会故意设置难题考验医人，宋代苏轼《东坡志林》卷六就记载了当时流行的"困医"行为：当时的士大夫延请医人之后，由于不知道医生水平高低，所以往往故意不告知病情，而是请医者诊脉，医人能将病情讲清楚，自己才正式投医。苏东坡对此深恶痛绝，望闻问切乃诊疗四大要素，只靠一个"切"怎能考验医人水准？所以他经常反其道而行之，延请医人之后就将病情和盘托出，并在诊疗过程中观察医者的能力。他看来也不能免俗，只是考察方式不同罢了。

中国古代的医疗与欧洲中世纪的医疗相比，缺乏宗教的外衣，世俗的特点在这个领域内展现无余。疗效的好坏没有神权外膜的保护，中国医者必须直接对患者负责，而且他们的经济来源就是患者的钱包，所以迁就患者就成了他们的习惯。

这也就是为什么我们看到中国古代的医者都是云游神仙一般的游医或者坐堂医为主，他们可以有技术上的分科，但是却缺乏组织上的协作。迁就患者让他们在空间和时间上都要迁就患者。

不过，中国传统医患关系也有其自身的价值。现代西方面对过于体制化、技术化、非人格化的医院体系也有很多反思，在这个过程中中国传统医学的价值又被重新审视，罗伊·波特（Roy Porter）在《剑桥医学史》中文版序言中说："在过去 20 年里，西方已有越来越多的声音要求回到西方医学传统的起源，同时也开始从上面所提及的东方医学传统中寻求另一种医学的智慧。"席文（Nathan Sivin）也表示过对古代中医医患关系模式的羡慕：医生在病人家中诊疗，能全面了解患者的社会关系和生活条件，倾听病人的叙述，与病人充分交流，从而提供心理的支持。

第四章
女医和她们的委屈

在中国传统的男女授受不亲的文化氛围下，女性医疗相当一部分不便由男性医人承担，所以女医一直是存在的。但是比之浩如烟海的男性医人的文献记载，有关女医的史料可以说少而又少。

造成这种现象的首要原因读者应该能够想得来，那就是男尊女卑的社会环境。第二个原因是女性医人缺乏史料话语权，很多女医文化水平有限，而且在男性掌握社会权力的背景下，她们也很难得登高位，自然也难以著书立说，使自己留名史册。甚至其中一部分人之所以留名史册，不是因为医术，而是因为与某些男性名人有关，或者与著名事件有关。

一、有多少女医能在历史上留下名字？

（一）汉代：义姁与淳于衍

汉代太医令是最高的医官，下属包括女医，负责皇室女性保健。西汉时期有河东人义姁，以医术闻名，成为汉武帝母亲王太后的女医。她的弟弟义纵，少年无良，盗匪出身。王太后欣赏义姁的医术，问她可有兄弟能推荐当官？义姁是个老实人，回答说："有弟无行，不可。"但是王太后还是把义纵推荐给了汉武帝，义纵由担任中郎开始一路高走，直到担任长安令，河内都尉和南阳、定襄太守等官职，以六亲不认、冷酷无情著称，颇具威慑力，被视为是汉武帝时期酷吏之一。他治理河内地区，"道不拾遗"。还曾经抓捕王太后亲属，打击另外一个酷吏宁成，廉洁奉公，很受汉武帝赏识。但后来因为没有及时维护前往甘泉宫的道路，引起汉武帝不满，又因为阻挠告缗法，最终被汉武帝处死。事迹见《史记·义纵传》。

义姁毫无疑问是一位优秀的医人，但她擅长什么，有哪些诊疗技术和医案，我们现在一概不知。因为她的关系，义纵才得以"闪亮登场"，拥有了自己的传记，而义姁则只能靠着自己弟弟的传记留下名字。

在此后不久，又有一位女医淳于衍出现在史册中，她的出现则与一件通天大案有关。

淳于衍是汉宣帝时期的宫廷女医，负责皇后的保健。汉宣帝刘询（原名刘病已）是戾太子的孙子，受戾太子巫蛊案的影响，褓褓时期就流落监狱里，成人后一直生活在民间。元平元年（前74），昌邑王刘贺（海昏侯）被权臣霍光废黜，经过商议，霍光等迎刘询入宫，不久即位，是西汉中后期一位较有作为的皇帝。

汉宣帝在民间时已娶了平民女子许平君为妻。此时欲立为后。而霍光的妻子霍显开始谋划以婚姻方式巩固自家权威，想让汉宣帝立女儿霍成君为后，满朝附和，"公卿议更立皇后，皆心仪霍将军女"，而汉宣帝却发布了一个没头没脑的诏书，"求微时故剑"，即下令寻找自己寒微时候的佩剑，意即自己寒微时佩剑尚不遗弃，何况妻子。故立许平君为后。

霍显大怒，竟然铤而走险，《汉书》记载了她的阴谋："霍光夫人显欲贵其小女，道无从。明年，许皇后当娠，病。女医淳于衍者，霍氏所爱，尝入宫侍皇后疾。衍夫赏为掖庭户卫，谓衍：'可过辞霍夫人行，为我求安池监。'衍如言报显。显因生心，辟左右，字谓衍：'少夫幸报我以事，我亦欲报少夫，可乎？'衍曰：'夫人所言，何等不可者！'显曰：'将军素爱小女成君，欲奇贵之，愿以累少夫。'衍曰：'何谓邪？'显曰：'妇人免乳大故，十死一生。今皇后当免身，可因投毒药去也，成君即得为皇后矣。如蒙力事成，富贵与少夫共之。'衍曰：'药杂治，当先尝，安可？'显曰：'在少夫为之耳。将军领天下，谁敢言者？缓急相护，但恐少夫无意耳！'衍良久曰：'愿尽力。'"霍显决定除掉许皇后，为自己的女儿扫清道路。而淳于衍就成了她的工具。当时淳于衍的丈夫想通过妻子向霍显求安池监这个职务，而霍显趁机向淳于衍和盘托出自己的计划：趁许皇后分娩，让淳于衍借职务之便，给许皇后下毒，然后伪装成产难而死（古代妇女产难死亡率很高）。淳于衍被说动，加入阴谋。

淳于衍携带毒药附子进入长定宫，合在药丸中给许皇后服下，皇后随即觉得天旋地转，问："药中得无有毒？"淳于衍还强作镇定说："无有。"（《汉书》卷九七）不久，皇后身亡。淳于衍出去向霍显汇报，霍显表示感谢，但出于掩人耳目的考虑，没有立即给淳于衍厚赏。

有司开始追究医者责任，但并未察觉是有人下毒，而是按照医疗事故进行追究，将所有相关医人全部收狱。霍显此时担心败露，才将事情原原本本汇报给霍光。霍光大惊，但为了保护自家，还是通过权力帮助淳于衍过关了。过了些日子风平浪静了，才给了淳于衍赏赐，《西京杂记》记载是"蒲桃锦二十四匹，散花绫二十五匹"，还有"越珠一斛琲，绿绫七百端，钱百万，黄金百两。又为起第宅，奴婢不可胜数"。但是据说淳于衍还曾抱怨："吾为若何成功，而报我若是哉。"觉得自己冒这么大的危险，得到的赏赐却不匹配。由于《西京杂记》多小说家言，所以是不是史实目前存疑。

霍成君如愿以偿成了新皇后，还生了儿子。但是汉宣帝还是不忘许皇后，立许皇后所生儿子为太子。霍显大怒，故技重施，撺掇霍成君毒死太子。霍成君屡次召太子赐食，而太子的"保阿"（保姆）总是挺身而出先尝食，导致霍成君无法下毒。

霍光死后，汉宣帝开始逐步将权力收归己有，霍家感受到了极大的威胁，不久，许皇后之死背后的阴谋败露，霍成君屡次想毒死太子的阴谋也被揭穿，霍家被灭门。而淳于衍也受到了应有的惩罚。

这位女医为一己之私利加入谋杀阴谋，用这种奇特的方式把自己的名字留在史册中，令人扼腕叹息。

（二）隋唐时期的女医

很长一段时间内，关于唐官方医疗机构的存世文献中没有女医的记载，一直令人诧异，如此则后宫女性如何医疗？现在证明这只是文献阙载而已，1990 年代《天圣令》的发现证明唐代宫廷有女医。女医亦有一套选拔教育规章，女医学生入学文化水平标准比男生低，《天圣令》复原唐《医疾令》里男医学生普遍要求识字，对女医学生则未作要求，反映出当时女性受教育普遍不足，所以只好降低入学标准。《天圣令》复原唐《医疾令》记女医身份为官户婢年二十以上、三十以下，无婚史，集中培训，由医博士教安胎、产难及疮肿、伤折、针灸之法，所学内容偏重妇科和一般急病。

女医为皇室，也为宫人（包括后妃和宫女）服务。王建《宫词一百首》描绘宫女生活："御厨不食索时新，每见花开即苦春。白日卧多娇似病，隔帘教唤女医人。"患者"每见花开即苦春"，随着花开季节而犯病，并且"白日卧多娇似病"，恰符合多数花粉过敏患者症状，花粉过敏以白天和傍晚为重，夜间及凌晨、雨后稍轻。所以虽然不能完全肯定，但不能排除花粉过敏的可能。另外《宫词一百首》还有一首曰：

供御香方加减频，水沉山麝每回新。内中不许相传
出，已被医家写与人。

唐代宫廷及上层社会大量使用香药，不仅用于疾病治疗，还
用于日常室内熏香、沐浴、薰衣、熏书等，诗中"水沉"指
沉香，沉香又名"沉水香"，《本草纲目》卷三四："沉水
香……木之心节置水则沉，故名沉水，亦曰水沉。半沉者为
栈香，不沉者为黄熟香。"山麝指的应该是麝香，加个"山"
字是为了文字对仗，而麝的确栖息山林。

诗文中提到一个现象——宫廷内的香药配方往往是保密
的，但总是不胫而走，被社会民众所模仿，极可能是宫内医
人传出以牟利。而泄密的宫内医人，估计有男有女，因为女
医更有条件接触宫内女性，并且为她们提供香药配方，所以
做这事的估计包括女医在内。

隋唐民间女医史料非常稀少，不过《新唐书·艺文志》
记载了"女子胡愔《黄庭内景图》一卷"。所谓"内景图"就
是人体结构图，这应该是一位探索过人体结构的女医，而且
难能可贵的是她著书立说，将自己的学问形诸文字。目前题
名为胡愔所著医籍有《黄庭内景五藏六府图》一卷，收入明
正统《道藏》，《黄庭内景五藏六腑图说》一卷，见收于《道
书全集》；正统《道藏》洞玄部灵图类国字号还收有《黄庭内
景五脏六腑补泻图》一卷。按照题名来说，胡愔是唐后期宣

宗时期人。

（三）宋代：张小娘子

宋代有女医张小娘子。《夷坚支乙卷》卷五记载秀州外科张生，本为郡中虞候。其妻自称曾遇神人皮场大王，授以《痈疽异方》一册，张小娘子研习之，诊疗颇有效，渐成名医。后来其夫也向她学习，成为外科名医。

所谓"皮场大王"乃宋代神灵，姓邳名肜，以医著称。张小娘子既然如此声称，可见她的医术可能是自学的，假托皮场大王之名。强调神人传授，往往是古代医者抬高自己地位的说辞而已，并不稀奇。

张生行医时曾为章县丞家七十岁老夫人看病，疽发于背，张说："此服丹药毒发所致，势难疗也。"章丞大怒，说老夫人从未吃过丹药。但老夫人从屋内呼曰："其说是已。我少在汝家时，每相公饵伏大丹，必使我辈伴服一粒，积久数多，故储蓄毒根，今不可悔矣。"几日后章母卒。

张生的医术来自其妻，徒弟既然如此高妙，师傅想来也不差。

（四）明代：彭医妇、周氏姐妹、陆氏、谈允贤

明代有女医彭医妇，医术高超，但也惹出了不小的麻烦。《万历野获编》卷二三："慈圣皇太后久病目疾，屡治屡发。

至癸丑年，有医妇彭氏者入内，颇奏微效，且善谈谐，能道市井杂事，甚惬太后圣意，因留宫中。而怀孕已久，其腹皤然，宫婢辈俱劝之速出，彭贪恋赏赉，迟迟不忍决。一日，忽产一男于慈圣位下宫人封夫人名彭金花女者之室，上大怒，立命杀之，赖慈圣力救，宛转再三，上难违慈旨，命贷其死，发礼仪房打三十逐出。"

慈圣皇太后（万历皇帝生母李氏）有眼疾，屡治无效，而医妇彭氏入宫后，诊治有效，又口才流利，能给太后讲民间趣事，所以颇得太后欢心。但是彭氏入宫时已经身怀六甲，此时腹部愈加突出，宫女们劝她离开，原因很简单，外人是不能在宫内生产的，有血光之污，这是犯忌讳的事情。但是彭氏贪图太后日常赏赐，久久不离，最后在宫内产下一子。万历皇帝大怒，要把彭氏处死，而皇太后代为求情，最后打了三十杖驱逐出宫。《万历野获编》在这段文字后还有个颇具歧视性的评论："次年慈圣即上仙，盖寄产虽俗忌，然不避者祸立见。即已嫁之女有妊，其夫非赘婿而归宁者，母家必遣之行，况宫禁乎？"意思是在别人家生产是触犯忌讳的，即便是自家女儿也不可以，除非女婿是入赘的。作者还认为慈圣皇太后第二年去世与此有关。

古人一直认为女性月经和生产之事为不洁，《万历野获编》的看法可谓典型。

徐建云《我国古代女医的成就及其人员稀少的原由探析》

中谈到："明代还有两位女医，她们是周祜、周禧姐妹，皆为江南人士。其父周荣起著有《本草图谱》一书，两姐妹就帮着合绘彩图，此书至今犹存。在江苏无锡县还出了另两位女医：一位是名医徐孟容之妻陆氏，陆氏夫唱妇随，陪伴夫君之侧，竟自学成才，以医知名。永乐年间，中宫派遣内侍（太监）至锡，召之入宫，直至晚年才遣归，赏赐甚厚。"而另一位就是谈允贤，电视剧《女医明妃传》主角谭允贤的历史原型。

谈允贤，明代著名女医。所撰《女医杂言》包括内、外、妇、儿四科，是一部杰出的女性专科医案专著。谈允贤是无锡人，生于明英宗时期，按照其侄孙谈修为《女医杂言》题跋的记载，去世于明嘉靖年间，享年 96 岁。

谈家是无锡名门，曾祖父、祖父均以医闻名，到了谈允贤父辈这一代从政了，于是谈家不再行医。但是家学渊源还是深刻影响了谈允贤，她自小聪明伶俐，祖父母对她十分喜爱，觉得让这个女孩沉浸于女红实在是大材小用，于是教她从小学习《难经》《脉诀》等医书。尤其是谈允贤的祖母茹氏，本身也是一位杏林高手，对谈允贤倾注所有心血加以培养，可以说是对她一生影响最大的人。

谈允贤长大嫁人后，生有四个孩子，每当孩子得病，谈允贤都亲自加以诊疗。有不懂的就请教祖母茹氏，往往有奇效。祖母去世时，将自己的藏书全部留给了允贤。

后来谈允贤自己得重病，眼看不起，家人甚至都开始张罗后事。而谈允贤在迷迷糊糊之中做了一个梦，梦到祖母对自己说："汝病不死，方在某书几卷中，依法治之，不日可愈，汝寿七十有三，行当大吾术以济人，宜毋患。"(《女医杂言序言》)允贤挣扎着起来，照着梦中所说之书抓药，真的治好了自己的病。从此她牢记祖母的训导，立志行医。

由于男女授受不亲，所以女性医人尤其是有水平的医人十分稀缺，谈允贤正式开始悬壶济世，女性患者络绎不绝。很快谈允贤名声大噪。

谈允贤治病，善于辨证施治，善于从患者生活背景出发判断病因，《女医杂言》中可以看到夫权社会下女性的郁闷、婆媳矛盾的尖锐、家务劳动之繁重、求子压力对女性健康的影响。谈允贤善于使用针灸，尤其是灸法，《女医杂言》31则医案中13则使用了灸法。

到了五十岁，谈允贤想起祖母托梦说自己寿七十三，已经过去了三分之二，所以应该著书立说，于是写成了《女医杂言》一书。由其子杨濂抄写付梓。实际上谈允贤十分长寿，一直活到九十六岁。

至于电视剧中的"谭允贤"，与现实中的谈允贤事迹其实相差甚远，与朱祁镇之恋情更是"剧情需要"而已，朱祁镇去世时谈允贤还是个幼童，且谈允贤一生与宫廷也无多大瓜葛。

二、性别的困扰

尽管列举了历史上几位有名的女医，但必须指出，比之著名男医，女医可谓"寥若晨星"。甚至于在传世各种医书中，对身体的描述也是以男性为主，费侠莉（Charlotte Furth）《繁盛之阴——中国医学史中的性（960—1665）》第一章《黄帝的身体》中认为古代中国医者的叙述模式是"一性模式"，以气统御，她称之为"黄帝的身体"。

男性医者是"傲慢"的，虽然较少亲自参与女性生产和护理，但是却经常推翻女性医人的经验。《外台秘要》卷三三引《崔氏集验方》记载了北魏时期医僧释鸾亲身经历的事情，有北平郡阳道庆来求见释鸾，原因是家里妇女生产，多有因产难导致身亡者，此时儿媳妇又要临盆，害怕重蹈覆辙，所以来求释鸾想办法。

释鸾虽然精通医药，但看来在此前未曾有过助产经历，但他对于以前的助产方式持完全否定的态度，他认为，阳家之所以多产难，与过多、过于殷勤的助产密切相关，"当由儿始转时，觉痛便相告报，傍人扰扰，令其惊怖，惊怖蓄结，生理不和，和气一乱，痛切唯甚，傍人见其痛甚，便谓至时，或有约髻者，或有力腹者，或有冷水溅面者，努力强推，儿便暴出。畜聚之气，一时奔下不止，便致运绝，更非他缘。"

释鸾认为阳家这种富贵人家过多的人为干预、过多的照顾使得产妇惊惧，"生理不和，和气一乱，痛切唯甚"，导致产难。最后他采取的就是最小限度的干预，让所有人都出屋，让产妇一人独处，并且做了一套助产器械，帮助产妇采取了罕见的直立产位。最终顺产，母子平安。

虽然助产成功，但必须指出，释鸾和他所鄙视的助产婆都有自己的问题。助产婆的莽撞自不待言，而释鸾由于平时未接触妇科，可能对导致产难的诸多复杂原因例如横生逆产、宫外孕等并不了解，成功有侥幸的成分。但人家有话语权，李贞德《唐代的性别与医疗》认为："显然，在医者的眼中，不论是临月的产妇或助产的女辈，都各有问题，没有医者的帮助还真不行。"

当然，不得不承认，由于受教育程度的先天不足，确有部分女医存在很大的问题。明代孙文垣《医案》记载一个二十五岁女患者，难产，生下女儿，自己及家人都不如意，故陷入抑郁，女儿不久又夭亡，故备受打击，浑身抽搐，孙文垣到场后发现甚至无法把脉。

此时孙文垣注意到该女身边有个女医，总是在给患者进补药，或者让患者干嚼人参，或者进独参汤，还给灌粥，孙文垣予以制止，然后让患者以手催吐，患者吐过之后，抽搐减少。孙文垣上川芎、山楂、泽兰叶、陈皮、半夏、茯苓、香附治疗，患者平静入睡。

没想到孙文垣刚出去休息，女医又进来给患者上人参，患者遂发疯，手舞足蹈，喊："我是观音大士降坛！"且喊叫的是字正腔圆的官话，而平时此女只会南方话，周围人见状跪下叩拜，孙大喊："此恶露不尽，乃蓄血如见鬼之症，非真有神佛相附也。"以清魂散加滑石治疗，稍微安定。

但是女医再度登场，趁孙文垣出外休息，又进补药方，患者遂再次疯癫，孙赶回，在药方里加入山楂，再次灌服，患者稍微安定。退下来后孙反复思考，认为"前剂中无佐、使之品，故药力不行也。"于是在前剂里再次大加山楂，"恶露稍行，神思即静"。等患者清醒，孙问你为何会说官话，患者称不记得。

孙最后写道："以郭子仪之英明，而以鱼朝恩监之，便不成功。予固非郭令公之俦，彼女医之误，则又有过于鱼朝恩矣。噫！宁不慎哉。"直接把那个女医比作唐代宦官鱼朝恩，可见对其厌恶至极。

不可否认的是，部分女医和助产婆只是凭借经验做事，文化水平和获得新知识的渠道有限，所以的确问题颇多。美国女传教士 Douw·D. M 1863 年来到北京，以外人视角对中国妇产状况进行观察。清代孕婴中多有四六风，即产后四到六天婴儿发烧、抽搐，继而死亡，由此产生很多禁忌，例如婴儿在第四、六天禁止外人探望等。Douw·D. M 研究后认为是因为接生婆从不洗手，指甲又长又黑，以脏手处理脐带导致败血症；甚至有接生婆在足先出胎儿脚上穿鞋，认为可使孩子自己走出等案例。所以她倡导科学接生、预防接种，推广普及消毒法，让接生婆们学会器具消毒，同时注意个人卫生，从剪指甲开始，后来她创办道济医院，培养中国妇科女医士，有效降低了婴儿死亡率。从这里可以看出，当时文化水平较低、凭借经验行事的接生婆团体的确有很大的问题。

自古以来女性忌讳看男医生，元明善《节妇马氏传》："大德七年十月，乳生疡，或曰当迎医，不尔且危。马氏曰：'吾杨氏寡妇也，宁死，此疾不可男子见。'竟死。"马氏有乳病，但是宁死不愿意让男医诊疗。此种现象彼时并非罕见。

还有些情况下，请男医生到家里诊疗是可以的，但反过来女性抛头露面去医院看医生则往往是禁忌。以清朝为例，美国传教士伯驾1835年在广州创医局，设置多个科室，刚开始患者寥寥无几，尤其女性患者几乎毫无踪影。某日则有一妇人前来，伯驾甚高兴，他原以为中国妇女断不会接受男医诊断。但这只是昙花一现，后来医院患者日增，女性依旧极少。尤其妇产科，从未开张。终于有一孕妇来医院生子，却是因受伤前来就诊（那时民众已经逐渐意识到西医在急救方面疗效显著），救治过程中可能是因为情绪紧张引发宫缩，突然意外生产。也就是说，若非意外，这名产妇仍不会选择到医局生产。这种现象在中国古代可能是普遍存在的，中国传统医学中的"女科"，指的是医学中的妇科，而非医院门诊之分科。女性医疗的承担者主要是女性，例如生产时候的稳婆、乡间药婆（乡间女医，略通药。西南地区药婆意思迥异，指下蛊害人者）等。

但是稳婆、药婆之类的"女医"却是医者中的底层，让人看不起。不仅是因为她们文化水平低、只靠经验没有理论，让医者鄙视，还包含着性别的歧视，说白了就是自古以来对职业女性的歧视。

《水浒》《金瓶梅》中的淫媒为何是王婆？王婆声称"老身为头是做媒，又会做牙婆，也会抱腰（接生），也会收小的，也会说风情，也会做'马泊六'"。小说的作者为何做了这样的角色设定？这是作者下意识的反应，源自当时社会对职业女性普遍的警惕。

梁其姿《面对疾病——传统中国社会的医疗观念与组织》一书第九章描绘了宋元明时期职业女性的社会形象。随着唐朝以后女性社会地位的下降，有行动自由的职业女性逐渐被视为风气败坏之根源。宋代李元弼《作邑自箴》里说："勿放尼妇出入，收生之妇事毕亦然。"陈襄《州县提纲》亦警告一家之长不得让舞姬以及"百姓妇女出入贸易机织"，否则"教子弟奸淫"。袁采《袁氏世范》亦云："尼姑、道婆、媒婆、牙婆及妇人以买卖针灸为名，皆不可令入人家，凡脱漏及引诱为不美之事，皆此曹也。"

尼姑、女道、医女等之所以被视为洪水猛兽，皆是因为在女性日益被束缚于家庭内部的背景下，她们却有着较大的行动自由，可以起到沟通内外的作用，梁其姿指出："坏女人的定义已相当清楚：宗教妇女，中介，以及靠医疗服务为生的妇人。"

徐元瑞《吏学指南》告诫官员们，打听地方上的不法之事，三姑六婆是必须询问到的："司县到任，体察奸细、盗贼，阴私谋害，不明公事，密问三姑六婆，茶房、酒肆、妓馆、食店、柜房、马牙、解库、银铺、旅店，各立行老，察知物色名目，多必得情，密切告报，无不知也。"他还说："官府、衙院、宅司，三姑六婆，往来出入，勾引厅角关节，搬挑奸淫，沮坏男女。三姑者，卦姑、尼姑、道姑；六婆者，媒婆、牙婆、钳婆、药婆、师婆、稳婆。斯名三刑六害之物也，近之为灾，远之为福，净宅之法也。犯之勿恕，风化自兴焉。"所谓的三姑六婆，陶宗仪《辍耕录》另有版本有些许不同："三姑者，尼姑、道姑、卦姑也；六婆者，牙婆、媒婆、师婆、虔婆、药婆、稳婆也。"其中与医药有关者是药婆、师婆（巫婆，以符咒治病）和稳婆（接生婆）。清徐时栋《烟屿楼笔记》曾考证古来接生婆名号，有稳婆、老娘等（唐宋即有），明清时又称为"外婆"，"盖欲其珍惜产母，如母之视女耳"。

　　职业女性的被敌视，根本的原因就在于妇女普遍遭到管束的社会大背景下，敢于抛头露面的"三姑六婆"一定极有个性，与社会格格不入，且她们是唯一有条件充当"良家妇女"与社会之间媒介的人，自然遭到男性社会的敌视。当然，三姑六婆"带坏"良家妇女的个别案例的确存在，但这些被古人放大为对整个职业女性团体的敌视与鄙夷。女医自然也不可能幸免。

附录：悬丝诊脉

至于请男性医生到家里看病，则是被社会舆论所允许的。为了这50％的市场，医人也不会困守于坐堂，所以男性医人到女性家里出诊是常事。这里顺便说一个流传已久的"神奇技术"，即"悬丝诊脉"。

所谓悬丝诊脉，据说主要是为了解决古代男女授受不亲的问题，男医生给女病人看病不好直接用手触摸女病人的肌肤，于是在病人腕部系上丝线，医生执另一头，通过感受脉搏带动丝线的震动，相当于起到搭脉的作用。但事实上，古代并不存在悬丝诊脉。从没有一部正式的医书记载过此事，它就是民间的想象罢了。因为诊脉特别难，例如刘禹锡学了二十年也没学会，所以人们心目中神医就是诊脉高手，以至于围绕诊脉编出了很多故事。但是悬丝诊脉会受到风的影响，而且脉动强度也绝不至于牵动一条长度达一两米长的丝线。这几乎是不可能的。

古代医生解决男女授受不亲的问题，主要有两种办法，第一种是随身携带一方丝帕。等到给女病人看病的时候，就把这方手帕罩在病人的手腕上，然后诊脉。明代李梴《医学入门》："随其所便，或证重而就床隔帐诊之，或证轻而就门隔帏诊之，亦必以薄纱罩手。贫家不便，医者自袖薄纱。寡妇室女，愈加敬谨，此非小节！"

还有一种办法是医生随身带一个人体模型，让女患者在模型上指出自己病痛的部位，这样可以避免女病人的尴尬，同时从侧面辅助诊断。更讲究的大户人家则是小姐坐在闺房内，由丫鬟出来传话。医生询问，丫鬟转身进去，然后出来代为回答。李梴《医学入门》："如诊妇女，须托其至亲，先问证色与舌及所饮食。"意思是望闻问切中，望与闻委托女患者家属。

到了清代，倒是有人利用悬丝诊脉的传说，搞起了形式主义。据李阳泉著《中国文明的秘密档案》所言，1968年，旧时北京四大名医之一施今墨先生介绍说，悬丝诊脉可谓亦真亦假。所谓真者，清朝宫廷确曾有其事；所谓假者，悬丝纯粹是一种形式。原来，清代大凡后妃们生病，总由贴身的太监介绍病情，太医总是详细询问情况，诸如胃纳、舌苔、二便、症状、病程等。为获得真实而详尽的情况，有时太医还要给太监送礼。当这一切问完后，太医便成竹在胸。然后开始悬丝诊脉。这样做，一是谨守宫廷礼仪，表示臣属对皇室的恭敬；二是利用此时暗思处方，准备应付，以免因一言不慎、一药不当而招祸。此时之悬丝诊脉不过是个过场，无非是借用了传说而已。

第五章

疾病与谎言

——大历史背后不应忽视的
"小"因素

　　疾病大概是战争之外最好的社会试金石了，在疾病面前不仅有人类的善良，也有恶意与谎言，这种谎言有人需要，有人推动，有人接受，来自各个社会阶层，受害者也分布于各个阶层。不是所有偏离事实的都是谎言，有的偏离只是认识的误差，而有意的谎言却经常和这种认识误差一起渗透进社会思想、组织结构、民风民俗之中，沉淀在历史长河里。

　　疾病威胁之下，人的分辨能力往往处于最低谷，对生命的渴望使得人的戒备心理降低，偏听偏信，"死马当作活马医"的心态导致到处抓救命稻草，因而谣言和骗子往往与疾病如影随形。这种恐慌与随之而来的欺诈，不仅骗了众多普通百姓，达官贵人乃至皇帝也难以逃脱，由于后者的位高权重，当他们被骗时造成的影响往往也更大，甚至可以说，疾病与谎言在一定程度上影响了历史的走向。

一、民间医骗与医托

　　数千年来，民众在疾病的威胁之下一次次受到愚弄与摆布。邪教的盛行可说是一个典型，每逢疫病蔓延，邪教便趁机大肆发展信众，所采取的就是"渲染恐怖"加"禳灾祛病"的手法。例如东汉后期，从灵帝朝到献帝朝长期的疫病流行大大促进了太平道和五斗米道的发展，而疾病和祛病就是他们发展信众、巩固组织的重要工具，在此基础上建立了拟国家化、军事化的组织，甚至发动战争，动摇了汉代朝廷的统治，也就无怪道教人士要对他们进行批判了，葛洪《抱朴子内篇》卷九："曩者有张角、柳根、王歆、李申之徒，或称千岁，假托小术，坐在立亡，变形易貌，诳眩黎庶，纠合群愚。"

汉末这段历史对统治者来说是极大的教训，之后历朝历代都警惕这种利用疾病的邪教，而民间类似的事件也确实层出不穷。《朝野佥载》卷三记载，唐高宗时有妖人刘龙子以祛病为由妖言惑众，作一金龙头藏袖中，以羊肠盛蜜水，接在龙头上，羊肠缠着胳膊藏在袖中。有求医者则伸出龙头，流出水来，号称包治百病，敛财无数。随着信徒的增多，此人竟然逐渐有了政治野心，"遂起逆谋，事发逃走，捕访久之擒获，斩之于市，并其党十余人"。此事在《新唐书》里做如此记载："开耀元年……五月乙酉，常州人刘龙子谋反，伏诛。"对于政府来说，骗小钱这种事或许管不胜管，但对于蛊惑人心、有政治企图的邪教是一定要打掉的，所以在正史里，刘龙子不是作为医骗而是作为谋反之人留下了名字。

三国以降曾有对圣水的崇拜，而这些崇拜往往发生在瘟疫爆发时期。

《北史》卷二七《李先传》：

（北魏）灵太后临朝，属有沙门惠怜以咒水饮人，云能愈疾，百姓奔凑，日以千数。

《高僧传》卷一〇《晋洛阳大市寺安慧则》：

晋永嘉中，天下疫病，则昼夜祈诚，愿天神降药以愈万民。一日出寺门，见两石形如瓮，则疑是异物，取看之，果有神水在内。病者饮服，莫不皆愈。

葛洪《抱朴子内篇》记载过以假充真的"圣水骗局"以及政府的应对。洛西有古墓，古墓早已坍塌，内有积水，由于墓中多石灰，石灰汁主治疮，有人在这里洗疮得愈。于是四方病患云集，不仅洗，还有内服者。不久就出现了利用此墓敛财和搞淫祀的现象："近墓居人，便于墓所立庙舍而卖此水。而往买者又常祭庙中，酒肉不绝。而来买者转多，此水尽，于是卖水者常夜窃他水以益之。其远道人不能往者，皆因行便或持器遗信买之。于是卖水者大富。"官府最后强行毁坏了古墓，制止了癫狂的民众们。

到了唐代，圣水崇拜卷土重来，李德裕《会昌一品集》记载亳州忽然出现圣水，据说可治百病，立竿见影。南方百姓骚然，消息传播不比如今的微博微信慢，"自淮泗达于闽越，无不奔走"，"每三二十家即顾一人就亳州取水"，渡江人数众多，防不胜防，水每斗卖到三贯，且有歹徒以其他水冒充。李德裕命令填塞泉眼杜绝根本，并上报皇帝。

除此以外，以各种手段骗取钱财的医骗更是史不绝书。东晋葛洪《抱朴子内篇》卷九讲述了一个故事：兴古太守马氏有亲戚来投奔，穷困潦倒。而马太守给支的招是让他冒充医生，对外诈称是外来的神人道士，治病手到病除，"云能令盲者登视，躄者即行。于是四方云集，趋之如市"，很快获利，钱帛堆积如山。一个毫无医术的骗子何以能获得如此成功？盖因有一套控制群众心理的办法："当告人言愈也，如此则必愈；若告人未愈者，则后终不愈也。道法正尔，不可不信。"即告诉患者，出外若有人问治疗是否有效，则回答有效，若回答无效就真的无效了。于是成千上万的患者在"信则灵"的心态摆布下，充当了一回"医托"，真实信息交流完全阻断，心甘情愿地被分割成一个个信息孤岛，成了真正的"乌合之众"。这次成功的骗局具备了古今医骗的所有特征：1. 事先造势；2. 制造从众心理；3. 造成患者之间的真实信息隔绝。

北齐时期的一次医骗事件也具有类似的特点，尤其在造势上，使用了我们今天很熟悉的"职业医托"。唐丘悦《三国典略》记载北齐武安一个妖人与其徒弟团伙行骗，办法是弟子们伪装成盲人及跛足人，号称饮某处泉水，得金佛，其疾并愈。一时间北齐无论贵族百姓均信以为真，男女老幼云集。

偏巧水中有一只老黄蛤蟆，乍出乍没，人见之莫不以为神奇，就连齐武成帝高湛也率领百官前来饮泉水。骗子们伪装成患者，以医托手法炒作造势，再加上北齐社会风气佞佛，所谓泉水中得金佛就是一次心理诱导。老黄蛤蟆的出现或者是人为，或者是巧合，但不管怎么样，这也是一次重重的加码。因为古汉语中蛤蟆就是蟾蜍，自古以来与嫦娥得不死药奔月传说相关，《抱朴子内篇》还把蛤蟆列为长生不老药"五芝"之一，称为"肉芝"："肉芝者，谓万岁蟾蜍。"既然如此，当然给了北齐民众以极大的信心鼓舞，从皇帝到民众趋之若鹜。

二、渴望长生的帝王

（一）秦始皇与术士

骗术面前，人人平等，平民有平民的愚昧，达官贵人有达官贵人的愚蠢，骗子们早有各种量身定做的套路，就连秦始皇也是受害者。"奋六世之余烈"一统天下的秦始皇，人世间之尊贵已到极致，中年以后人生苦短的情绪更加明显，那时候还没有明确的成仙思想，于是追求长生就成了他的最高目标。很多人有疑问：秦始皇身边有那么多的术士，为他求所谓不老之药，这种注定要失败的事情怎么能骗到以法令严苛著称的秦始皇呢？余英时《东汉生死观》认为术士们有解决之道，那就是为始皇帝设置不可能完成的前提条件，不完成这些任务则灵药不灵。比如说秦始皇生活过于奢华，心不静则法术不灵，而秦始皇不可能放弃奢华，也不可能做到心静，术士也就得以暂时免责。或者开列极其苛刻的条件，骗取资金逃之夭夭，比如徐福，就编造了蓬莱山海神嫌弃秦始皇礼薄，不给仙药的故事，骗得秦始皇"遣振男女三千人，资之五谷种种百工而行"，从而成功卷款私逃。

一个著名的事件其实背后就有术士的影子，《史记》卷六《秦始皇本纪》："始皇帝幸梁山宫，从山上见丞相车骑众，弗善也。中人或告丞相，丞相后损车骑。始皇怒曰：'此中人泄吾语。'案问莫服。当是时，诏捕诸时在旁者，皆杀之。自是后莫知行之所在。"秦始皇看到李斯车队仪容甚盛，有不悦之色。而他身边的人将此消息报告给李斯。李斯立即减少了随从规模。秦始皇因此勃然大怒，将当天伴随左右的所有人都杀死，以断绝李斯的眼线。

此事非常著名，史家多以此为皇权与相权微妙关系之例证，此不赘言。但其背后实另有含义，同卷这段文字之前的文字更值得注意：

卢生说始皇曰："臣等求芝奇药仙者常弗遇，类物有害之者。方中，人主时为微行以辟恶鬼，恶鬼辟，真人至。人主所居而人臣知之，则害于神。真人者，入水不濡，入火不蓺，陵云气，与天地久长。今上治天下，未能恬惔。愿上所居宫毋令人知，然后不死之药殆可得也。"于是始皇曰："吾慕真人。"自谓"真人"，不称"朕"。乃令咸阳之旁二百里内宫观二百七十复道甬道相连，帷帐钟鼓美人充之，各案署不移徙。行所幸，有言其处者，罪死。

卢生的行为模式与徐福如出一辙，他为秦始皇开列的长生前提条件就是：1. 要恬惔；2."愿上所居宫毋令人知"，一旦行踪被人知晓，则真人不见，仙药不得。皇帝不见外人，这就是一个几乎不可能实现的条件，但秦始皇笃信不疑，改称自己为真人，并下令宫室之间筑造复道、甬道，有敢泄露皇帝行踪者斩。故李斯削减车骑的行为等于告诉皇帝，有人向外泄露皇帝行踪，导致药效"破功"，从而引起了始皇帝的愤怒。这才是故事的"点"的所在，所谓君权与相权的矛盾，其实只是次要的一面。

秦始皇对这些术士未必没有疑心，但"合理化"（rationalization）的心理需求使得他甘心受其摆布，即制造"合理"的理由来解释并遮掩对自我的伤害。在这个过程中，推诿机制（projection）发挥的作用最为明显，即主动使用一些术士为他设置好的客观原因为失败寻找理由，从而继续保持对行为合理性的信仰。但忍耐是有极限的，在术士卢生、侯生逃走并谩骂秦始皇之事发生后，就有了著名的"坑儒"事件，所坑者多数是尚未来得及逃走的术士。

（二）"子贵母死"与北魏道武帝的服食求仙

寻求长生的皇帝自然不止秦始皇一个。事实上，历朝历代的帝王几乎都有这个梦想，汉人如此，少数民族也不例外。南北朝时期的北魏道武帝拓跋珪就是典型的例子。北魏原是鲜卑族所建政权，入主中原之后迅速汉化，同时也就接收了对于仙药的崇拜。道武帝拓跋珪时，仪曹郎董谧献《服食仙经》，道武帝大喜，天兴三年（400）十月，下令设置仙人博士，"煮炼百药"，以求长生。为此甚至下令封西山供仙人博士张曜薪柴燃料之需。炼制出来的丹药"令死罪者试服之，非其本心，多死无验"，贻害甚众。太医周澹怜悯百姓，于是用了一个阴招，让妻子买通张曜爱妾，利用家长里短的聊天掌握了张曜把柄，威胁张曜辞职。张受此要挟，不得不申请隐居辟谷。后因炼药久无效，拓跋珪渐渐失去热情，其事遂罢。

虽然新型仙药的试验宣告失败，但是道武帝服用寒食散的热情不减，《魏书》卷二：

> （天赐）六年（409）夏，帝不豫。初，帝服寒食散，自太医令阴羌死后，药数动发，至此逾甚。而灾变屡见，忧懑不安，或数日不食，或不寝达旦。归咎群下，喜怒乖常，谓百僚左右人不可信，虑如天文之占，或有肘腋之虞。追思既往成败得失，终日竟夜独语不止，若旁有鬼物对扬者。朝臣至前，追其旧恶，皆见杀害，其余或以颜色变动，或以喘息不调，或以行步乖节，或以言辞失措，帝皆以为怀恶在心，变见于外，乃手自殴击，死者皆陈天安殿前。于是朝野人情各怀危惧。

大意是说，新型丹药虽然试制失败，但道武帝开始服用传统的寒食散，逐渐变得性格乖戾，暴躁异常，有时几天不吃饭，整晚不睡觉。而且疑心甚重，谓百官不可信，又担心天文，又担心皇子，自言自语，动辄打人杀人，见了大臣，忽然想起陈年往事，追思其恶，然后杀之，甚至朝臣有因为脸色、呼吸、动作、言词不妥而遭到殴打甚至杀害，尸体横在殿前。朝野上下人人恐惧。

丹药导致重金属中毒，重金属中毒可能导致脾气暴躁无常，南唐李昪早期励精图治，晚年也因为丹药变得脾气乖戾。唐宪宗因为服用丹药暴戾无常，殴打宦官，最后被宦官刺杀。明朝嘉靖皇帝因服丹药脾气暴躁，差点被宫女勒死。时至今日，重金属中毒与社会犯罪率的关系仍然是一个重要的课题。

道武帝末期最著名的事情就是"子贵母死"，他在传位给拓跋嗣之前杀死了拓跋嗣生母刘氏，《魏书》卷三："初，帝母刘贵人赐死，太祖告帝曰：'昔汉武帝将立其子而杀其母，不令妇人后与国政，使外家为乱。汝当继统，故吾远同汉武，为长久之计。'"这件事情非常著名，分析者众多，田余庆《拓跋史探》考证其源流、意义甚明，并指出此事酝酿五年有余，而道武帝服用包括寒食散在内的仙药的历史可能要从董谧献《服食仙经》开始，至此时已经有十年左右。这种残忍的做法与道武帝精神状况的变化恐怕也有一定的关系。只是这种脾气方面的问题难以量化分析，限于科学认知能力，当时人也不会留下这方面的直接论述，所以现代学者分析起来多从文化、制度、政治需要诸多显性因素角度入手。但是人治社会里，君主个人秉性对历史进程的影响的确存在，而疾病也是不可忽视的因素。

（三）唐太宗的长生药

北魏道武帝早期属于相对英明有为的君主，而比他更有名的、中国历史上一直被视作明君代表的唐太宗李世民，在服药求长生这一点上却有过之而无不及，甚至直接由此丧失了生命。他究竟吃了什么药导致死亡？可能没有一个具体准确的答案，但能揣摩一二。

唐太宗之死亡与印度长生药密切相关。贞观二十二年，王玄策借尼泊尔及吐蕃兵征服北天竺之后，带回天竺方士那罗迩娑婆寐，此人自称 200 岁，会炼长生不老药，太宗服药，但却无效。"王玄策之破天竺也，得方士那罗迩娑婆寐以归，自言有长生之术。太宗颇信之，深加礼敬，使合长生药。发使四方求奇药异石，又发使诣婆罗门诸国采药。其言率皆迂诞无实，苟欲以延岁月，药竟不就，乃放还。"（《资治通鉴》卷二〇〇）不久唐太宗驾崩，极可能是服药中毒的结果。朝廷欲将此术士治罪，但是又怕引发连锁反应，"大渐之际，名医不知所为，议者归罪娑婆寐，将加显戮，恐取笑戎狄而止"（《资治通鉴》卷二〇一）。高宗时此神棍竟又来，再次提出为皇帝炼药，李勣嘲笑曰："此婆罗门今兹再来，容发衰白，已改于前，何能长生？"（《资治通鉴》卷二〇〇）神棍不久死去。

众所周知，魏晋隋唐时期，服用丹药的风气十分盛行。可以肯定，在天竺术士来到长安之前，唐太宗就已经在服用本土丹药。当时宰相高士廉薨，唐太宗欲前往吊丧，房玄龄顿首谏曰："陛下久御药石，不可临丧。"（《册府元龟》卷一七二）服丹药之后不可吊丧，这是当时的风俗习惯，例如《明皇杂录》《宋高僧传》记载玄宗时期兵部侍郎张均、房琯、韦陟都是高僧义福之徒，义福将死，想与大家诀别，而张均因饵金丹，不肯"临丧"。高士廉去世是贞观二十一年，唐太宗此时已经"久御药石"，而王玄策献天竺方士那罗迩娑婆寐的时间是贞观二十二年，可见唐太宗服丹药并不是始于该婆罗门僧，而是在此之前早有服用，可能是对效果不满意，才转而求助于域外方术。

在此之前，唐太宗曾经接触过天竺医药，并且药到病除。《太平广记》卷二二一引《定命录》："属太宗气疾发动，良医名药，进服皆不效，坐卧寝食不安。有召三卫已上，朝士已下，皆令进方。裴随例进一方，乳煎荜拨而服，其疾便愈。"而《证类本草》卷九记载同一件事时病名更加具体："按《唐太宗实录》云：贞观中，上以气痢久未痊，服它名医药不应，因诏访求其方。有卫士进乳煎荜芨法，御用有效。"乳煎即以牛乳熬煮。荜茇，即荜拨，胡椒科植物，产于热带、亚热带，味辛辣，用于治疗腹冷痛、呕吐、泄泻、心绞痛等。这种药物来自热带，又用牛乳这种汉人少用药物，高度怀疑药方来自印度。

唐太宗服用此药的时间应该是在贞观十七年之前，因为按《独异志》等记载此事与魏征有关，当时唐太宗欲以官职奖赏献药方的卫士张宝藏，而魏征表示反对。魏征去世于贞观十七年。也就是说，在王玄策献那罗迩娑婆寐之前，唐太宗已经服用过天竺药物，由此根治了长年痼疾，这可能让他对天竺医药产生了良好印象。

那么这位天竺术士究竟给唐太宗提供了什么药物？

先要说明的是，印度自古就有自己的长生药，与中原迥异，称为 Soma。李约瑟等人认为古代印度的长生药 Soma 和波斯的长生药 Haoma 促使中国产生了长生药的观念（《李约瑟视野中的印度科学》），饶宗颐《塞种与 Soma ——不死药的来源探索》讨论了西王母崇拜与西域的 Soma 长生药的关系。对于这些观点我本人持保留态度。因为追求长生不死是古人本能，而中国本土的不死药和长生成仙观念更多的是与海洋有关，而不是西域丝绸之路。

陈明《殊方异药——出土文书与西域医学》一书讨论了天竺术士带给唐太宗的药物。陈明认为，唐太宗服用天竺药物是为了治疗征高丽时候的箭伤。当时安市城下，守军的箭射中了唐太宗的眼睛。但这一点亦可存疑，因为唐代史料没有这样的记载，甚至同时期的新罗、高丽史料也没有这样的记载，是18世纪之后朝鲜李朝《三渊集》等文献才开始编出这样的故事，可信度极低，应该是朝鲜人往自己脸上贴金的段子。唐太宗服用丹药的原因就是想长生不死，这是很多君王人生最后阶段共同的行为。当时的太宗已年近五十，这在古代来说已经是老年，所以有这样的思想也不奇怪。

陈明指出，长生药是古代印度生命吠陀的组成部分，和中国的丹药一样，也有多种搭配组合，常使用的有诃黎勒、余甘子、长胡椒、打托果、牛乳、酥、五灵脂、酸藤子等，在西域出土的梵文写本《鲍威尔写本》中记载的长生药则有穿心草、假马齿苋、甘草、积雪草等。《医理精华》《耆婆书》里的长生药也是大同小异。陈明指出，11世纪以前的印度长生药，极少有矿物质和金属药物，主要是草木药。这个是重点，因为中原的丹药引发中毒主要是由于礜石、丹砂等物。而印度的长生药总的来说是没有什么强烈毒性成分的。

但有意思的是，那罗迩娑婆寐给唐太宗造长生药的时候，却与中原术士似乎没有太大的区别，《旧唐书·西戎传》："造延年之药。令兵部尚书崔敦礼监主之，发使天下，采诸奇药异石，不可称数。"天竺长生药的主要组成部分仰赖当时的丝路贸易，不是特别难得之物，尤其是 7 世纪的天竺长生药并不使用石药，但娑婆寐却"采诸奇药异石"。其药方具体成分已经不可考，但是这些迹象表明，他极可能入乡随俗，迁就中原人的观念，在天竺长生方里加入了矿物质药物。中国自古的互渗律思维带来对金石类药物的崇拜，认为金石不朽，故服用之后可以身体不朽，《周易参同契》卷上："金性不败朽，故为万物宝。术士伏食之，寿命得长久。"所以他极可能是杂糅天竺、中国的长生药，搞出了一个新配方。但是和其他很多丹药一样，不仅无效，而且有毒。唐太宗之死或许不能完全归罪于他，因为在他来之前，唐太宗已经开始服用丹药，而且是"久服"，但量变导致质变，天竺术士的药物成为压倒骆驼的最后一根稻草，而当时很多朝臣惋惜太宗之死，欲将那罗迩娑婆寐明正典刑，大约反映出他所起到的恶劣作用。

　　尽管太宗的悲剧在前，他的子孙们却似乎并未引以为戒。服丹药几乎可说是唐朝皇帝的家族传统，在这个问题上他们可谓"矢志不渝，前仆后继"，明文记载直接或者间接死于丹药的多达六人，除太宗外还有宪宗、穆宗、敬宗、武宗、宣宗，占唐代皇帝总数四分之一。其中有直接被毒死的，如太宗；亦有服丹药后导致精神怪异引发谋杀的，例如宪宗、敬宗。而为他们提供丹药的术士，有的是真正相信自己的法术，有的则是不折不扣的骗子。

　　唐朝皇帝一代代受丹药之害，但"合理化推诿"这种心理机制也一次次发挥作用，丹药害人，并不能使皇帝们得出结论"丹药害人"，而是认为服食方式不对，配方不对，禁忌不全……总之，不可能从整体上反对丹药。《资治通鉴》卷二四八："上（唐武宗）自秋冬以来，觉有疾，而道士以为换骨。上秘其事，外人但怪上希复游猎，宰相奏事者亦不敢久留。诏罢来年正旦朝会。"武宗迷信丹药而病重，但术士以"换骨"为理由继续迷惑武宗。唐武宗的情况御医和诸臣都无法掌握，最终不治。成语脱胎换骨本是道教词汇，指服丹药后胎、骨均焕然一新，然后成仙（或长生）。《云笈七签·阴阳六甲炼形质法》："虽功成道著，先未知道之时，积罪殃结，毁破肌肤，损伤骨脉。成就之后得蝉蜕，留皮换骨，隐迹岩穴，养骨髓，滋皮肉，千日方朝五岳受事，与前等同功也。"而且古人认为脱胎换骨的过程与胎儿的孕育一样需要时间，《云笈七签·大还丹契秘图》："人以十月成身，丹以十月脱胎，人道相通，超凡入圣，岂不了然乎!"同书另一处提及服丹要满千日，才可换骨。这也就是为何很多人服用丹药明明已感不适却还要坚持的原因，他们认为脱胎换骨和蝉蜕一样，是个缓慢而且痛苦的过程，需要忍耐。术士之所以可以骗钱，就是因为有这个"窗口期"，而唐武宗身边的术士同样利用了这一点。一旦武宗死亡，估计他们又可以"尸解"为借口，最终开溜。皇帝就这样甘心接受愚弄。

（四）"幸运"的武则天

武则天信佛众所周知，但是武则天对本土长生术也是非常有兴趣，她的年号延载、万岁通天、长寿、久视等莫不体现出这种强烈欲望。后期面首二张的"控鹤府"即沿用周代升仙太子王子乔故事，取成仙之美意。著名的嵩山金简也是为成仙做准备的"投龙"仪式的组成部分。她还曾任命山人为宰相，《新唐书·宰相世系表》："（延载元年）七月癸未，嵩岳山人武什方为正谏大夫、同凤阁鸾台平章事。"这位武什方是一个隐居嵩山的术士，本姓韦，与洛阳麟趾寺一个老尼沆瀣一气，专门骗人。老尼自称数百岁，而且每日只吃一颗麻，一粒米。韦什方则自称生于东吴时期，专长是炼制不老金丹。武则天十分信任他，赐姓武，授宰相，制云："迈轩代之广成，逾汉朝之河上。"所谓"广成"就是广成子，传说中的崆峒山仙人，年寿一千二百岁，黄帝曾向其问道。河上公，汉代世外高人，号称长生，汉文帝曾向其问老子之事。这道制文反映出武则天对武什方的信赖。为了炼制不老药，她还听从武什方要求，派使者前往岭南采购原料。

武什方任宰相不到两个月就奏请还嵩山，武则天允许。估计原因是他骗取武则天信任容易，可是在一群技术性官僚（例如苏味道、李昭德等）面前无论文化还是能力都相形见绌，所以只好退居山林。反正只要有皇帝信赖，富贵不愁。

　　武什方最后失败还是由于他的战友伙伴——麟趾寺老尼。该尼姑自称每日只吃一麻一米，实际上夜间经常烹宰宴乐，聚众淫乱。此时发生一件大事——宏伟的、耗资巨大的明堂被武则天的面首薛怀义纵火焚毁，老尼入宫唁之，武则天一股邪火正没处发泄，一看她就说："汝常言能前知，何以不言明堂火?"老尼大惊失色。随即有人乘机揭发老尼淫乱之事，武则天将其同伙全部没为官奴婢，武什方听说消息，担心牵累自己，上吊自尽。这或许间接挽救了武则天，她虽然也服用金丹，但是最终还是以八十多岁高龄去世。骗子的及早败露也算是好事吧。

三、影响历史的小人物

利用当权者对疾病的恐惧、对长生的向往而混迹宫廷中的术士骗子，还往往会影响到顶层政治。自古越是上层越迷信，很多莫名其妙的政治事件，在难以揣摩当事人动机的时候，不妨将视野投向他的左右，看看是什么样貌似不起眼的人在影响他的判断乃至心智。

这种"不起眼"的人包括医者。原因很简单，医者可以出入宫廷看病，比一般人有更多的接触上层的机会，所以自古以来医人往往参与到政治活动之中。

（一）祸乱宫廷的西晋太医程据

在西晋政局中有一个小人物——太医程据，虽然他不曾以医术著名于世，却以特别的方式在历史上留下了自己的印记，可以说他是西晋荒唐政局的一个亲历者、见证者。

此人首见于史籍是在晋武帝时期，从一开始便以佞臣样貌出现，《晋书》卷三："（晋武帝咸宁四年）十一月辛巳，太医司马程据献雉头裘，帝以奇技异服，典礼所禁，焚之于殿前。"（此事又见孙盛《晋阳秋》、李轨《晋咸宁起居注》等）胡三省注《通鉴》曰："雉头毛采炫燿，集以为裘。"此乃昂贵之奢侈品，晋武帝焚之以示节俭，并视为自己圣德隆盛的证据，后来曾对别人洋洋得意曰："我平天下而不封禅，焚雉头裘，行布衣礼。"（《晋书》卷四五）程据是太医，晋制太医隶属宗正，太医令为七品官，铜印墨绶。级别不高，而且出现在这样一个事件里，此时的程据可以说是个小丑般的存在。

但是此人仕途并未受阻，相反在晋武帝死后一路高走，《晋贾皇后乳母美人徐氏之铭》："（晋惠帝元康八年）皇帝陛下、皇后慈仁矜愍，使黄门旦夕问讯，遣殿中大医、奉车都尉、关中侯程据……就家瞻视。"此时程据已经是殿中大（太）医（殿中太医为晋太医体系级别最高者）、奉车都尉、关中侯，非常受晋惠帝皇后贾南风的器重，而这种器重的背后是众所周知的奸情。

贾南风情人众多，程据就是其中之一。《晋书》卷三一：

> 后遂荒淫放恣，与太医令程据等乱彰内外。洛南有盗尉部小吏，端丽美容止，既给厮役，忽有非常衣服，众咸疑其窃盗，尉嫌而辩之。贾后疏亲欲求盗物，往听对辞。小吏云：'先行逢一老妪，说家有疾病，师卜云宜得城南少年厌之，欲暂相烦，必有重报。于是随去……忽见楼阙好屋。问此是何处，云是天上，即以香汤见浴，好衣美食将入。见一妇人，年可三十五六，短形青黑色，眉后有疵。见留数夕，共寝欢宴，临出赠此众物。'听者闻其形状，知是贾后，惭笑而去，尉亦解意。时他人入

者多死，惟此小吏，以后爱之，得全而出。

这个青年小吏，在大街上被一老妪拦住，以为家人行厌胜之法治病为由，拉到了一处豪华的府邸，一丑妇与之云雨，并且赠送了大量礼物。此妇就是贾南风。贾南风与程据的奸情举世皆知，而且贾南风还到处寻找美少年，"临幸"过的少年多数被杀，偶有盗尉部小吏这样的少年因为格外受贾南风青睐而得免。贾南风之所以杀害那些少年，可能是怕奸情暴露，但与程据之事却"乱彰内外"，而且并未对程据下手，可见其"爱"。

程据干的最大的事情就是参与杀害晋惠帝太子司马遹，《晋书》卷五三《愍怀太子遹传》：

> 贾后闻之忧怖，乃使太医令程据合巴豆杏子丸。三月，矫诏使黄门孙虑赍至许昌以害太子。初，太子恐见鸩，恒自煮食于前。虑以告刘振，振乃徙太子于小坊中，绝不与食，宫中犹于墙壁上过食与太子。虑乃逼太子以药，太子不肯服，因如厕，虑以药杵椎杀之，太子大呼，声闻于外。时年二十三。

时为永康元年（300）。太子虽然是被孙虑直接杀害，但程据却是整个阴谋的参与者，原计划是要用他配的药毒死太子。也正因为这个原因，赵王伦废贾南风的时候，程据作为同党被杀，《晋书》卷五三："及贾庶人死，乃诛刘振、孙虑、程据等。"

（二）柳泌与唐宪宗之死

唐宪宗时期也曾有一个术士，不仅获得了皇帝的信赖，而且在百官中享有盛誉，他间接导致本有可能彻底解决藩镇问题的唐宪宗死亡，影响了历史走向。

唐宪宗是唐代后期最有作为的皇帝，精力旺盛，对时事有较为明澈的把握，以"太宗之创业""玄宗之致理"为榜样，重用武元衡、裴度、李愬等能臣，对藩镇态度坚决，接连取得对藩镇战争的胜利，使得桀骜不驯的河北三镇相继归降，安史之乱之后困扰唐中央的割据问题一时间似乎结束。但是他壮年早逝，使得这一切在他死后不久烟消云散，藩镇复叛，从此一直到唐朝灭亡，再也没有机会重振旗鼓。

唐宪宗的死与一个名叫柳泌的术士密切相关。柳泌，本名杨仁昼，自小学习法术，逐渐有了小名气。唐宪宗后期越来越迷信长生不老，四处求不死仙药，而宗正卿李道古先前在担任鄂岳观察使时以贪婪残暴著称，非常担心皇帝治罪，想尽办法讨皇帝欢心。他认得柳泌，并且迷信其法术，长期服用柳泌所炼制的丹药，因此和宰相皇甫镈一起向皇帝推荐。

唐宪宗接见了柳泌，让他为自己和合丹药。大臣裴潾坚决反对,《唐会要》卷五六记载了裴潾《谏信用方士疏》,他认为,术士皆是骗子,真正的高人都是出世的,哪里有如此汲汲于名利者,要求以后推荐术士,药成后术士及术士的推荐者先服一年,一年人体临床试验结束后再进人主:"《礼》曰:'君之药,臣先尝之;亲之药,子先尝之。'臣、子一也,臣愿所有金丹之药,伏乞先令炼药人及所荐之人,皆先服一年,以考真伪,则自然明验矣。"唐宪宗却勃然大怒,贬裴潾为江陵令。

柳泌与历史上皇帝身边的所有术士一样有一套"话术",专门应对丹药无效的质疑,那就是为丹药的有效性设置门槛,以此拖延时间。《资治通鉴》卷二四○:

> 柳泌言于上曰:"天台山神仙所聚,多灵草,臣虽知之,力不能致,诚得为彼长吏,庶几可求。"

他声称,丹药要想有效,必须到天台山采撷灵草,所以求为台州刺史。此事遭到很多人的反对,认为炼丹可以,不能委任术士为一方大员,唐宪宗恼火曰:"烦一州之力而能为人主致长生,臣子亦何爱焉!"至此无人敢再反对。由是柳泌官拜台州刺史,赐服金紫。

但是丹药仍然无效,柳泌恐慌,逃到山里。"柳泌至台州,驱吏民采药,岁余,无所得而惧,举家逃入山中;浙东观察使捕送京师。皇甫镈、李道古保护之，上复使待诏翰林。"（《资治通鉴》卷二四一）在皇甫镈、李道古的维护下，执迷不悟的唐宪宗最后宽恕了他，还让他进入了翰林院。

根据韩愈《昭武校尉守左金吾卫将军李公墓志铭》记载，柳泌的手法是"烧水银为不死药"。具体的药剂形态和服用方式不详，但可以想见唐宪宗可能会同时面临汞蒸气吸入和长期的肠胃吸收，这是慢性汞中毒，慢性汞中毒会引发易兴奋症、震颤和口腔炎等临床表现，表现为性格改变，急躁、易怒或者胆怯、含羞、多疑等。唐宪宗就出现了明显的症状："服其药，日加躁渴"，身体每况愈下，元和十五年（820）正月，竟以"饵金丹小不豫"，停罢一年一度的元日朝贺。之后多次不上朝，且表现得日益狂躁，身边宦官往往成了脾气发泄的主要对象。偏偏此时的宦官早已不是以前唯唯诺诺的家奴，本来就骄横跋扈，此时更不可能受如此的窝囊气，终于，一个忍不下去的宦官陈弘志（又有史料记为陈弘庆）对皇帝动手，唐宪宗驾崩，享年四十三岁。"上服金丹，多躁怒，左右宦官往往获罪，有死者，人人自危；庚子，暴崩于中和殿。时人皆言内常侍陈弘志弑逆。"（《资治通鉴》卷二四一）司马光在《资治通鉴考异》中还记载了用"暴崩"一词的缘由："《实录》但云'上崩于大明宫之中和殿'。《旧纪》曰：'时帝暴崩，皆言内官陈弘志弑逆，史氏讳而不书。'《王守澄传》曰：'宪宗疾大渐，内官陈弘庆等弑逆。宪宗英武，威德在人，内官秘之，不敢除讨，但云药发暴崩。'《新传》曰：'守澄与内常侍陈弘志弑帝于中和殿。'裴廷裕《东观奏记》云：'宣宗追恨光陵商臣之酷，郭太后亦以此暴崩。'然兹事暧昧，终不能测其虚实。故但云暴崩。"

　　唐宪宗之死在历史上谜团重重。《东观奏记》中"光陵商臣之酷"一句借用楚成王子商臣杀害成王典故暗示子弑父，即宪宗为唐穆宗所弑，背后有郭妃（郭子仪孙女）的参与。王夫之、吕思勉持类似看法。黄永年《唐元和后期党争与宪宗之死》认为杀宪宗即是为了保穆宗，所以"定册立穆宗"的王守澄辈皆参与，这次政变同时也杀害了穆宗的政敌宦官吐突承璀和曾有希望继承大统的鄷王等人。而在后来《旧唐书》中则仅"中官陈弘庆（陈弘志）负弑逆之名"，为王守澄开脱。黄楼《唐代宪宗朝储位之争与宪宗之死——兼论穆宗"元和逆党"说之不能成立》有不同看法，认为唐宪宗时期存在外臣与宦官的斗争，元和七年以翰林学士为核心的外臣取得了对宦官的阶段性胜利，穆宗得登太子位，但到了元和十五年宦官集团又在蠢蠢欲动，继续谋划拥立鄷王，主使者不是吐突承璀而是另一个大宦官梁守谦。他认为事实真相如此：宪宗由于服食丹药，眼看命不久矣，鄷王集团蠢蠢欲动，偏偏此时宪宗脾气暴怒，引发了偶然事件——宦官王守澄和陈弘志冲动之下弑君。一时间宦官集团大乱，产生了两派分歧，坚持追查诛逆的吐突承璀被另一个大宦官梁守谦所杀，梁守谦原本是郾王一党，此时却担心追查会暴露自己以前与郾王之间的阴谋，于是杀死吐突承璀和郾王，掌控唐穆宗。

但不管是什么观点，学者都承认唐宪宗之死有一定的偶然性，以宪宗四十三岁之壮年，以其一贯之睿智，假如没有丹药，不至于晚期政坛一片混乱。宦官对其动手也是冲动之举，但被各派力量所利用。

至于对外宣布，则称宪宗为丹药所误，《资治通鉴》卷二四一："其党类讳之，不敢讨贼，但云药发，外人莫能明也。"《旧唐书·穆宗纪》直接说"上服之，日加躁渴，遂弃万国"，把宪宗之死直接归罪于柳泌。

于是柳泌被扣押，此人诿过于李道古："吾本无此心，是李道古教我，且云寿四百岁。"（《旧唐书》卷一三五）最后被杖毙。可笑的是此时人们对其法术还是心有忌惮，《旧唐书》卷一三五："府吏防虞周密，恐其隐化；及解衣就诛，一无变异，但灸灼之瘢痕浃身而已。"官员对他看守严密，害怕他使用隐身术遁去，杀死他的时候扒掉衣服，估计是为了看看是否会尸解，结果尸身没什么变化。"灸灼之瘢痕"要解释一下，唐人最爱灸法，而且是直接灸，即艾炷放在体表灸，往往烫出水泡留下瘢痕，唐人甚至以身上瘢痕为体检指标，"浃身"就是"满身"，"但灸灼之瘢痕浃身而已"一句意思是讽刺柳泌，既然号为仙人，却满身灸瘢，可见是个百病缠身的骗子。

当年推荐柳泌的皇甫镈被贬，死于贬所，至于李道古，他还真是个表里如一的人，他是真相信柳泌的法术，所以仍旧服柳泌丹药，"金吾以柳泌得罪，食泌药，五十死海上"（韩愈《故太学博士李君墓志铭》）。按照韩愈的描述，迷信柳泌丹药的还有很多人，柳泌死后继续执迷不悟，例如他的侄孙女婿李于就是得到柳泌之药后长期服用，柳泌死后他行为依旧，终于在长庆三年正月五日死于丹药中毒。

上层社会，贪恋富贵，贪恋今生，怕死，而且波诡云谲的政治斗争给他们一种朝不保夕的危机感，求助于各种法术也就毫不奇怪了，术士们于是借此影响上层。偏偏在人治社会之下，这种不起眼的小人物就是能借影响顶层人物心智影响政局走向。

人类永远不可能消除谎言与欺骗，但永远要保持戒心。疾病戕害人体，谎言和骗术戕害人心，普通人凭借一己之力也许对付不了病菌和病毒，但健康乐观的心态、具备科学知识的头脑，以及最重要的独立思考的精神，能帮助我们抵御谎言与骗术的袭扰。

第六章

外来性病对中国青楼
文化的影响

全球化的疾病历史图谱中，梅毒是重要的一项。西方殖民者带去的天花、伤寒、流感杀死了无数的印第安人，但印第安人也把梅毒带给了旧大陆，甚至进一步影响到了中国。

中国人历来忌讳谈性，但是有时候有些涉性话题却不得不面对。历史上对中国产生巨大影响的外来疾病中，梅毒毫无疑问是重要的一项，它不仅造成国民健康的受损，还影响了中国的青楼文化。而由它一手塑造的青楼形象，却又被现代人当作古代青楼一以贯之的形象，实在令人哭笑不得。

一、宽松的古代青楼文化

不知道诸位是否注意到一个现象：中国古代文人与青楼文化密切相关，在有的时代甚至可以说携妓出游是读书人和官员的标配。举凡名妓如薛涛、李师师、柳如是、董小宛、陈圆圆等，莫不与名士密切相关。唐代应举士子结束考试后的第一件事就是奔向平康坊，白居易《江南喜逢萧九彻因话长安旧游戏赠五十韵》："忆昔嬉游伴，多陪欢宴场。寓居同永乐，幽会共平康。"说的就是长安著名红灯区平康坊。平康坊以北的崇仁坊北街当皇城之景风门，与尚书省选院（即礼部南院，与吏部选院同在今天西安钟楼的西南）接近，进京赶考的书生在京城无第宅者多在此租房居住，去平康坊十分方便。另外，平康坊南侧的宣阳、亲仁两坊也是书生们集中住宿之地。孟郊《登科后》云"春风得意马蹄疾，一日看尽长安花"，您可想过这个"花"是什么花？到了明代，南京秦淮河畔有江南贡院，贡院附近即是青楼，这与唐人别无二致。文人似乎是离不开流连花丛的"雅致"，青楼也偏爱文人，因为他们有钱有闲又有才，是理想的消费人群。

青楼寄托着男人们的梦想。自古礼教严格，"良家妇女"不仅要三从四德，而且正言、正视、正听，正位乎内，"内言不出于阃"，即便是所谓妇女地位较高的唐代，《女诫》《内范》之类约束妇女的行为规范照样被人们广为接受。妇女们不仅循规蹈矩，而且多数文化水平有限。这样的妇女是男性为主导的社会一手构建出来的。

即便是夫妇也有所谓敦伦之礼，汉宣帝时期大臣张敞为夫人画眉，"有司以奏敞"，汉宣帝特地询问，张敞回答："臣闻闺房之内，夫妇之私，有过于画眉者。"这是句大实话，但是"上爱其能，弗备责也。然终不得大位"（《汉书·张敞传》）。这种夫妻间的戏谑之举也被有司奏禀皇帝，可见那时之礼教触角是深入家庭的，张敞只是说了句大实话，讽刺这种形式主义，但仕途也照样受到了影响。

宋代司马光夫人因为儿子早亡，于是主动张罗为丈夫纳妾（司马光纪念妻子所写《叙清河郡君》："御婢妾宽而知其劳苦，无妒忌心。"可能指的就是此事），但是司马光毫不心动，该妾盛装入书房，逡巡一番后拿出一卷书搭讪道："中丞，此是何书？"司马光行拱手礼，曰："此是《尚书》。"（《清波别志》）小妾闹个无趣，只好讪讪退出。像这样的男性似乎是动静有礼的"典范"，在当时被作为正人君子的象征受到赞扬，这就是那时候的价值观。

但是封建礼教的虚伪就在这里：男人们心中有一种自然原始的欲望，这种欲望不便在家中释放，而是要在特殊的场合释放，其实他们心目中有"完美的女性"——有才华、有自由奔放的性格以及较大的性自由，可以给予男性更多的温存。毫无疑问，青楼女子就是这样的人。

无数骚人墨客留下了关于青楼的无数文字，从青楼女的外貌、言谈、诗文、乐声、戏谑到居所、器具无所不包，其中有笑，有叹，甚至还有泪，像《北里志》这样由文人撰写的"红灯区指南"似乎一点也没有羞涩感，反倒有一种自夸的得意，以及与青楼女性心气相通的人生慨叹。文字涉及过青楼的名人更是举不胜举。青楼文化以唐代为最盛，文人墨客莫不以携妓春游为乐且津津乐道，当时法律亦不禁止官员宿娼，且有官妓专门为之服务。这一点甚至引起后世之"羡慕"，宋代《中吴纪闻》卷一："白乐天为郡时，尝携容、满、蝉、态等十妓夜游西武丘寺，尝赋纪游诗，其末云：'领郡时将久，游山数几何。一年十二度，非少亦非多。'可见当时郡政多暇，而吏议甚宽，使在今日，必以罪去矣。"即唐代官员尚无嫖娼禁令，所以白居易、杜牧、元稹等才如此风流，清代赵翼《题白香山集后诗》："风流太守爱魂消，到处春游有翠翘。想见当时疏禁网，尚无官吏宿倡条。"似乎颇有些艳羡之情。

二、伎不等于妓？

在这无数有关青楼的文字中，有一个格外突出的现象，也是很多人曾经问过我的问题：为什么古代诗人不怕性病？怎么不见他们记载得病？

我想看到这个问题，可能很多人会脱口而出一个答案：古代青楼不是妓院，青楼女子卖艺不卖身，伎不等于妓……诸如此类。这是一个大错特错的观念，这些年随着某些"大咖"在网上的"科普"变得大行其道，误人深矣！中国历史绝大多数时间段不存在"卖艺不卖身"这个现象，只有到了清代以后才有了所谓"清倌人"，多多少少有了点"卖艺不卖身"的意味，但除此之外的历史时间段，青楼女子就是以色和艺侍人，妓与伎相通。后面我们还会谈到，清倌人的出现极可能是梅毒催逼的结果。

"青楼"则原本指的是华丽高楼，《晋书》卷八九《麴允传》："麴允，金城人也。与游氏世为豪族，西州为之语曰：麴与游，牛羊不数头。南开朱门，北望青楼。"《南齐书》卷七《东昏侯本纪》："世祖兴光楼上施青漆，世谓之青楼。"后来又指女子居住之地，曹植《美女篇》："借问女安居，乃在城南端。青楼临大路，高门结重关。"唐施肩吾《冬日观早朝诗》："紫烟捧日炉香动，万马千车踏新冻。绣衣年少朝欲归，美人犹在青楼梦。"

把青楼与妓院正式联系起来的是风流才子杜牧。《唐阙史》记载，牛僧孺担任淮南节度使期间，杜牧曾任他的幕僚掌书记。当时扬州商业发达，娼妓业兴盛，据说九里三十步长街，无数绛纱灯映红了整个天空。杜牧在其中流连忘返，每晚悄悄溜出去嫖娼，"无虚夕"。牛僧孺器重他的才华，经常派负责治安的街卒穿便装暗自跟踪保护。后来杜牧被征召为侍御史，临走向牛僧孺告别。牛告诫曰："风情不节，或至尊体乖和。"杜牧还掩饰称自己"常自检守"，牛僧孺笑而不答，拿出了整整一箱文件，全是每晚街卒的报告，内容均是"某夕，杜书记过某家，无恙"，"某夕，宴某家"。杜牧大惭。此事又见唐丁用晦《芝田录》，但是文字较为简略。杜牧《遣怀》诗描述了自己的这段风流生活："落拓江湖载酒行，楚腰纤细掌中轻。十年一觉扬州梦，赢得青楼薄幸名。"此诗不胫而走，自此青楼正式成为烟花柳巷的代名词。

青楼女子并不存在卖艺不卖身的现象。古人用字较为随意，娼、倡、妓、伎从字面上来说并无本质区别，《说文解字》："倡，乐也。"李善注《文选》曰："（倡）谓作妓者。"此处"倡"与"妓"等同，而且此时的"倡"男女皆有，指有技艺之乐人，《汉书》卷九三《李延年传》："李延年，中山人，身及父母兄弟皆故倡也。"此即明证。而"娼"字乃是后出，要晚到魏晋南北朝，顾野王《玉篇·女部》："娼，婸也，婢也。"明代《正字通》："倡，倡优女乐……别作娼。"《康熙字典》："娼，俗倡字。"唐房千里云："夫娼，以色事人者也，非其利则不合矣。"清代赵翼《题白香山集后诗》有"尚无官吏宿倡条"一句，指的是唐代没有禁止官员嫖妓的条例。此处小结一下，"倡"等于"妓"，也等于"娼"。

至于"妓"，与"伎"也没有本质区别。《说文解字》："妓，妇人小物也。"《华严经音义》上引《坤苍》称："妓，美女也。"《康熙字典》："妓，女乐也。"也就是说，"妓"就是女乐，这就与"伎"等同了。而正如前文所述，女乐别写为"娼"，与一般意义上的妓女没有本质区别。西安碑林博物院藏有唐代《故妓人清河张氏墓志》，是唐代名相李德裕的侄子李从质纪念自己的伴侣张氏所做，墓志中用"色艳体闲，代无罕比。温柔淑愿，雅静沉妍"来形容张氏，可见感情之深。但是李从质在这里用"妓"命名张氏，毫无讳言之意，显示出张氏极可能就是伎人，即歌舞演员，二十岁时候跟随了李从质。这样的女子本来可能隶属教坊，有人看中则转而为家妓，可见妓与伎之间本无本质区别。要说有区别，大约也就是以才艺为重还是以色相为重的区别，但不可简单地以"有"和"无"来衡量。

所以说，并不存在所谓"伎"不等于"妓"的现象。经常有现代人喜欢在古代文字上故作高深，某碑、某牌匾、某古籍上出现的某字只要与一般写法不同，总有人能阐发出一番微言大义，似乎其中隐藏着密码一般。实际上古人写字真没有今人九年制义务教育语文课那么严格，通假字、异体字、俗体字混用，更不要说古代各个阶段发音往往不一样，文字出现写法的不同不是什么稀奇的事。

文字上不存在"伎"不等于"妓"之说，那么古代究竟有无卖艺不卖身的现象？

王书奴《中国娼妓史》（1934 年）是研究娼妓问题的奠基之作之一，他把中国的娼妓史划分为五个阶段：殷商巫娼阶段、周秦汉的奴隶娼和官娼阶段、魏晋南北朝家妓与奴隶娼妓并行阶段、隋唐至明代官妓鼎盛时代、清代以来私营娼妓时代。这其中"殷商巫娼阶段"没有什么确切的证据，是王书奴根据苏美尔及巴比伦神庙女祭司同时担任"圣职妓女"（sacred prostitute）推论出来的，但是我们在中国的史籍中找不到这样的"职业"。

商业化妓女和红灯区的出现以唐代最为典型。王书奴将唐代妓女分为宫妓、官妓、家妓三种。黄现璠《唐代社会概略》第一章第二节"娼妓阶级"中则将唐代娼妓分为家妓、公妓二类，而公妓中包括宫妓、官妓、营妓三种。日本石田干之助《长安之春》（增订版）所收《长安的歌妓》将唐代妓女分为宫妓、官妓、家妓与民妓。

但不管怎么划分，青楼文化最盛的唐朝的妓女在才艺赢人的背后仍然有皮肉生意，王书奴《中国娼妓史》认为，唐代妓女以言谈诙谐、善音律为主，"以色为副品"。《北里志》是晚唐孙棨的作品，专门描述长安平康坊青楼逸事，堪称"红灯区指南"，这里面可以看到，虽然平康坊妓女名义上隶属"教坊"，当属于某些网络大咖所说的"卖艺不卖身的艺伎"，但实际上却与一般的妓女没有区别。宋德熹《唐代的妓女》中认为："像北里（平康坊）这种有组织之妓馆的形成，在娼妓史上便代表一个新里程碑，意味着近代式商业化妓女的开始。"廖美云《唐伎研究》观点类似："总之，从《北里志》的内容看，书中娼妓均具商业性质，她们更接近于今天人们所理解的妓女，活跃于民间，服务于社会和私人，独立经营，自负盈亏。因此《北里志》中妓女的属性当为市井妓女。"

当然，才艺是吸引年轻读书人的重要法宝，唐代文人为什么总少不了妓女题材的诗作？除了他们生性风流视其为雅事之外，还有个重要的原因就是著名文人相当于今天的"大V"，他们对妓女的褒贬直接左右妓女职业生涯，所以妓女们争相巴结他们，希冀并怂恿他们写诗。例如《唐才子传》记载了崔涯故事："每题诗倡肆，誉之则声价顿增，毁之则车马扫迹。"晚唐《云溪友议》卷中的"辞雍氏"亦云："每题一诗于倡肆，无不诵之于衢路，誉之则车马继来，毁之则杯盘失错。"他们的一个"好评"，能让妓女门庭若市；他们的一个"差评"，能让妓女门可罗雀。正是因为如此，诗歌唱和似乎成了青楼主旋律，但背后的皮肉生意还是存在的。《北里志》记载唐长安平康坊名妓颜令宾颇有才华，喜诗歌。"有词句，见举人尽礼祗奉，多乞歌诗，以为留赠，五彩笺常满箱箧"，病重之后由侍女服侍，看到落花而流泪，写诗曰："气余三五喘，花剩两三枝。话别一樽酒，相邀无后期。"令侍女拿着到宣阳、亲仁等坊，看到新科进士及考生就对对方说："曲中颜家娘子将来，扶病奉候郎君。"然后在家中宴请这些文人，欢乐之余，忽然长叹说："我不久矣，幸各制哀挽以送我。"其母（其实就是老鸨）认为这是向宾客们索取赙赠（白包），想着能在颜令宾身上最后赚一笔，甚喜。等到颜令宾去世，宾客们送来的是一首首挽诗，老鸨大怒，扔到街上。

还有一些妓女，以与众不同的性格或举动吸引顾客。《北里志》记载有妓女迎儿无姿色也无口才，"既乏丰姿，又拙戏谑"，但性格彪悍，"多劲词以忤宾客"，总是骂客人。还有一位更彪悍的："牙娘居曲中，亦流辈翘举者。性轻率，惟以伤人肌肤为事。"此女专门以打人为己任，能一把抓花客人的脸。这些女子却很受某些有特殊爱好的客人的喜欢。《北里志》作者孙棨曾为妓女王福娘题壁三首，其一曰："试共卿卿戏语粗，画堂连遣侍儿呼。寒肌不奈金如意，白獭为膏郎有无？"所谓"寒肌不奈金如意"就是体表有伤之意，白獭膏可能指的是白獭髓，外伤用。此处有两种可能：第一，孙棨与妓女之间的确有某种性游戏。第二，用典，《拾遗记》卷八：

"孙和悦邓夫人，常置膝上。和于月下舞水精如意，误伤夫人颊，血流污袴，娇姹弥苦。自舐其疮，命太医合药。医曰：'得白獭髓，杂玉与琥珀屑，当灭此痕。'即购致百金，能得白獭髓者，厚赏之。"孙棨疑似以此暗示自己与福娘之间关系如孙和与邓夫人一样香艳。古代有医书曰《白獭髓》，涉及外科瘢痕之类，《本草纲目》卷五一也有"水獭髓"可以"去瘢痕"的记载。

当然，也有非常矜持的妓女，其目的是制造"奇货可居"的氛围。《北里志》记某妓女，其实姿色平平，但善辞令，深受欢迎。有年轻进士刘覃，富二代，听说该女子大名，但未曾谋面，于是出重金求之，损友给该女出主意，礼金照收，就是不见，"得到不如得不到"，结果刘覃越发焦急，出钱越来越多，但该女还是拒绝见面。后刘听说某吏能制住诸妓，重金贿赂该吏，小吏冲进去将该女塞入轿子抬来，刘覃兴冲冲掀开轿帘，却见该女子蓬头垢面，涕泗交下，刘覃大失所望，令人原路抬回去！

至于宋代，虽然官府对官员狎妓有所禁止，但发达的商品经济使得娼妓生意十分兴旺。梁庚尧《宋代伎艺人的社会地位》对于宋代包括妓女在内的"伎艺人"的组成、身份和社会地位进行了探讨，他指出："事实上，不少女伎艺人，在出卖技艺的同时，兼且出卖色相。"他还对宋代有名的瓦子勾栏中倡优歌伎的阴暗面进行了论述："瓦子勾栏给人的印象所以如此恶劣，女色的引诱自然是原因之一。不仅在瓦子勾栏，即使在其他处所，有时倡优歌伎也被用来作为以色行骗的工具。"明代谢肇淛的《五杂组》卷八《人部》对明代娼妓现象进行过概括："今时娼妓布满天下，其大都会之地动以千百计，其它穷州僻邑，在在有之，终日倚门献笑，卖淫为活，生计至此，亦可怜矣。两京教坊，官收其税，谓之脂粉钱。隶郡县者则为乐户，听使令而已。唐、宋皆以官伎佐酒，国初犹然，至宣德初始有禁，而缙绅家居者不论也。故虽绝迹公庭，而常充牣里閈。又有不隶于官，家居而卖奸者，谓之土妓，俗谓之私窠子，盖不胜数矣。"

可以说，在清代以前，娼妓与声乐密切相关，歌舞技艺、诗词歌赋、酒席间的诙谐机巧是她们的首要职能，其次则是以色娱人的功能，清代则变得更"庸俗"，随着私娼甚至洋娼的兴起，清代的妓院更多看重的则是肉欲需求，"有清一代，娼妓可谓无所不在。近代以后，尤其是所谓同治中兴后，华洋娼妓云集，更是'繁荣娼盛'。所不同的是，近代以来，它的文化成分下降，旧时各擅一技之长，与文人骚客诗酒往还的情景已不复旧观，在商品经济发展的情况下，肉欲的内容大大增加了"（潘洪钢：《中国传统社会中的"具文"现象——以清代禁赌禁娼为例的讨论》）。

既然没有卖艺不卖身的现象，那么古人是如何避免性病的呢？

要说起这个话题，就牵涉到两方面的重要问题：一是中国历史上都有哪些性病，二是中国古人怎么认识性病。您是否想到过，不能以今天的医学知识来套古人，古人可能根本没意识到某些性病是性病呢？

三、梅毒进入中国之前的性病

在梅毒进入中国之前，中国的性病主要就是两种——淋病、软下疳。偏偏这两种都没有被古人归为性病。

（一）淋病

古代医籍中有"淋病"，例如《诸病源候论》记载了血淋、劳淋、膏淋、石淋、气淋、热淋、寒淋等，但可惜，这些病虽然有"淋"字，却不是今天所说的淋球菌引起的淋病。余云岫《古代疾病名候疏义》："要之，凡小便频数而涩，淋沥有痛者，旧医籍皆名为淋，非如今日专属之于传染性花柳病之一种也。"倒是古籍中所谓"白浊"的症状描述则更接近于现代意义上的"淋病"，《证治准绳》卷十四《赤白浊》："今患浊者，虽便时茎中如刀割火灼而溺自清，唯窍端时有秽物如疮脓目眵，淋滴不断，初与便溺不相混滥。"这可能就是淋病尿道灼痛、有大量脓性分泌物症状的描述，"白浊"基本可以确定为现代意义的淋病。

按理说淋病是不折不扣的性病，而且传染率较高，应该能引起古人的警觉，但遗憾的是，古人似乎始终没有确认淋病是性病，传播渠道是性。

对于白浊病因，《诸病源候论》认为是"劳伤于肾，肾气虚冷故也",《证治准绳》卷十四《赤白浊》:"盖由精败而腐者什九,由湿热流注与虚者什一。丹溪云:属湿热,有痰有虚。赤属血,由小肠属火故也。"这里对于淋病的认识已经联系到了生殖系统,但却认为病因是"精败而腐者",并未直接与性生活以及传染性相联系。《傅青主男科·浊淋门》:"浊淋二症,俱小便赤也。浊多虚,淋多实,淋痛浊不痛为异耳。浊淋俱属热症:惟其不痛,大约属湿痰下陷及脱精所致;惟其有痛,大约纵淫欲火动,强留败精而然。不可混治。"这里的论述包括现代意义的淋病,而原因则是"强留败精而然",也就是精液久不射出导致患病。综合以上可以看到,对于淋病病因分析虽然已经意识到了与性生活有关,却并未意识到传染的存在。

另外值得注意的是,医书中似乎始终缺乏对女性淋病的描述。淋病的男女症状不一样,古人极可能并未能意识到两种不同的症状是同一种疾病,自然也就没有会导致感染的认知。男性淋病患者的症状分为急性和慢性两种。急性症状为尿道口灼痒、黏膜红肿,尿频、尿痛,尿道口有少量黏性分泌物,3—4天后则产生大量脓性分泌物(白浊的名号应即由此而来)。而慢性淋病一般表现为尿道炎症状,平时症状不明显。而女性患者则有3—5天的潜伏期,然后会出现尿道炎、宫颈炎、前庭大腺炎、直肠炎等,其中以宫颈炎、尿道炎最常见。慢性患者会有下腹坠胀、腰酸背痛、白带多等症状。

这些症状与男性症状不大相似，可能会产生误导，也就是说即便发生了男女之间的传染，也极有可能没有被准确认知为男女同病。在古人对传染病的认知中，必须症状相似才能认定为"相染"。正如所谓《素问》遗篇之《刺法论》所云："余闻五疫之至，皆相染易，无问大小，病状相似。"

既然男性和女性的淋病症状有较大的不同，那么自然就不会被视为传染病，自然也就谈不上对性交的禁忌，谈不上对青楼的恐惧。

民国时期著名医学史专家陈邦贤《花柳病救护法》就说：

> 误认花柳病为别种病，不独为普通人所误认，即吾国号称医生者犹比比是也。吾为此言非固作奇论，实有据可稽也。何以见之？以淋病见之。他种花柳病世人多知其惨，惟淋病人多不注意。淋病非吾人所谓最轻者乎？又非以为其纯为男子溺道之病乎？以为妇女无淋病，岂知淋病妇女尤多，盖妇女生殖器之构造及位置尤宜于淋病菌之生长也。

陈邦贤指出，事实上妇女淋病比男性还严重，但是淋病却被人们视为"纯为男子溺道之病"，与妇女无关，这样的话，怎么可能对性传播渠道有正确认知？马伯英《中华医学文化史》

指出："淋病在中国历史已久……但一般多未指明与性交的关系。"这是正确的。

(二) 软下疳

古代性病的第二种就是软下疳。软性下疳由杜克雷嗜血杆菌感染引起，症状是生殖器部位会有多发的痛性溃疡，往往还有腹股沟淋巴结化脓性病变。《备急千金要方》卷二四称软下疳为"妒精疮"："夫妒精疮者，男子在阴头节下，妇人在玉门内。并似疳疮。"这里明确指出男女皆有可能患病，男子之疮在龟头下，而女子之疮在阴道内，但是仍然未能发现与性交传染的关系。而且从比《千金方》更晚的宋代张杲《医说》的描述来看，认知并没有多少进步。《医说》卷一〇：

有富家子唐靖，年十八九未娶，忽于阴头上生疮，初只针眼来大小，畏疼不敢洗刮，日久攻入皮肉，连茎烂一二寸许，医者止用膏药贴之，愈疼，亦无人识此疮。有贫道周守真曰：此谓下疳疮，亦名妒精疮。缘为后生未娶，精气益盛，阳道兴起，及当泄不泄，不泄强泄，胀断嫩皮，怕疼痛失洗刮，攻入皮内，日久遂烂，有害却命者。靖告先生为治之，守真曰：若欲治此疾，须是断房事数日，先用荆芥、黄皮、马鞭草、甘草，锉，入葱煎汤洗之，去脓靥，以诃子烧灰，入麝香，干掺患处，

令睡，睡醒服冷水两三口，勿令阳道兴起，胀断疮靥，
靥坚即安。

此年轻人阴茎生疮且日渐深入，云"未娶"，但是请读者不
要理解为"未有性生活"，古人所说未娶，指的是没有正式娶妻，
与有无性生活无关，正如贾宝玉未娶前已有通房丫头一样。

这种症状可能就是软下疳，但是在病因分析中，道人周
守真将其称为"妒精疮"，病因是男子因为精气益盛、当泄不
泄造成的，这里没有把软下疳归为传染病，更谈不到性交渠
道的问题。

另外在《金瓶梅》第七十九回中也涉及软下疳的描述，
这一回中，西门庆垂危之际的临床表现包括肾囊肿痛、排尿
困难、龟头疳疮。医人诊断说："官人乃是酒色过度，肾水竭
虚。"小说作者有诗云："醉饱行房恋女娥，精神血脉暗消磨。
遗精溺血流白浊，灯尽油干肾水枯。"这里所描述的症状应该
同时包括了淋病和软下疳，作者认为原因是"酒色过度，肾
水竭虚"，而不是被传染，还加入了遗精、血尿等与性病不一
定有关的症状，用来表现西门庆的荒淫，目的就是强调西门
庆不得好死。淫人肾衰，得其所哉，所以传染的、非传染的
与下体有关的疾病一起安在了此人头上。

当然，历史上可能也曾有对软下疳性渠道传染的认知，
例如《唐会要》卷一〇〇《诃陵国》："诃陵在真腊之南海中

洲……有毒女，与常人居止宿处，即令身上生疮，与之交会即死。"这种由性交传染的"毒疮"应该不是淋病，是软下疳的可能性不小，这里已经意识到"毒女"是传染渠道。但是请注意，这里依然缺乏完整的传染机制的认识，而且这似乎是一种对于"域外风情"的猎奇性描述，几乎没有对传统医学的主流观点产生任何影响。

关于两性与疾病，还有个传说——过癞。宋周密《癸辛杂识》记宋代福建地区女性若得癞症（麻风），则到大路上寻陌生男子搭讪，与之交媾后则可"过癞"，即将自己的病移转给男性，自己得以痊愈。他记载了一个男子好色中招的例子：杭州人嵇供甲去福建莆田，路遇一女子，颇有姿色，主动搭讪，自称被父母赶出家门，无所着落。嵇供甲脑子一热，是夜就与该女子同床共枕，没想到半夜有人闯门，自称要捉奸，嵇供甲急忙逃离。过了些天身上出现了麻风症状，最后耳朵掉落、鼻梁塌陷而死。

这是性病吗？毫无疑问，麻风病不属于性病，但的确是一种近距离接触可能被感染的疾病。"过癞"故事的真伪不可知，尤其是即便过癞成功也不可能治愈自己的麻风，所以是传说的可能性更大，也许反映了外人对闽地的一种想象与歧视。麻风病不论男女症状相似，所以才可能谈到"相染"，真正的性病淋病和软下疳却只被认为和性生活有关，并未意识到其性传染本质。

四、梅毒时代

性病问题介入中国青楼文化叙事是从梅毒时代开始的。从此以后，性病与性交的关系、青楼的社会地位都在被重新认知、重新评价之列。

欧洲征服新大陆的进程，同时也是全球疾病"大交换"的进程。旧大陆给印第安人带去了天花、流感、斑疹伤寒等，毫无免疫力的印第安人大批死亡，死亡总人数可能在千万以上，比欧洲人的枪炮杀死的更多。但是来而不往非礼也，美洲也给旧大陆传去了新的疾病，其中梅毒毫无疑问是最有影响力的一个。

传统看法认为，梅毒是旧大陆没有的疾病，是哥伦布的船员自美洲带到了欧洲，然后又传播向全世界；但是反对的意见认为，梅毒可能早已在旧大陆存在。约翰·伯纳姆（John Burnham）《什么是医学史》则称梅毒发源问题是学术界的"地雷阵"，意思是结论落在何处都是有学术风险的。可以说，梅毒究竟是美洲传向旧大陆的疾病，还是古已有之的疾病的变种，目前还没有定论。

但是不论梅毒在欧洲是否古已有之，在中国它应该就是一种明代中期以后才进入的新病。明代俞弁《续医说》（1522年）记载："弘治（1488—1505）末年，民间患恶疮，自广东人始。吴人不识，呼为广疮。又以其形似，谓之杨梅疮。"这被认为是中国最早有关梅毒的记载。这个病从广东入境一点也不奇怪，全球范围内的梅毒都是靠海路传播，"效率"比陆上丝绸之路时期不知道高到哪里去了。而且各国海员还有一个共同点——上陆后都蜂拥前往妓院和酒馆，梅毒就是靠他们广泛传播的。

广州作为当时中国最重要的外贸港口之一，自然就成了古代中国境内梅毒的第一个重灾区。

关于梅毒进入中国的时间和路线，张箭《梅毒的全球化和人类与之的斗争——中世晚期与近代》综合学界观点以及自己的研究指出："1498 年葡萄牙人首次航达印度，1509 年葡船首次航达马六甲，1514 年葡人阿尔瓦雷斯率葡船到达中国广东珠江口屯门岛，并与当地中国居民通商。因此梅毒可能是由印度、东南亚作中介传入我国的。具体的情况既可能是中国人在南洋、印度染上后带回的，也可能是来华的南亚人、东南亚人传入的，还可能是由各国各地区的人逐段'接力'辗转传入的。"

比《续医说》稍晚的汪机《外科理例》（1531 年）也记载了梅毒症状，并且记载了十多个医案。但却没有分析病因，更没有指出性渠道传染路径。当然，《外科理例》的特点就是重治疗操作，轻病因分析，但是也可以依稀看出作者对预防的忽视，亦可见那时候面对梅毒这种新型疾病认识上的模糊。

同样的，万历年间薛己《薛氏医案》卷五也说："杨梅疮乃天行湿毒，有传染，而患者有禀赋。"这里比《外科理例》有了进步，明确指出这是传染病；然而进两步退一步，他紧跟着认为患者"有禀赋"，即个人体质导致，这就又回到了老路上来。

李时珍《本草纲目》卷一八"土茯苓"条则对病因有自己的分析，并且明确指出了性渠道传染现象：

> 杨梅疮古方不载，亦无病者。近时起于岭表，传及四方。盖岭表风土卑炎，岚瘴熏蒸，饮啖辛热，男女淫猥。湿热之邪积畜既深，发为毒疮，遂致互相传染，自南而北，遍及海宇，然皆淫邪之人病之。

李时珍敏锐地捕捉到了该病的传播渠道，将其纳入道德评判的范畴内，指出淫邪之男女是高危人群，这是一个历史的进步，虽然此时对感染渠道的认识还是不脱"气"的范畴，但是性病终于开始和性生活直接挂钩。

为什么淋病和软下疳没有被归为性病，梅毒却如此快被归为性病？因为这个病的症状男女一致，性传播渠道比较明显，再加上传入中国之前梅毒已经在全球肆虐二三十年，中国人可能从外国商旅那里得到了更多的经验和认识。

终于，在中国古人的认知史中，正式确立了性病的观念。青楼的形象也开始随之崩塌。

丢勒画作《身患法国病的人》，可以看出未被衣物遮掩的肌肤上可怕的肿疮

梅毒比淋病、软下疳更能引起恐慌，那是因为梅毒病情严重，可以致死，而且患者外形恐怖。为了不引发读者不适感，我挑选了一幅比较轻度的画像，丢勒的《身患法国病的人》。

梅毒刚开始在欧洲肆虐时，哪个国家也不愿承认是自己人把这脏病带入欧洲，意大利人把它叫"法国病"，法国人称为那不勒斯病，俄罗斯说这是波兰病，波兰人说是日耳曼人病，日耳曼人则称之为"西班牙痒"，穆斯林则怪罪基督徒。从梅毒各种名称能看出当时国际关系，看出谁讨厌谁。

从明朝后期开始，人们逐渐对妓院产生了恐惧，明崇祯年间陈司成撰《霉疮秘录》说："人妄沉匿花柳者众，忽于避忌，一犯有毒之妓，淫火交炽，真元弱者，毒气乘虚而袭。初不知觉，或传于妻妾，或传于姣童。上世鲜有方书可正，故有传染不已之意。"看来那时已经有人意识到"有毒之妓"是传染源。其实说来可悲，此病女可传男，男亦可传女，为什么妓女要背负传播梅毒的罪名？那是因为妓院是性病的集散地，有较高的发病率，而且妓女本身就属于社会下层，"万恶皆归"，梅毒的罪责最终归向了相对来说比较自由、与男性交往较多的青楼女子。

这种现象绝非中国所独有，梅毒在欧洲兴起后也曾有类似的事件。例如，带有妓院色彩的浴室被大量关闭，1489 年德国南部小城乌尔姆尚有浴室 168 家，梅毒传播开来后引起社会恐慌，当局强令浴室中带有色情服务的一部分关闭。在瑞士、德国很多地方都立法禁止梅毒患者去公共浴室。甚至于两性正常的交往也受到了冲击，恋人间的接吻都减少了。社会上还出现了对妓女和梅毒患者的歧视和迫害，例如新教改革领袖马丁路德甚至扬言应该处死那些患有梅毒的妓女。1656 年成立的巴黎总医院要求梅毒患者入院前要忏悔并且接受鞭笞。

但是事情并非水到渠成。清代初期，乐户等娼妓依旧盛行，后来屡行禁娼，但目的在于整饬风气，强化吏治，倒是没有怎么考虑疾病的威胁。由于此时礼教盛行，人们讳言性病，陈邦贤《花柳病救护法》："况花柳病一名秘密病，其医师之治疗者少。"又缺乏检疫、隔离、汇报机制，信息传递无法形成共力，社会无法形成共识，连医者都不见得人人了解此病。例如清代名医景仰山（1855—?）认为："此种病（梅毒）近年患者甚多，危害最烈。其致病之由，皆狎妓之人，因妓女阴户不洁，致生此病。"话说到这里还是很正确的，但是话锋一转，他又说："夫妓女亦妇人耳，何以良家妇女无此病，妓女多有此病，其故何欤？盖良家妇女仅与其夫一人交合，所受者一人之精。妓女接客多，交合所受者非一人之精，二人之精相合，则化为毒物……若一阴承二阳，阳与阳不相顺而相争，则互相残害而为毒矣。……至于男子受妓女传染也，亦自有说。人之狎妓也，不必尽人染毒，一妓之客，或甲染而乙不染，说者谓强者难染，弱者易染，似矣，犹未抉其微也。当男子交合之时，阳物兴举，肾气正盛之时，虽有毒气，何能传人？唯贪恋不舍，泄精后不肯将阳物撤出，精泄气虚，妓女泄精，其气射入精孔，此传染之所由来。故久狎妓者，精泄即将阳物撤出，用净水洗之，故反不受病。"他认为妓女与多个男人交媾，男子们精液合在一起就能形成毒物，又认为更重要的是交媾之时的方式，方式不妥导致染病，只要方式合适就可以做到"不受病"。他所倡导的"正确"方式对于该病预防来说实在毫无助益，完全忽略了个人体质。

当时的医家认知大致如此，直到二十世纪初，梅毒病因和传染渠道才获得较科学的认知。对于古人自然不能强求，但到清末民初仍未有本质进步，而且如陈邦贤《花柳病救护法》所言，"误认花柳病为别种病，不独为普通人所误认，即吾国号称医生者犹比比是也。"不仅普通民众不明白，许多医生也弄不清楚，所以社会上对于梅毒的恐慌并不明显，以至于外来的西方人误认为中国作为一个古老的民族有独特的体质能抵御梅毒。一直到1913年，James Maxwell 的研究才打破了这种错误认识，他以及其他相关研究者在中国找到了数万个梅毒病例，证明了晚清民国初期梅毒的盛行。后来随着医学认识的进步和舆论宣传，性病问题逐渐浮出水面。

但不管怎么样，16 世纪以后青楼的形象地位已经开始下降，即便对性病感染具体渠道存在模糊认识，但潜意识里妓院与"疾病""肮脏"挂钩，更何况还有持之以恒的道德方面的指斥。笔者怀疑清代所谓"清倌人"的出现与此有关。

所谓清倌人，本来是吴语区对普通妓女的称谓，后来意思有了微妙的调整，岳国钧主编《元明清文学方言俗语辞典》："清倌人，还未接过客的妓女。"这些女子出身寒微，很多幼年时候就被卖到妓院，老鸨教其琴棋书画，可以和男客们打情骂俏，但在到年龄之前不会让其侍奉枕席。自古以来，中国男性对妓女的需求就分为精神和肉欲两个层面，清倌人的才艺自然能满足男性精神层面的需求，由于尚未接客，其"清白"又能避免部分男性由梅毒引发的对青楼女子的警觉和厌恶。但是清倌人到了一定年龄，还是要转化为一般妓女的。

另外，此阶段内还出现了卖唱、陪客但不卖身的歌女，大概从此时开始有了对于部分青楼女子"卖艺不卖身"的认知。近代以来中国颇有人以明治维新以来之日本为学习目标，日本"艺伎"文化可能也是促生国人有关本国"伎不等于妓"观念的侧面原因之一。日语称"艺伎"为"芸者"，汉语翻译为"艺伎"，最早出现于 17 世纪，由男性担任，后来才逐步被女性代替。艺伎从小接受严格训练，琴棋书画精通，颇类似于古籍中的中国青楼女子，但"艺伎"卖艺不卖身，这种形象大约被潜移默化移植到中国人对国史的认知上来，配合清倌人及歌女现象，形成了固有观念。例如上海话就有清倌人和歌女"只卖口不卖身"之说。

清倌人和歌女比之一般的妓女当然要"清白"，但暗地里操皮肉生涯者也并不罕见。《官场现形记》第十四回里的一段话是一个典型例证："周老爷道：'统领大人常常说凤珠还是个清的，照你的话，不是也有点靠不住吗？'龙珠道：'我们吃了这碗饭，老实说，那有什么清！我十五岁上跟着我娘到过上海一趟，人家都叫我清倌人。我肚里好笑。我想我们的清倌人也同你们老爷们一样。'周老爷听了诧异道：'怎么说我们做官的同你们清倌人一样？你也太糟蹋我们做官的了!'龙珠道:'周老爷不要动气,我的话还没有说完,你听我说:只因去年八月里,江山县钱大老爷在江头雇了我们的船,同了太太去上任。听说这钱大老爷在杭州等缺等了二十几年,穷的了不得,连甚么都当了,好容易才熬到去上任。他一共一个太太,两个少爷,倒有九个小姐。大少爷已经三十多岁,还没有娶媳妇。从杭州动身的时候,一家门的行李不上五担,箱子都很轻的。到了今年八月里,预先写信叫我们的船上来接他回杭州。等到上船那一天,红皮衣箱一多就多了五十几只,别的还不算。上任的时候,太太戴的是镀金簪子,等到走,连奶小少爷的奶妈,一个个都是金耳坠子了。钱大老爷走的那一天,还有人送了他好几把万民伞,大家一齐说老爷是清官,不要钱,所以人家才肯送他这些东西。我肚皮里好笑:老爷不要钱,这些箱子是哪里来的呢? 来是甚么样子,走是甚么样子,能够瞒得过我吗? 做官的人得了钱,自己还要说是清官,同我们吃了这碗饭,一定要说清倌人,岂不是一样的吗?'"文学作品虽然虚构,但是写作者打比喻的心态是值得玩味的,尤其以讽刺现实为目的的《官场现形记》不会在借喻上向壁虚构,这是某种社会认知的反映。

民国时期,妓女染病比例高达 90% 以上,令人触目惊心。1941 年《申报》曾经对上海性病流传情况做过报道,那时候的上海"至少有一半人口患有性病,其中的 90% 最初都是由妓女传染的；而 90% 的中国下等妓女和 80% 的外国妓女都患有性病。新形式的变相卖淫方式据说也不安全，向导社中 80% 的向导据说都染了病，而按摩小姐不仅有病，她们穿的衣服也很脏，只有在极少数的高等妓院里，那里的中外妓女据说是采用了某些现代卫生措施，或一旦染病就停止接客。……低等妓女据说是最危险的，因为她们的性伙伴更多，分布也广，而她们和她们的嫖客都缺乏抵御性病的知识和经济能力"（贺萧［Gail B. Hershatter］《危险的愉悦——20世纪上海的娼妓问题与现代性》）。

　　除了大城市，农村地区的梅毒也很严重。例如安徽，李广溥《大别山区战梅毒》记述说，1937 年后，新桂系军阀长期驻扎安徽，官兵中有很多梅毒病患者。这些官兵奸淫妇女，致使梅毒病辗转传播。1952 年安徽省卫生厅组织的医疗队在岳西县河图、店前河、汤池等 3 个乡镇对 4208 人进行梅毒血清学检查，发现梅毒病患者 832 例，发病率为 19.8%，以该县人口 24.5 万推算，梅毒病患者高达 4.8 万多例。又如，岳西县 1950 年代初的回顾性调查资料显示，中华民国时期梅毒引起的死产、早产占全县出生婴儿总数的 50%，成为该县人口逐年下降的重要原因之一。建国后，当地通过使用苏联的碘剂、铋剂、砷剂（静脉注射）疗法和英、美等国使用的青霉素疗法，才使得大别山区的梅毒疫情得以控制，达到了基本消灭梅毒的目标。

随着对性病认识的深入，中国人越来越强烈地发出取缔妓院的呼声，并且将其上升到拯救国家和民族的高度，贺萧指出："中国形形色色的革新派作家——基督教的、民族主义的、女权主义的——都把花柳病视为对于中华民族和对妇女的一种威胁。在所有这些讨论中，妓女被描述为引发这种疾病的最致命的渠道。"梅毒自身的"外来"色彩更加引发民族主义的呼声，成了近代以来帝国主义侵略的另一种象征，"中国医生利用关于梅毒的讨论来证明是外国人造成了现代中国的窘境"，"通俗作家们详细地描画了性病对于个人、家庭以及'民族'造成的种种令人毛骨悚然的后果，……关于社会腐化堕落的文字再现，在与一个民族主义高涨的时代里正在崛起的所谓'民族'的思想同步增长，……关于梅毒的文化表述，表达了中国受到了外来资本主义和致命病毒这双重势力的入侵。帝国主义入侵了中国的领土主权，而病菌侵犯了它的尿道"。

1919年4月27日，李大钊在《每周评论》第19号上发表《废娼问题》短文，力主废娼，并提出五大理由，其中第三条说："为尊重公共卫生不可不废娼。认许公娼的唯一理由，就是因为娼妓既然不能废止，对于花柳病的传染，就该有一种防范的办法，那么与其听他们暗自流行，不如公然认许他们，把他们放在国家监视的底下，比较的还可以行检查身体的制度和相当的卫生设施。可是人类的生活，不只是肉欲一面，肉欲以外，还有灵性。娼妓不能废止的话，实在是毫无根据。且据东西的医生考证起来，这种检霉法实是没有效果。因为检霉的人，每多草率不周，检霉的方法又不完备，并且不行于和娼妓相接的男子，结果仍是传染流行，不能制止。不但流毒同时的社会，而且流毒到后人身上。又据医家说，久于为娼的女子，往往发生变性的征候，这个问题，尤与人种的存亡，有狠大的关系。"陈独秀等也曾撰文呼吁取缔妓院。

中国自古以来性病从未消失，但是青楼文化却长盛不衰，这与淋病等性病的"低烈度"有关，也与古人对性病感染渠道的模糊认识有关，所以性病曾在青楼文化叙事中长期缺位。这反映了古代对于某些传染病的认知体制和思维模式。16世纪以来梅毒进入中国，其病情之酷烈、与性传染关系之明显、男女症状之类似不仅使得中国人对于性病的认识上升到了一个新的阶段，而且面对新型疾病的束手无措更加引发社会的焦虑。对于鸦片战争以后的国人来说，梅毒"外来"的色彩又具有极强的表喻意义，结合在一起由对疾病的关怀上升到对国家民族命运的关怀，对妇女地位的关怀，梅毒使得国人此阶段内的各种思潮都有所展现，而各种有关性病检疫体制的呼吁和努力又展现出国家走向现代化的图景，并且最终成为促生国家现代化的重要一环。

附录： 古人如何避孕和堕胎？

既然谈到青楼，还经常有人问我：古代妓女如何避免怀孕？古代妇女如何堕胎？麝香真的是堕胎灵药吗？

古代避孕手段十分有限且危险，所以古代无论中外均存在大量的杀婴、弃婴现象，原因就是除此之外无法控制繁育。

中国古代避孕措施一般有体外射精、计算安全期等。当然也有药物方法，《景岳全书》等还记载用麝香一片覆盖在女性肚脐上可以避孕，但估计效果甚微。孙思邈《千金方》里载有一种方式："油煎水银，一日勿息，空肚服枣大一枚，永断，不损人。"即服用水银，但是这个办法毒副作用甚大，古人意识不到而已。还有"蚕子故纸，方一尺，烧为末，酒服之，终身不产"，我认为这个办法恐怕是无效的。还有针灸法，例如宋代王执中的《针灸资生经》说"针石门则终身绝嗣"，但现代研究发现应用石门穴治疗月经不调和带下病效果较好，并未发现可以断孕。可以说，古人并没有十分有效的避孕方式。

17世纪英国发明避孕套，最初使用鱼鳔，后来使用羊肠，英国毛纺织业的发达为避孕套提供了原材料。避孕套销往世界各国，但毕竟这是个"羞羞"的东西，法国进口量大，所以英国人竟然将其称为"法国如意袋"，法国人不满，反讥为"英国帽子""英国雨衣""英国骑马套"。下图是鱼鳔避孕套：荷兰阿森市德伦特博物馆展出的 1640 年前后制造的避孕套，发现于英国达德利古堡。用鱼鳔制成，厚五层，共 10 枚，未曾使用。由于年代久远，已像枯叶一般干硬。古代避孕套还有使用羊肠制作的。

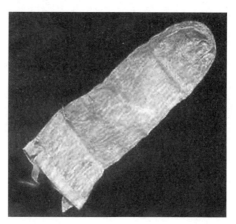

鱼鳔避孕套

中国人自 19 世纪后半阶段接触到避孕套，称为"肾衣"，国人张德彝约在 19 世纪 70 年代初到访欧洲，著有《航海述奇》，提到了避孕套："又闻英法国有售肾衣者，不知何物所造。据云：宿妓时将是物冠于龙阳之首，以免染疾。为之设想，牝牡相合，不容一间，虽云却病，总不如赤身之为快也。此物法国名曰'英国衣'，英国称为'法国信'，彼此推诿，谁执其咎？趣甚。"他还对避孕套干扰生育发出指责：

闻外国人有恐生子女为累者，乃买一种皮套或绸套，贯于阳具之上，虽极倒凤颠鸾而一雏不卵，其法固妙矣，而孔孟子云："不孝有三，无后为大。"惜此等人未之闻也。要之倡兴此法，使人斩嗣，其人也罪不容诛矣。所谓"始作俑者，其无后乎"。

至于堕胎，小说、影视剧里总是出现麝香堕胎方，实际上麝香只是古代众多堕胎药中的一种而已，对它的强调，大约是"麝香"二字更富有文艺味，从历史来看，附子系列才是主流，麝香并不起眼。而且药物堕胎并不总是可靠。

汉代时，堕胎药已屡见于史籍，《汉书》记赵飞燕专宠，后宫有孕者皆"饮药伤堕"，中国古代堕胎药系列药方的祖本应该是约成书于东汉末年的《名医别录》，东汉《神农本草经》提到的堕胎药主要是䶉鼠、石蚕、牛膝，而《名医别录》所记则包括：乌头系列（包括乌头及附子、侧子、天雄）、半夏、石蚕、蜈蚣、衣鱼、地胆、䶊鼠、牡鼠、斑蝥、芫青、葛上亭长、水蛭、牛膝、桂、槐实、牛黄、麝香、通草、蚱蝉、蟹爪。

唐代《千金翼方》明显是受到了《名医别录》的影响，甚至不少药的排列顺序都一样，但也有自己的见解，它提到的主要有：乌头、乌喙、天雄、附子、侧子、半夏、桂、槐实、牛黄、麝香、䶊鼠、蚱蝉、水蛭、牡鼠、石蚕、蜈蚣、衣鱼、斑蝥、芫青、葛上亭长、地胆、商陆、代赭、粉锡、牛膝、通草。

宋代《太平圣惠方》只字不提堕胎方，大概反映出宋代官方对堕胎的否定态度。

明代《本草纲目》提到的堕胎药主要有：大戟、附子、天雄、侧子、乌头、乌喙、天南星、半夏、蚱蝉、蜣螂、衣鱼、鼠妇、䗪虫、斑蝥（斑猫）、芫青、葛上亭长、水蛭、蒺藜子、荆三棱、槐实、皂荚、麝脐香、苋、淡竹叶（碎骨子）、蓖麻、女曲、蟹爪。它特别强调了附子的重要性，《本草纲目》卷四："附子，堕胎为百药长。"

以上只是采撷了一部分医书，大致看来，堕胎药系列主要来自《名医别录》的影响，熟悉中国本草学的人都知道，《神农本草经》—《名医别录》—《本草经集注》—《唐本草》—宋代系列官修本草—《本草纲目》，这是中国本草学发展的一条主脉，所以堕胎药系列受其影响也不奇怪。

综合以上，可以说麝香在堕胎药里并不特别，但是现在屡屡被强调，大概是因为这个药名比较美的缘故吧。麝香堕胎可靠性不高，它主要是对子宫有明显的刺激作用，可促使子宫收缩力逐渐增强、节律加快，从而起到催产的作用。

另外，古代堕胎方中，药物是一方面，还有很多物理堕胎法，反映出药物堕胎的不可靠。《南史》记徐孝嗣在娘胎时其母欲堕胎，自投地，又以捣衣杵碾压，均未成。清代接生婆有以水渍草鞋碾压孕妇肚子堕胎者，伤亡率很高。还有孕妇坐在冰冷河水中浸泡。对于妇女来说，堕胎是非常痛苦而且危险的。

正因为古代避孕手段有限，堕胎又危险，再加上贫困，所以杀婴屡见不鲜。例如《太平御览》引《零陵先贤传》记载东汉末有郑产，任白土啬夫。东汉末战事频仍，孩子周岁就要缴纳口钱，因此民间多杀婴。郑产呼吁民众勿得杀子，口钱由他代为缴纳，大批婴孩因此得活，白土乡被改名更生乡。《后汉书·贾彪传》记新息县令贾彪闻城南发生盗杀，城北发生溺婴。吩咐驱车赴城北，曰："寇贼害人，此则常理；母子相残，逆天违道。"经过打击整顿，新息县增添数千小生命，于是男孩全取名"贾子"，女孩全取名"贾女"，以示对贾彪的感谢。李伯重《堕胎、避孕与绝育——宋元明清时期江浙地区的节育方法及其运用与传播》认为宋以前的避孕、堕胎多是因为疾病或者性丑闻，宋以后才逐渐为了控制人口而避孕堕胎，且药物并非万灵，贫民常用溺婴、挤压按摩、延长哺乳来控制人口。清代江南生育率甚至低于同时期西欧生育率。而且由于重男轻女，在必须抉择的时候，往往溺杀女婴。徐永志《近代溺女之风盛行探析》指出清代全国男女性比例的严重失调在很大程度上是由于溺女风气盛行导致的，宣统元年的全国男女性比例竟达到了 121.7∶100。

清代在某些地方甚至出现了专门的弃婴塔。

弃婴塔由砖块或者石块砌成，孩子由窗口丢入，任其死生，残忍而又无奈

　　严肃地说，避孕套的发明，让人间少了很多悲剧，技术发明赶在良心发现之前，让人类文明起码在这个问题上得以进步。

第七章

现实或想象？蛊毒与瘴气

一、什么是蛊毒

两千年来，一个神秘的巫术一直阴魂不散，飘荡在中国的南方，现在甚至借助互联网和某些经营者的"商业头脑"进一步"发扬光大"，成为地方神秘文化的组成部分，让人觉得扑朔迷离而又引人神往，这究竟是什么样的神秘事物？

蓄蛊巫术对于多数中国人来说已经十分陌生，但历史上相关传说延续近两千年，时至今日尚在西南等少数民族聚居地留有残余。这并非一个简单的巫术迷信问题，实际上其背后反映了主流文化圈对非主流文化的歧视，历史上各阶段"蓄蛊之地"的变迁是主流文化圈拓展的结果。

自古及今，蛊虫这种神秘的毒虫就一直存在于人们的口耳相传中，至今在西南某些地区余威尚存。我曾经委托一位来自西南地区的本科学生做暑期调查，即调查他所在乡寨有关蛊毒的传闻，该同学面露难色，一种宁可信其有不可信其无的心态使得这位受过正规教育的大学生最终拒绝了我的建议。对此我完全可以理解，因为即便他抱着不信的心态，他所要调查的对象却不能保证有类似心态，照样会使得调查无果而终。

后来看了邓启耀先生的《中国巫蛊考察》，这本书主要内容是现代西南地区蛊毒传说的人类学调查，可以看到有关蛊毒的传闻一直没有消退，在暗地里流传，并且成为一种社会问题，村寨里的妇女，尤其是寡妇容易被指责为"药婆"，即下蛊人，周围人对她们恐惧而又歧视，她们被排除在社交圈外，甚至其子女的婚姻都受到影响。书中提到一个姑娘，由于母亲被指责为药婆，所以尽管条件不错，但在本地也很难嫁人，最后在打工过程中嫁给了一个从未听说过蛊虫为何物的外地小伙子。一种传说中的黑巫术，却成为现实中某些人的精神枷锁。

值得注意的是：这种巫术原本并不是西南地区的产物，而是产自中原，曾给古人留下过巨大的心理阴影。但是这个传说所涵盖的地域却有变化，由中原到江南，由江南到岭南，由岭南到西南，它似乎被一种力量驱使着移动。它究竟是什么？又怎样影响历史？

隋代巢元方著《诸病源候论》卷二五《蛊毒病诸候》：

> 凡蛊毒有数种，皆是变惑之气。人有故造作之，多取虫蛇之类，以器皿盛贮，任其自相啖食，唯有一物独在者，即谓之为蛊。便能变惑，随逐酒食，为人患祸。患祸于他，则蛊主吉利，所以不羁之徒而畜事之。又有飞蛊，去来无由，渐状如鬼气者，得之卒重。凡中蛊病，多趋于死。以其毒害势甚，故云蛊毒。

按照这种说法，"蛊"的取得是将许多种虫子聚集在一起，使其互相吞噬，"优胜劣汰"，剩下的最毒者就是蛊虫。蓄蛊者通过饮食对人下蛊，受害人会腹内疼痛以致死亡。"蓄蛊"目的在于取得受害者的家产，如果长时间不能毒害别人，则蛊主自身将受到戕害（这也就是现代所说的"养蛊反噬"）。但是这些动物食性不同，岂能互相吞食？《隋书·地理志》说蓄蛊是"聚百种虫，大者至蛇，小者至虱，合置器中，令自相啖，余一种存者留之，蛇则曰蛇蛊，虱则曰虱蛊"，蛇焉能食虱？虱子又如何能吞蛇？

另外，蛊虫如何进入人体内？即便进入，虱子之流又岂能毒死人？后世又有所谓金蚕蛊、蜥蜴蛊、螳螂蛊、虾蟆蛊、蜘蛛蛊等，皆是无稽之谈。但这个传说的生命力却又如此强大，以至于存活至今。

在展开讲述蛊毒之前，必须要厘清一个概念——蛊毒和巫蛊是一回事吗？答案是否定的。

历史上最有名的巫蛊，大概是汉武帝戾太子案中的巫蛊术。汉武帝身边的直指绣衣使者江充与汉武帝太子刘据不合，趁着武帝游幸甘泉宫之时生病，妄称有人以巫蛊之术诅咒暗害皇帝。汉武帝信以为真，命江充治巫蛊之案。江充指挥巫师四处掘地寻找木偶，民间人心惶惶，江充逐渐把矛头指向了皇后卫子夫和太子刘据。在卫子夫寝殿寻找偶人，整个殿内地面遍撅掀起，卫子夫甚至找不到一个地方可以安寝。最终搜查指向太子，征和二年秋七月，江充终于在太子东宫

"发现"了桐木人偶。

刘据无法自证清白，少傅石德说，皇帝据说已经病危，在甘泉宫这么多天毫无音信，说不定已经死了，你要当心被小人陷害，当扶苏第二，于是建议他发兵捕杀江充。而病榻上的汉武帝听说江充被杀，太子举兵，竟然认为太子谋反，于是发兵攻打太子。双方在长安城展开激烈巷战，数万人死亡，太子最终兵败被杀。这是汉武帝晚年最大的政治事件。

这个案件中的巫蛊，与我们要说的蛊毒不一样，实际上是一种黑巫术，以桐木为人形，施法诅咒，加害于人。而且史料中记载此事时候出现了胡巫字样，有学者认为这是一种从匈奴传来的黑巫术，可以说是今日扎小人巫术的雏形。《红楼梦》里赵姨娘害王熙凤和贾宝玉的巫术就是这个。

这种巫术并不使用蛊虫，自然也就没有蓄蛊养虫这个程序。与我们说的主题无关。其"蛊"大约取的是"蛊惑"的字义而已。

蛊字甲骨文中就有，字样如下：

字形是器皿中虫状，就其字本义而言，可能指的是储存粮食器皿中的蠹虫。随着语言的发展，"蛊"又被认为是致病的"虫"，有时指的是人体内的寄生虫如蛔虫、蛲虫，有时完全是基于想象凭空捏造出来的"虫"。范行准《中国病史新义》认为《左传·昭公》中所谓"女惑男"引起的"蛊疾"，实际上是性生活过度引起的男性性机能障碍以及前列腺炎或腺漏等病。此处之"蛊"字，恐怕是取其病从中生，犹如蛊之食谷，日渐销蚀。

"蛊"字很早就与巫术相涉，具体的原因不详，也许是因为储粮器皿中羽化的蠹虫给了人们一种幻惑的感觉，导致"蛊"字与神秘的超自然力有了瓜葛。例如1965年山西侯马晋都新田遗址出土有一批公元前5世纪的盟书，其中"诅"与"蛊"已开始搭配使用，足可见在盟书所处的时代"蛊"已经被赋予了巫术色彩。

有关蓄蛊的传说起自何时？笔者认为其雏形可能出现在西汉时期。《周礼》："庶氏掌除毒蛊。以攻说禬之。嘉草攻之。"这里提到了"毒蛊"，并且其防治手段一为咒语，这是后世预防蛊毒的重要手段，二为"嘉草"，而"嘉草"也是后世治疗"蛊毒"的主要药物之一。可见《周礼》中的"毒蛊"应就是蓄蛊之"蛊"。而《周礼》的成书年代大约在西汉。到了东汉时期，蓄蛊传说可能已经颇有影响，我们来看东汉应劭《风俗通义·怪神篇》中一个著名的成语故事：

　　予之祖父郴，为汲令，以夏至日诣见主簿杜宣，赐酒。时北壁上有悬赤弩，照于杯，形如蛇，宣畏恶之，然不敢不饮，其日，便得胸腹痛切，妨损饮食，大用羸露，攻治万端，不为愈。后郴因事过至宣家，窥视，问其变故，云："畏此蛇，蛇入腹中。"郴还听事，思惟良久，顾见悬弩，必是也。则使门下史将铃下侍徐扶辇载宣，于故处设酒，杯中故复有蛇，因谓宣："此壁上弩影耳，非有他怪。"宣遂解，甚夷怿，由是瘳平。

这就是成语"杯弓蛇影"的出处。杜宣因为看到杯子里的弓箭倒影，以为是蛇，导致恐惧，引发腹痛（估计是精神紧张引起的胃痉挛），大有一病不起的态势，等应郴揭开谜底，判断原因之后，杜宣不药自愈。唐代名医许仁则曾经一语道破，指出这是畏惧蛊虫："人心妄识，畏爱生病，亦犹弓影成蛊耳。"（《外台秘要》卷五《疟疾（疟）法》引许仁则语）杜宣实际上是怀疑杯中有"蛇蛊"，要不然不会仅仅看到蛇的影子就如此惧怕，酒一饮而尽，口舌应该没有碰到"蛇"，但是他仍旧认为"蛇入腹中"，这是因为他相信蛊虫的"变惑"能力。这则故事向我们证明东汉时期有关蛊毒的传言可能已经对社会人群心理产生了不小的影响。

汉以后有关蓄蛊的记载越来越多，到了北魏时期，蓄蛊传说甚至盛行到影响立法的地步，《魏书》卷一一一《刑罚志》：

> 神麚中，诏司徒崔浩定律令……为蛊毒者，男女皆斩，而焚其家。

之所以要采取焚烧蓄蛊者住宅的极端手段，估计是为了将隐藏其中的蛊虫斩草除根。

传说中的蓄蛊方式到了隋唐已经基本定型，此后历代沿袭，没有质的改变。而且此时巫术意义上的蛊已经盖过了疾病意义上的蛊：先秦的"蛊"往往指的是某种疾病，到了魏晋隋唐之际，医家仍然将蛊当作疾病治疗，但病因则归结为"蓄蛊"术所害，前引《诸病源候论》自不待言，《备急千金要方》《外台秘要》等唐代医书列举了魏晋隋唐以来许多"中蛊毒方"，从中可以看出魏晋隋唐著名医家基本都相信"蓄蛊"的存在，医学家们尚且如此，更不用说普通民众了。

其实蛊毒不过是已知的多种疾病而已。古代相信蛊毒的地区和人群往往文化落后，满脑门子神奇鬼怪之事，医药知识匮乏，所以在传说影响下会把很多疾病归为蛊毒。沈澍农等先生在校释日本古代医籍《医心方》中的"蛊毒"时认为古人所说的蛊毒"症状复杂，变化不一，病情一般较重，可见于一些危急病征、恙虫病、血吸虫病、肝炎、肝硬化、重症菌痢、阿米巴痢疾等。"傅安辉《西南民族地区放蛊传说透视》亦认为所谓"中蛊"实际上是罹患各种疾病。现代民族学田野调查也能印证这一点，邓启耀《中国巫蛊考察》记载了一位云南医生的亲身经历："（该医生）从医期间，先后有四十八例①自称'蛊病'患者求治。结果其中有四例是肺结核，二例是风湿性心脏病，四例为晚期胃癌，一例肝硬化，六例重症肝炎，十四例胃、十二指肠溃疡，二例慢性胃炎，一例肾炎，六例肠胀气，九例胃功能紊乱。都是现代医学可以明确诊断的病例，而且多数经西药治疗，已经痊愈或好转。"现代人如此，以此反推，古代史料中纷纭复杂的"中蛊"其实也是多种疾病的症状。

---

① 按：据以下各项相加当为四十九例。

二、不可证伪的阴谋论

但是疾病却成了传说中害人的黑巫术的结果，而且这种巫术传说不可证伪，一旦"蓄蛊"污名落在自己头上，根本没法自辩清白。吊诡的是，没有任何人见过蛊虫，更不要说制作过程，但却个个都说得头头是道。《中国巫蛊考察》第56页："我调查过普米、纳西、白、傣、怒、汉、彝、傈僳等民族，许多人都知道'蛊'是怎样制作出来的，且说得头头是道。但一问'亲眼见过没有'，却又全部摇头，而且责难地反问：'做这东西，能让你看么？'"这就是一种阴谋论，阴谋论之所以盛行，一个重要因素是它的不可证伪，与正规的科学结论不一样，阴谋论本身不会留下任何让你可以证伪的渠道，逻辑自洽，滴水不漏，每当你要求阴谋论者展示核心证据的时候，一句"这是阴谋啊，阴谋怎么可能让你找到证据"就是挡箭牌。受过教育的人不一定有科学素养，有科学素养的人一定会知道——可证伪的才有可能是科学的，不可证伪的则绝对是不科学的。这应该是我们对待所有阴谋论的态度。

具体到蛊毒这个问题上，两千年来支撑着它的就是这种不可证伪的阴谋论。蛊毒神秘，制作过程更神秘，使用者的目的也很神秘，就是这种种神秘让它一直存活到现在。历史上从来没有人真正目睹过"蛊虫"的制造，唐代的立法者可能就碰到了这种难题——他们无从知晓有关蓄蛊的细节，最终只能做出含混的司法解释，《唐律疏议》卷一八："蛊有多种，罕能究悉，事关左道，不可备知。"为什么"不可备知"？因为他们没有见到也不可能见到蛊虫制作实例。其他古人之所以在这个问题上不采取眼见为实的态度，也是出于同样的心理——"事关左道，不可备知"。这就让阴谋论得以生存。

读者可能会问：蓄蛊巫术会不会真的存在，只是用来害人的不是蛊虫，而是各种毒药？比如蛇毒、蟾蜍毒等。的确有学者这么认为，将"蛊毒"解释为动物毒素。但是笔者认为这种解释牵强而缺乏说服力。

传说中的蛊虫少说有数十种，品性不同，用少数几种有毒动物来做代表，难免挂一漏万。假如说蛇、蜈蚣、蟾蜍可以提取出毒素，那么金蚕、虱子、飞蛾等又有什么毒素可以提取呢？尤其金蚕蛊，宋代以后成为蛊虫的主要品种，时至今日在某些少数民族聚居地"余威尚存"，而所谓"金蚕"实际上就是蛴螬，此虫无毒素可供提取，却成为蛊虫的"主力军"，这是"毒素说"无法解释的现象。

所谓中蛊的症状与血吸虫病、寄生虫病、食物中毒、肠胃疾病、肺结核者症状符合者多，与动物神经毒素中毒症状相符者极少。比如蛇毒，史料中的中蛊者罕见蛇毒中毒症状。

再例如蟾蜍液和蟾酥，这种毒素有致幻作用，但古人恐怕不会将其与蛊毒搞混。首先，蜈蚣干燥体和蟾酥自古就是常用药材，药肆常备，制取方法也是常识，古人会给这些常见药材蒙上"蓄蛊"的神秘面纱吗？其次，目前几乎所有的相关史料都没有提到中蛊者是被麻醉致幻，古人认为中蛊的后果是死亡，与致幻无关。《隋书·地理志》说蛊虫"行以杀人"，《诸病源候论》卷二五云"凡中蛊病，多趋于死"，《朝野佥载·补辑》："中人即为痢，便血，医药多不差，旬日间必不救。"宋周去非《岭外代答》卷一〇《蛊毒》："蛊毒有二种，有急杀人者，有慢杀人者。急者顷刻死，慢者半年死。"明邝露《赤雅》卷一："（中蛊者）归或数日，或经年，心腹绞痛而死。"明谢肇淛《滇略》卷四："放蛊不但饮食器中，即以手抚其顶，或摩腹，无不立痛，归便血数日以死。"也就是说，即便古代有人用蜈蚣、蟾酥制品麻醉致幻他人谋取某种利益，那么此事也不会被古人放到"蓄蛊"传说之列，因为古人都认为蛊虫是要取人性命的，不是麻醉致幻那么简单。邓启耀《中国巫蛊考察》中描述的现代诸多所谓"中蛊"案例中，也没有"致幻"的。

　　一些南方部族确实有提炼毒素的技术，但是古人对此并不陌生，《南州异物志》《外台秘要》《蛮书》等都记述了提取毒素的方式，尤其是《外台秘要》中"蛊毒"与"俚人毒药"并存，更说明古人并未将蓄蛊与人工提炼毒素相混淆。古人记述的蛊虫虽然形式非一，但是中蛊过程说得都很明确——蛊虫进入人体，而非是某种提炼物毒人。根据邓启耀先生的调查，现代传说中的"蛊虫"也都是某种具体的活物，只不过人们相信它们已经被施以法术。综合以上可以说，用"毒素说"来解释"蛊毒"是站不住脚的。

三、落后地区＝蛊毒之乡？

正如前文所述，我们目前见到的最早的蛊毒故事都发生在中原，发生在北方，但是现在北方人提到蛊毒估计一脸茫然，蛊毒的重灾区已经跑到了西南地区，这是为何？

传说有蓄蛊风俗的地区，各个历史时期并不相同，总的态势是由北向南逐渐转移。范行准《中国预防医学思想史》说："唐宋以后从各家文献所载观之，蛊毒已由长江流域蔓延到福建、两广、云贵、四川等地，而蛊的名目繁多。"贾静涛《中国古代法医学史》说："（蓄蛊）古代曾经流行于南方，尤其江西、浙江一带；其后范围逐渐缩小，到了明清时代，仅见于深山僻壤，现今可能已基本绝迹。"范家伟《六朝隋唐医学之传承与整合》说："在唐以后的史料，都显示出南方多蛊毒，甚至北方无蛊毒。这种观念固然与古人认为南方暑湿而孕育毒物的想法有关，但是隋代以前，蛊毒基本上也在北方出现。"

那么什么时候开始"蓄蛊"被逐渐视为南方特有陋习呢？从文献记载来分析，很可能是在唐初。这里最明显的证据就是《隋书·地理志》，该志编纂于唐贞观十五年，在总论全国地理的时候，专指南方数地为"蓄蛊"之地："新安、永嘉、建安、遂安、鄱阳、九江、临川、庐陵、南康、宜春，其俗又颇同豫章，而庐陵人厖淳，率多寿考。然此数郡，往往畜蛊，而宜春偏甚。"以上地名涵盖了今江西省、福建省大部、安徽、浙江部分地区。唐初名医崔知悌的一段话也值得我们重视："凡蛊有数种，而人养作者最多也。郡县有名章者尤甚，今东有句章（今浙江宁波以南），章安（今浙江台州湾口）故乡，南有豫章（约今江西南昌地区），无村不有，无县不有，而不能如此之甚耳。非唯其饮食不可噉，乃至目色之已入人类。"崔知悌说地名带"章"字的地区蓄蛊之家很多，但是他所处的时代尚有北方的章丘（今山东章丘西北），崔知悌却没有提及，这很可能说明在他的心目中蓄蛊之地集中在长江中下游今浙江、江西等地。而当时人的头脑里，黄河流域已经基本与"蓄蛊"脱钩了。

可以看到，随着历史变迁，人们心目中的蓄蛊之地在不断转移，由黄河流域到长江流域，由长江流域到岭南，由岭南到西南。为什么会出现这样的变化？

中国几千年历史上，北方曾长期在经济文化上领先南方，南方后来居上是最近一千年的事情，而南方开发顺序恰恰是：魏晋时期长江下游得以开发，隋唐时长江中下游逐渐富裕，宋代江南逐渐后来居上超过北方，岭南也逐渐得以开发，明清岭南已经逐渐发达，尤其是还占有外贸之利，西南地区是开发较晚、程度较浅的地区。

蓄蛊之地变化的步伐与此同步，是偶然的吗？

南方的逐渐开发，往往是伴随着历史上由北向南的大移民浪潮。移民新入一地，与土著在经济生活、文化交流方面会不可避免地产生矛盾，凑巧的是，南方血吸虫病、疟疾等传染病猖獗，北方人患病之时（多数疾病对他们来说是陌生的），很有可能怀疑自己被善用巫术与毒物的南方土著陷害，于是头脑中原有的"蓄蛊"想象模式开始运作，对土著发出"蓄蛊"指责就是很自然的事情了。唐代刘恂《岭表录异》卷下的一段话为笔者观点提供了佐证：

> 岭表山川盘郁结聚，不易疏泄，故多岚雾作瘴，人感之多病，腹胀成蛊。俗传有萃百虫为蛊以毒人，盖湿热之地，毒虫生之，非第岭表之家性惨害也。

这段话清楚地表明，到岭南者常把自然原因导致的疾病看作是岭表土著蓄蛊谋害，并就此对土著居民发出"性惨害"的指责。遗憾的是，刘恂这种令人敬佩的清晰判断在笔者所搜集的史料当中仅此一条，对当时人的观念没有产生影响。

北方人来到南方后，长期的实践会帮助他们逐渐意识到所谓"蓄蛊之地"并没有蛊毒，但是他们不会由此彻底否定蓄蛊的存在、洗净土著的污名，而是要为此做一个牵强的解释。我们以江南"飞蛊"问题为例，《诸病源候论》卷二五

《蛊毒候》说："又有飞蛊，去来无由，渐状如鬼气者，得之卒重。凡中蛊病，多趋于死。"应该说这代表了隋大业年间人们的观念（该书撰成于大业六年，公元 610 年）。此时距离灭陈不远，北方人刚刚大举进入江南，正是怀疑这一带蓄蛊的时候，所以说有"飞蛊"来去害人。而《隋书》卷三一《地理志》对同一个问题则有如下论述："自侯景乱后，蛊家多绝，既无主人，故飞游道路之中则殒焉。"同样是"飞蛊"，成书于贞观十五年（641）的隋志却做出了截然相反的结论——飞蛊已经死光了，而且是自侯景之乱以后就死光了，形成这种反差的原因，我想主要是因为通过自开皇九年（589）到贞观十五年（641）数十年的实践，进入南方的北方人已经察觉到所谓"蛊虫"的虚无，但是他们不相信"蓄蛊"是虚构的，而是做出一个自认为能自圆其说的解释，即战乱导致蓄蛊之家多半灭绝。这也为唐中后期江南逐渐不再被视为蓄蛊之地埋下了伏笔。这个例子向我们反映出北方人进入南方后对于蓄蛊问题微妙的心理变化历程，即发出指责—观念动摇—旧观点消失。这是一地土著与移民在文化上完全交融之后才会出现的现象，每当一地摘掉了蓄蛊帽子的时候，我们都可以认定此地已经完全融入了主流文化圈。

云南的例子可以被用来证明"蓄蛊"与主流文化圈拓展之间的关系。云南唐代为南诏国，五代至南宋为大理国，与中原虽有往来，但并没有被纳入主流文化圈之内，与主流文化圈亦没有激烈的碰撞，因此长时间以来并没有被视为"蓄蛊之地"，最明显的证据是唐人樊绰所写《蛮书》详细记载了南诏（云南）地区风土人情，但只字未提"蓄蛊"，笔者亦未见到宋代有云南地区"蓄蛊"的史料。蒙古为了包抄南宋攻克大理国，先后设置行省及大理路，明洪武年间改为大理府，云南逐渐与主流文化圈产生频繁接触与碰撞，于是"蓄蛊"污名也随之而来，明杨慎《升庵外集》卷五二《杂说》：

> 隋书志云江南之地多蛊……今此俗移于滇中。

此处"移"字用得甚为妥当——这确实是随着主流文化圈的拓展由外地"移植"到云南的歧视与偏见。

与此对应的是，古来被视为蛮夷之地的广东地区逐步被纳入主流文化圈内，成为所谓"王化之地"，所以自唐中期以来戴了近千年的"蓄蛊"帽子也随之摘除。这种现象出现于明后期，万历年间王临亨著《粤剑编》卷二《志土风》："旧传粤人善蛊，今遍问诸郡，皆无之。云此风盛于粤西。"也就是说当时人认为广东已非"蓄蛊之地"。清《广东新语》作者屈大均也意识到了这种变化，做出了如下解释：

> 在今日，岭南大为仕国，险隘尽平，山川疏豁，中州清淑之气，数道相通。夫惟相通，故风畅而虫少，虫

少故烟瘴稀微，而阴阳之升降渐不乱。……则百虫无所
孳其族，而蛊毒日以消矣。

屈大均意识到岭南融入主流文化圈（即所谓"大为仕
国"）与蛊毒减少之间的关系，但是历史局限性使其不能从
根本上认清所谓"蓄蛊"是主流文化圈对非主流文化圈的偏
见，故只能以"中州清淑之气"涤净岭南为辞。这个例子充
分地体现了融入主流文化圈与蛊毒消散之间的因果关系。

现在的蛊毒传说只存在于西南某些偏远地区的乡村，以
及湘西山区，这不是偶然的。历史上落后的地区往往被指责
为蛊毒之乡，而偏偏当地文化落后，没有话语权，百口莫辩。
而且人类的心理很有趣，越是落后的地区，越容易站在文化
先进者的角度来看待本地文化，所以这也就解释了现代西南
地区的所谓"蛊乡"里指责"药婆"的为何都是本地人，他
们继承了历史上文化先进地区带给他们的观念。说到这个，
或许可以联想一下 20 世纪 20 年代不少知识分子站在西学视
角对中国本土文化的抨击（批判儒家，汉字拉丁化等），思维
模式非常相似。

四、蛊毒与恐慌

古往今来蛊毒造成了不少的社会恐慌，也诞生了不少耐人寻味的故事。

普通民众迷信的头脑使他们容易轻信蓄蛊巫术的存在，并对此怀着深切的恐惧和憎恶。在古代，民众常常对一些黑巫术产生群体性恐慌，这主要是由于他们认为该种巫术已经剥夺了他们的主动避祸能力，巫术手法越是神秘莫测、残害对象越是任意抉择无规律可循，那么群体恐慌的程度就越深，千百年来此类例子屡见不鲜。

战国时，秦国虽然还没有蛊毒的传说，但有对于毒言的恐惧，与后世百姓惧怕蛊毒如出一辙。《云梦睡虎地秦简·封诊式》："爰书：某里公士甲等廿人诣里人士伍丙，皆告曰：'丙有宁毒言，甲等难饮食焉，来告之。'即疏书甲等名事关牒背。讯丙，辞曰：'外大母同里丁坐有宁毒言，以卅余岁时迁。丙家即有祠，招甲等，甲等不肯来，亦未尝召丙饮。里即有祠，丙与里人及甲等会饮食，皆莫肯与丙共杯器。甲等及里人弟兄及他人知丙者，皆难与丙饮食。'丙而不把毒，无它坐。"丙家由于被邻里怀疑为"毒言"之家，所以被孤立，人们不愿到他们家参加祭祀，社里祭祀活动中连共杯饮酒都不愿意，丙的外祖母早年就因有"毒言"而被流迁。所谓

"毒言"在《论衡·言毒》里有提及:"太阳之地,人民促急,促急之人,口舌为毒,故楚越之人促急捷疾,与人谈言口唾射人,则人脈胎肿而为创。"我们可以看到,假如把这则简文中的"毒言"换作"毒蛊",那么就与后来人们对于"蓄蛊"之家的惧怕如出一辙。欧洲历史上对于所谓狼人、吸血鬼、女巫的恐惧和迫害也与此如出一辙。

唐代北方地区已经没有了所谓蛊乡,可是一旦出现,就能引发恐慌。我们来看《太平广记》中的一个故事:"唐长孙玄同幼有讥辩,坐中每剧谈,无不欢笑。永徽中,在京会宴,众因语论及民间事,一人云:'醴泉县去京不远,百姓遂行蛊毒。此邑须远配流,岂得令在侧近。'一人乃云:'若令配流处还有百姓,此人复行蛊毒,岂不还更损人。'其人云:'若如此,欲令何处安置。'玄同即云:'若令玄同安置,必令得所。'诸人大喜,同即问之,答云:'但行蛊毒人,并送与莫离支作食手。'众皆欢笑。"所谓莫离支就是当时与唐朝为敌的高丽掌权者渊盖苏文,是唐人憎恨的对象,长孙玄同说既然发现了蓄蛊者,不如把他送给渊盖苏文当厨师吧。

应对蛊毒的手段,则有药物治疗法、银针试毒法等。又传说到了蛊乡,吃饭之时须先了解主人名字,一旦中招,大呼主人名字就可以吓得蛊虫逃出。

更多情况下,恐慌心理带来的是对蓄蛊者不分青红皂白的迫害,《太平广记》卷一七二引《逸史》"孟简"条记载了唐代元和年间发生在浙东的一件蛊案：诸暨卸任县尉包某与本地一土豪关系甚好，曾携妻去其家做客。但是饭毕回家后妻子却得病。由于当时当地被认为是蛊乡，所以包某怀疑妻子被土豪下蛊陷害，两家发生严重冲突，导致有身孕的妻子死亡，双方均上诉于观察使李逊。对于此案，李逊与观察判官"独孤公"有截然相反的判断，李逊认定包某敲诈土豪，独孤某因包某妻托梦而认定土豪"蓄蛊"，并且拘留土豪，"不数日，土豪皆款伏"（这恐怕是刑讯的结果）。但是李逊仍认为此案"不直"，将双方各加以轻微处罚，还将喊冤的包某妻兄脊杖一通。民议沸腾，"自淮南无不称其冤异"（其实李逊才是坚持法律、讲证据的好官）。

第二年孟简代替李逊任浙东观察使，甫一到任则将土豪十余口杖毙，据说"数州之人闻者，莫不庆快矣"。需要说明的是，此案始终未找到关键证据"蛊虫"，认定土豪蓄蛊只有一项证据——死者包某妻托梦诉冤。当时的百姓一片欢呼，今人看来则会觉得土豪全家实在是死得太冤。这是集体歇斯底里造成的悲剧。

另一则是南宋孙应时著《烛湖集》卷一〇记载的《余安世斩蛊传》。余靖（字安世）乃浙江萧山人，淳熙年间曾任福建古田县主簿，为人"慷慨喜事……遇所激发，勇不可遏"，南宋人认为"（蓄蛊者）福之古田、长溪为最"，所以余靖很可能带着先入为主的态度来到古田。之任不到一月，就碰到

"林继先者诉其母黄七娘为黄谷所毒"，林继先控诉一个叫黄谷的人用蜈蚣蛊害死了自己的母亲。这种案子原本在古田不算少，但是"蛊法虽重，实废不行，吏以蛊讼相戒，至则诃出以为常"，虽然法有明文对蓄蛊者严惩不贷，但是官吏们往往忌讳接手此种案件，因为"设有健吏具狱上郡，郡终以无证佐疑之，迁延不竟，徒逮及无辜，重为民患"，就是说总是缺乏证据无法定案，让接手的官员骑虎难下。缺乏证据是很正常的，因为"蛊虫"原本就是无稽之谈！这次也碰到这种情况，原告提供了一些证据，但均是一些想当然的东西，缺乏关键的"蛊虫"和蓄蛊工具，余靖将被告夫妇严刑拷问逾月，被告死去活来，但是始终未招认。好事而易激动的余靖竟然趁人不备，亲手将被告黄谷拖到门槛上，亲自挥刀斩杀。据说百姓"赞叹鼓舞，往往入庭下举手加额"。上级来调查此事，以在被告家里发现一条大蜈蚣为由，认定黄谷蓄蛊，将余靖"降一资"草草了案。

以上两个案件有着共同的特点，那就是案件发生前被告已是乡里公认的"蓄蛊之家"，案件本身都缺乏定罪证据，但是社会影响颇大，并且民意一致偏向于所谓受害者，这就是民众群体性的歇斯底里所制造的冤案。等级模式的底层即所谓"蓄蛊者"在现实生活中是孤立的，更无从向后世申冤，其冤屈只能通过文化精英们的记述才能在字里行间流露一二。这是话语霸权的威力，它代表着主流文化，代表着权力，同时也确实代表着主流民意，尽管这种民意看上去有"暴民政治"的意味。历代国家机器、民众舆论对于"蓄蛊"早已经形成了"众口一词"，这样更能对后人心理产生一边倒的影响，使他们更坚信蓄蛊者的存在，由此制造出更多的冤案，形成历史的恶性循环。尤其明后期以来，被指为蓄蛊的人绝大多数为西南少数民族妇女，妇女原本就处于社会最底层，于是更无从对抗主流文化圈的话语霸权了，这也就是历代所谓蓄蛊者的声音湮灭无闻的原因。

暗黑残酷的蓄蛊传说中还有些黑色幽默。《广东新语》记载清代粤西妇常嫁粤东商，所谓粤东大致相当于今广东省，所谓粤西大致相当于今广西壮族自治区，当时粤西地可是所谓的蛊乡，而当地妇女似乎利用了这个传说。粤东商人往往在粤西娶小，这些妇女地位不稳固，丈夫假如返回粤东，自己就可能被遗弃。为挽留夫君，她们找到了一个妙招，声称在饭菜里给夫君下了"定年药"，这是一种定时炸弹般的蛊毒："三年返则其妇下三年之蛊，五年则下五年之蛊，谓之'定年药'。愆期则蛊发，膨胀而死。如期返，其妇以药解之，辄得无恙。"夫君答应三年返回，则下定时三年的蛊，说五年则下定时五年的蛊，逾期则蛊毒发作，必死无疑。只有按时返回，才能得到解药。这是地位低下的女性们维护自己权益的无奈的武器。

其实现在想来，历史上那些被指责为蓄蛊的人，尤其是那些底层的妇女，有时也可以利用别人的恐惧来保护自己吧，这是权益毫无保障的人唯一的铠甲，尽管这无法扭转她们被歧视、被压迫的现实。

五、什么是瘴气

唐代宰相韦执谊出身于京兆名门韦氏家族。生长于北方的他一生最忌讳岭南，遇到岭南地名则闭目塞耳不闻。永贞元年，执谊当上宰相后搬到新办公室，墙上有地图，但由于交接工作繁忙，无暇观看。某日得暇，仔细观览，乃岭南地图，大惊失色，心头涌上一种不祥之感。命运果然开了一个残酷的玩笑，永贞革新失败后，韦执谊遭贬谪为崖州（今海南琼山）司马，最后郁郁寡欢，卒于崖州。

韦执谊不是个例，当时的士大夫们无不视岭南为恶地，全因彼时岭南乃贬谪之地，说到岭南，即与蛮荒不开化、卑湿、炎蒸相联系，尤其是"瘴气"二字，始终是笼罩在人们心头的阴云。但在今天，瘴气却神奇地消失了，不仅未能成为正规的医学名词，甚至从民间意识中也淡去了。它是什么？它从哪里来？它去了哪里？

瘴气的诞生，与其说是一个自然问题，不如说是一个"观念诞生史"，它的出现与消失，就是中国历史上南北方碰撞、交融的历史。

瘴气与南方明确相联系始自一个著名历史事件——马援南征。东汉初，交阯发生征侧、征贰造反，附近各地纷纷沦陷。刘秀任命马援为伏波将军，南征交阯。马援虽然完成任务，立铜柱而还，但军队却损失惨重，《后汉书·马援传》："军吏经瘴疫死者十四五。"马援自己也说："下潦上雾，毒气重蒸。"这是久征战于中原的军队从未遇到过的新问题，后世由此甚至诞生出"鬼门关"的传说。唐《十道志》："鬼门关在北流县南三十里，两石相对，状若关形，阔三十余步，昔马援讨林邑，经此立碑，石碣尚存，昔时趋交趾皆由此关。已南尤多瘴疠，去者罕得生还。"据《旧唐书·地理志》记载，"鬼门关，十人九不还。"从此时开始，中原人士不得不频繁与"瘴气"打起了交道。

广西北流"鬼门关"景区

傅斯年《夷夏东西说》："自东汉末以来的中国史，常常分南北。"先秦地域之争是东西问题，汉末三国以后则转为南北问题。瘴气恰恰出现在此时，这并非偶然，而是中原主流文化圈的人士面对南方地方病产生的观念，是南北方越来越频繁的交流与碰撞带来的结果。南方闷热潮湿，自然环境与北方迥异，很多地方病对于北方人士来说闻所未闻，而且北方人士常常由于水土不服、缺乏抗体、缺乏规避疾病经验等原因，更容易受到这些疾病的侵害，由此产生恐惧感。而古人善于归纳的思想方式把这些未知疾病统统归为"瘴气"，萧璠《汉宋间文献所见古代中国南方的地理环境与地方病及其影响》指出最早的"瘴"写法是"障"，意即"阻障"，是大自然冥冥中阻挡北方人的一只手，魏晋以后才逐渐有了新字"瘴"，这个字形充分体现出其历史来源与后世附加的疾病属性。

那么，哪些疾病会被归为瘴气？《岭外代答》卷四《瘴》："南方凡病皆谓之瘴。"瘴气是多种疾病的综称，可能包括疟疾、痢疾、脚气（维生素 B_1 缺乏症）、沙虱病、中毒、喉科病、出血热、黄疸等。

这其中有些病南北皆有，另外一些则具备南方特色，其中影响最大的是疟疾，尤其是恶性疟，几乎是瘴气的"总代表"。唐代《外台秘要》卷五《山瘴疟方一十九首》："瘴与疟分作两名，其实一致，或先寒后热，或先热后寒，岭南率称为瘴，江北总号为疟，此由方言不同，非是别有异病。"可以从中看出，唐代"瘴"字适用于南方，"疟"字适用于北方，既然都是疟疾，为何南北异名？

这与疟疾种类有关，中国南方的疟疾主要是恶性疟，而北方主要是卵形疟、间日疟、三日疟。气候足够温暖，水资源足够丰富，就可能导致恶性疟原虫广泛分布，嗜人按蚊、微小按蚊是恶性疟原虫的宿主，多生存于北纬 33°以南，从而使恶性疟疾在南方广泛传播。恶性疟患者畏寒、头痛、高烧，继而严重贫血，死亡率极高，古人最为恐惧，而且具有较强的"南方特色"，所以就成了瘴气的"总舵主"。

早期古人们所认定的"瘴乡"是岭南等地，因为那里是汉军首先遭遇到瘴气之害的地方，但到后来，瘴乡"北上"了，而且分布区域与北方人的游历路线有关。左鹏《汉唐时期的瘴与瘴意象》注意到了所谓瘴气分布地域与当时南方交通路线的关系："出现瘴气记载的地点，大抵沿河流分布，如泸水、泸津、禁水、盘江等，此或与当时交通线路多沿河流两岸而行颇有关系，而其更深入的地区还没有进入北来的人们的视野。"

诸葛亮《出师表》就描绘过泸水的瘴疠："五月渡泸，深入不毛。"唐李贤注《后汉书》："泸水……特有瘴气，三月四月经之必死。五月以后，行者得无害。故诸葛表云'五月渡泸'，言其艰苦也。"章怀太子在这里有点道听途说了，瘴气夏季盛行，不存在五月以后无害说，诸葛亮强调五月渡泸，实际上是在强调全军的冒险。

这里提醒读者，在宋代以前，北方文化一直领先于南方，对于南方风土人情的描述往往出于北方人的手笔，即便是南方知识分子，出于对北方文化的仰慕，往往也会不自觉地按照北方主流价值观看待本土，犹如五四新文化运动中借助西学看待本土的知识分子们一样。这样我们也就理解土生的南方知识分子为何照样有对瘴气的恐惧。

到了后来瘴气分布区域则进一步泛化，成了几乎整个南方的代名词，这里有现实疾病的因素（恶性疟等疾病分布的北纬33°以南正是秦岭—淮河以南，恰恰是地理上的南方），也有主观的恶意在里面。《魏书》卷九六《僭晋司马叡传》："巴、蜀、蛮、獠、谿、俚、楚、越，……地既暑湿，多有肿泄之病，障气毒雾，射工、沙虱、蛇虺之害，无所不有。"这是北魏宣传机器对南方的描述，瘴气俨然已是南方落后的象征。北魏大臣杨元慎与南朝大将陈庆之在辩论南北方谁代表文化正统时，也是拿瘴气说事："江左假息，僻居一隅。地多湿蛰，攒育虫蚁，壃土瘴疠。"（《洛阳伽蓝记》）古人的思维是一种整体思维，我们今天会把疾病与地域文化相区分，因为我们是接受科学主义熏陶长大的，但是古人并不然。在"天人合一"大框架内，主客一体相通，道、气、太极之属将一切联系在一起，在这种思想之下，地域疾病当然与人有关，与文化有关，不正之地有不正之疾，疾病就这样让南方蒙羞。

瘴气问题发展到元明清时期，概念内涵在扩大，在概念先行背景下，瘴气变得越来越具体，原本"气"不过是归纳性思维的一种泛指，但元明以后瘴气一词越来越具体，包罗万象，各种山林沼泽毒气、有害气体均可能被指为瘴气，甚至青藏高原上的高原反应也被称为"烟瘴"，有关这一点可参看周琼《清代云南瘴气与生态变迁研究》一书。

六、瘴气的应对

虽然多数时间无奈，但古人有应对瘴气的措施。

首先，规避容易产生瘴气的季节。例如冬季是南方动兵的好季节，因为此时恶性疟等疾病处于低发期。唐代天宝以后，南诏崛起，对唐用兵多选在冬季瘴气减弱之后，故唐朝专门在边境设立防冬兵，冬来春去，因为暮春以后基本无警情。

其次，规避容易产生瘴气的地带。古人虽然不知携带疟原虫的蚊子是疟疾病源，但却能凭直觉意识到潮湿地界多疟疾，从而保持对"卑湿"环境的警觉。宋代许洞撰《虎铃经》卷一○《疫气统论》："结营须象山川卑湿之地，其湿燥毒气袭人口鼻者，则山瘴之疟疠生焉。"人们发现，可以通过改造城市死水面，或者搬迁远离死水，达到躲避瘴气的目的，这实际上就是远离蚊虫孳生地。《全唐文》卷七二七唐舒元舆《鄂政记》："治本鄂城，置在岛渚间，土势大凹凸，凸者颇险，凹者潴浸，不可久宅息，不可议制度。公命削凸堙凹，廓恢闾巷，修通衢，种嘉树，南北绳直，拔潴浸者升高明，湖泽瘴疠，勿药有愈。"卷五一三《漳州图经序》："（漳州）初在漳浦水北，因水为名，寻以地多瘴疠，吏民苦之，耆寿余恭讷等乞迁他所，开元四年（716）敕移就李澳州置郡，故废绥安县地也。"

第三，古人有他们认为行之有效的医疗，例如孙思邈《千金方》："凡入吴蜀地游官，体上常须三两处灸之，勿令疮暂瘥，则瘴疬温疟毒气不能着人也。"历代医书中都有大量关于瘴疬的药方和治疗方法。

比起这些措施，瘴乡消失更大的原因是观念的改变。历史上瘴气和瘴乡的涵盖区域随着时间不断修正，龚胜生《2000 年来中国瘴病分布变迁的初步研究》曾经指出，两千年来瘴气地域的变化与南方的经济开发历程存在着明显的因果关系。目前有关瘴气的所有研究几乎都注意到了一个现象——瘴气分布区域随着时间推移在不断缩小，很多"瘴乡"不知不觉中摆脱了污名，左鹏对此的解释是："笔者相信，'瘴'观念的产生与衍化，'瘴'分布区域的伸张与收缩，不仅描画了中原诸夏对异地的地理观念的形成与转换，而且勾勒了诸夏文化向周边地区传播、中原民族向周边地区转移的过程。……这也是诸夏文化不断涵化周边少数民族文化，将其纳入诸夏文化的过程。"

什么时候摆脱"瘴乡"之名，其实取决于两点：1. 当地融入主流文化圈的程度。当一地被主流文化圈所接受，自然也就摆脱了野蛮的象征——瘴气。2. 脚踏实地的感受。

南北朝至隋唐时期，至少有部分人已经意识到不是所有南方地区都如传闻所言那般可怖。张谓撰《长沙土风碑铭

（并序）》：

> 郡临江湖，大抵卑湿，修短疵疠，未违天常，而云
> 家有重腿之人，乡无颁白之老，谈者之过也。地边岭瘴，
> 大抵炎热，寒暑晦明，未愆时序，而云秋有爀曦之日，
> 冬无凛冽之气，传者之差也。巴蛇食象，空见于图书；
> 鹏鸟似鸦，但闻于词赋。则知前古之善恶，凡今之毁誉
> 焉，可为信哉？

此处所言乃是长沙风貌，汉代贾谊去之前闻其卑湿，"自以寿
不得长"，但张谓却认为乃是传言的夸张，用亲身的实践告诉
世人这里并没有那么可怕。贾、张之差异，宁非汉唐之差异
耶？如前揭所示，汉至南北朝众口一辞，皆指南方卑湿可致
夭亡，为南方开脱者盖寡。唐以来此观念则出现动摇，此可
视为北方人对南方地理全新认识之开端。至宋代，这种认识
更加成熟，例如苏轼。东坡是一个非常有趣的、永不油腻且
充满好奇心的人，他勇于尝试一切新鲜事物，永远相信用自
己的眼睛感受世界而不仅仅依靠书本，所以他可以改良古人
炼丹法，发明尿罐炼丹，可以尝试自制蜂蜜酒，等等。古人
视岭南为畏途，韦执谊、李德裕之类到了海南不久就郁郁而
终，但苏轼被贬海南却四处游历，发现了百岁之乡，《书海南
风土》云："然儋耳颇有老人，年百余岁者，往往而是，八九

十岁者不论也。乃知寿夭无定，习而安之，则冰蚕火鼠，皆可以生。"在人人厌恶的岭南，他可以发出"日啖荔枝三百颗，不辞长作岭南人"的快乐声音。对于瘴气，他也相信自己的实际感受，《与王庠序》云："瘴疠之邦，僵仆者相属于前，然亦皆有以取之，非寒暖失宜，则饥饱过度，苟不犯此者。亦未遽病也。若大期至，固不可逃，又非南北之故也。以此居之泰然，不烦深念。"《与吴秀才三首》："夫南方虽号为瘴疠地，然死生有命，初不由南北矣。"苏轼认为，只要注意寒暖饥饱，不冒犯瘴疠，均可泰然处之，人生死有命，"不由南北"。这应该被视为时代疾病观的进步。

宋代以后，随着岭南日渐开发，瘴乡之污名从这里逐渐褪去。道光年间张际亮在拜谒韶关唐宰相张九龄祠时也留下一番耐人寻味的论述：

> 刘禹锡贬连州，乃追怨张曲江昔曾言流官不宜与善地，故卒无后云云。然唐时岭南节度已为雄镇，其僚佐多一时名流，未闻有瘴乡之感。然则诸臣过岭而愤恨不平者，皆为迁谪故耳，岂必果其地水土恶劣哉！今中外一家，南北富庶，然南方实乐于河朔，以今推昔，亦可知也。

张际亮谈到了清代南北文化的融合（中外一家）、南方生活条件优于北方（南方实乐于河朔），指出唐代的岭南恶名实际上来源于被贬谪者的恶劣心情，并非因为南方真的环境恶劣，这则又涉及史料的"话语权"问题。此可谓以清人之"岭南观"驳唐人之"岭南观"。千年以来南方风貌变化之速度，远不如人心之变化。

瘴气起自对多种南方地方病的恐惧，在口耳相传中变得越发神秘恐怖，甚至成为南方不开化的象征，但南北方的交融和南方最近一千年的长足开发，以及人们应对疾病能力的增强，使得恐惧感逐渐消退。而现代医学概念对于瘴气这个概念进行了最后的拆分，疾病终于回归疾病，再也不是神秘恐怖的符号了。

观念，这一切都是观念的变化史。

第八章

天命还是疾病？解析古时的"圣贤异相"

　　古人出于天命观，总要为名人渲染一个神异的出身，所谓圣人必有异相，他的出生、外貌、身体特征总要有异于常人之处，由此可以证明天命之所归。先秦时期还没有这种思想，到了汉代尤其是汉武帝大兴儒术之后，神学化的汉代儒学逐渐塑造出了很多神异现象，例如圣人出现常伴随着黄龙、麒麟、凤凰、甘露、朱草、灵芝、彩云等的出现，身体也有各种异于常人的地方，例如重瞳，手长过膝，一字眉，体有三乳、四乳等。进一步再反推历史，给仓颉与尧、舜等传说人物也编出了各种代表道德品质和卓越能力的神异表现。《淮南子》说："若夫尧眉八彩，九窍通洞，而公正无私，一言而万民齐。舜二瞳子，是谓重明，作事成法，出言成章。禹耳参漏，是谓大通，兴利除害，疏河决江。文王四乳，是谓大仁。"

　　神异现象可以帮助完成王权与神权的结合，中国的君主同时身兼国家大祭司（这与西方的教皇与皇帝之间的抗衡关系不同），以天命渲染政权的合法性，以祭天、祀宗庙等方式强化其身份，与此同时，臣下也可以用天命、五德终始说来约束皇帝，所以这种史籍中的异象就是君主与文人心照不宣的文字游戏。

　　很多异象是身体之外的。例如魏文帝曹丕出生时据说有青色云气形成车盖笼罩上方；晋元帝司马睿出生时有神光，照耀一室尽明，他母亲所躺着的藁草垫突然返青，像刚割下来一样（古代产妇身下垫草垫，目的是便于清理血污、羊水等，所以婴儿降生也被称为"落草"）；刘宋开国皇帝刘裕出生时"神光照室尽明，是夕甘露降于墓树"；南齐齐武帝萧赜出生时祖母、母亲都梦到屋顶盘着龙；北魏孝文帝出生时"神光照室，天地氤氲，和气充塞"；北周武帝宇文邕出生时"有神光照室"，唐太宗出生时"时有二龙戏于馆门之外，三日而去"；明太祖朱元璋降生时"红光满室"……凡此种种，不一而足。

　　还有的则是身体的异象，或者可称为"异相"。例如刘邦股有七十二颗黑痣，刘备"身长七尺五寸，垂手下膝，顾自见其耳"，即手长过膝盖，耳朵很大，自己可以看到。南梁武帝萧衍右手有个"武"字，宋真宗左脚趾有"天"字，等等。这些身体的异相有的可能是编造，有的则是对于事实的理解偏差。古人没有今人的科学知识，思维模式也不同，在"圣人必有异相"思想的影响下，会把一些生理现象或者疾病理解为异相，然后渲染夸大，构造出神奇之处。下面就来谈谈一些被歪曲理解的疾病或者生理现象。

一、项羽重瞳

项羽以重瞳而著称。重瞳也称重明、重华、双瞳，就是一个眼睛里有两个瞳孔，历史上多位名人有重瞳子，如虞舜、项羽、王莽、吕光、李煜、明玉珍等。《史记·项羽本纪》："太史公曰：吾闻之周生曰'舜目盖重瞳子'，又闻项羽亦重瞳子。羽岂其苗裔邪？"这是当时的传闻，是否真实并不清楚，但起码说明人们认为项羽等人有这样的异相。

那么究竟什么是重瞳？字面意思是同一眼里有两个瞳孔。但是现实生活中似乎从未见过这样的眼睛。晋文、赵怡冰《"重瞳"记载的起源、内涵和转变——从项羽重瞳说起》认为："'重瞳'记载的对象有很强的针对性，以君王圣贤为主，从汉代开始流行。先秦人物的'重瞳'应多为后世补叙或附益之说。……后世的统治者和文人出于当时的政治需要，为'重瞳'增添了新的内涵，并寄托于古代圣贤身上，因而先秦人物的'重瞳'直至千年甚至几千年后才开始被文献广泛提及。"也就是说，先秦的那些"重瞳"记载可能是在秦汉以后已经有了"重瞳为异相"的观念之后人为塑造出来的。

那么司马迁所说的项羽重瞳是真是假呢？我的意见是不可轻易否定。因为司马迁距离项羽时代不算很远，而且司马迁是项羽的"粉丝"，对其崇拜之情溢于言表，甚至不惜冒着

"政治不正确"的风险将其列入"本纪"之中。还有很重要的一点：司马迁有女婿名杨敞（后来在汉昭帝时期官拜丞相），他是赤泉侯杨喜的曾孙。而杨喜曾是刘邦手下干将，最后追击并逼死项羽的功臣之一，《史记·项羽本纪》："是时，赤泉侯（杨喜）为骑将，追项王，项王瞋目而叱之，赤泉侯人马俱惊，辟易数里。"这里司马迁详细描述了亲家先人近距离被项羽吓退的狼狈样。项羽自杀后，因为追击有功，五名军人同时封侯，《史记·项羽本纪》《汉书·高惠高后文功臣表》记载五人是杨喜、王翳、吕马童、吕胜、杨武。其中获得项羽头颅的是王翳，杨喜等各获得尸骸一块。也就是说，杨喜近距离接触过项羽，对于项羽的外貌有过直接的观察。而他可能把这个作为"创业史"讲述给后人，而司马迁是从女婿那里听来的。这虽然不是一手资料，但起码是有迹可寻的。

所以项羽重瞳不可轻易否定。假如记述为真，那么究竟是什么病？人不可能真的有两个瞳孔，有人解释为是虹膜炎导致瞳孔由"O"形变形为"8"形。虹膜炎的确可能引起瞳孔收缩、边缘不规则，但这种病有周期，一般只能持续4—8周，不至于被人作为一种外貌"异相"记录下来。更重要的是，假如发生如此严重的瞳孔变形，那么项羽应该已经有视力障碍，会影响到军事行动，但是史籍中没有这样的记载。

所以把"重瞳"解释为结膜黑色素斑、结膜黑变病也许更为合理。结膜黑色素斑，或者说结膜黑变病（Conjunctival Melanosis）有可能发展成结膜黑色素瘤（Conjunctival Melanoma），是一种少见的黑色素瘤（恶性）。这种黑色素瘤有时就在瞳孔旁，突出表面，乍看起来像是另一个瞳孔。而且还有些人的病灶一直停留在黑色素痣阶段，没有发展为恶性黑色素瘤，那么看起来也会类似两个瞳孔。

　　黑色素瘤或者黑色素痣，病情没有恶化的时候，暂时不会影响视力，其症状都是在瞳孔旁有深色斑，所以可能会被古人理解为"重瞳"。由于这种病较为少见，所以很容易被塑造为"异相"。项羽也许就是一位患者。吕光、李煜等可能也是如此。当然，历史上得这种病的不可能只有名人，但只有名人的病才会被附会为"异相"。

二、石勒耳鸣

后赵创始人石勒是羯族人（有关石勒族属有不同说法，这里暂从《晋书》）。少时家贫，甚至差点被晋人掳为奴隶。但据说他也生有异象，《晋书·石勒载记》："勒生时赤光满室，白气自天属于中庭。"这都是老套的桥段，不必当真。又记载说："所居武乡北原山下，草木皆有铁骑之象，家园中生人参，花叶甚茂，悉成人状。……每闻鞞铎之音，归以告其母，母曰：'作劳耳鸣，非不祥也。'"据说石勒家的人参是人形（他家在今山西，此处人参有可能指的是党参。魏晋隋唐是否能分清桔梗科的党参和五加科的人参是个著名的学术公案，这里暂且不提），草木皆像兵马之样（正宗的草木皆兵），而且石勒时常听到"鞞铎之音"，"鞞"古同"鼙"，是鼓的名字（所谓"渔阳鼙鼓动地来"），"铎"为金属打击乐器，类似大铃，鼓和铎都是古代战场上发信号的用具，石勒听到这种声音，告诉母亲，母亲认为是耳鸣而已。但是在石勒称王后，这都会被附会为异相，尤其是"鞞铎之音"，不正是意味着石勒命中注定是要带兵平定天下之人吗？

其实石勒的母亲应该是对的，石勒自小就在田里劳作，疲劳可能会引发耳鸣，这一点是常识。但是石勒自小胸怀大志，他会把草木异象、"鞞铎之音"全部都理解为天将降大任于斯人也的象征，从而帮助他确立野心，尤其在掌握政权后，这更是宣传君权神授的好材料。

这里涉及一个名词——幸存者偏差。要说这种寒微之时靠周边或者身体异相给自己加油鼓劲甚至树立野心的人历史上应该不少，但多数人会失败，失败者是不可能留诸史册的，而成功者如石勒等人的事例会给部分阅读史籍者留下一个印象，即成功者皆有异相，甚至反过来推导出"有异相者必然成功"，这是缺乏逻辑训练者常犯的错误。

三、李渊三乳

《册府元龟》卷四四记载了唐高祖李渊的异相："体有三乳，左腋下有紫志（痣）如龙。"《新唐书》卷一："体有三乳，性宽仁。"这里共同提到李渊有三个乳房。无独有偶，《淮南子》曾说周文王体有四乳。这些异相不一定是假，只是史官不知道这是一种生理现象——副乳。副乳是指人体的多余乳房，有时生在胸口旁腋前乃至腋下，也有生在正常乳房的上下的，有的甚至到了腹股沟。副乳是一种异常生理现象，人类胚胎从腋窝到腹股沟的两条线上长有 6 到 8 对乳腺始基，出生前只会保留一对，其余的都退化了。如果发育异常，乳腺始基未完全退化，就可能形成副乳。有的乳房隆起并不明显，但乳头清晰可见。

说到此，就不得不说李世民吮吸李渊之乳之事。玄武门事变时，李世民惊险杀死李建成和李元吉之后，率领尉迟敬德等出现在李渊面前，"世民跪而吮上乳，号恸久之"（《资治通鉴》卷一九一）。也就是抱着李渊大哭，并且吮吸李渊的乳头。这毫无疑问是情绪大爆发之后的举动。至于吮吸的是不是李渊的副乳，这就不知道了。

这个怪异的举动让后人猜测不断。李宗侗、夏德仪《资治通鉴今注》认为李世民是重复儿时举动，以示父子亲密无间，不忘父恩，发动政变并非忤逆之举。胡戟、胡乐《试析玄武门事变的背景内幕》看法类似，认为可能是李世民儿时有吸吮父亲乳房的习惯。阎爱民《〈资治通鉴〉"世民跪而吮上乳"的解说——兼谈中国古代"乳翁"遗俗》认为这个举措可能来自古代的"乳翁"现象，宋代《岭外代答》说："獠妇生子即出，夫惫卧如乳妇，不谨则病，其妻乃无苦。"就是南方少数民族产妇生了孩子后就走出产房，由孩子父亲进来假装产妇哺乳，理由是可以不得病。乳翁又被称为"产翁"，《南楚新闻》："越俗，其妻或诞子，经三日，便澡身于溪河。返，具糜以饷婿。婿拥衾抱雏。坐于寝榻，称为产翁。"罗伯特·麦克艾文《夏娃的种子》认为男人的这种行为是其"子宫嫉妒"心理的表现，有人分析说这是父权社会兴起后，为了表示孩子的血统以父系为基准，将生养孩子的象征性举措哺乳强行划归给男性，做一场象征性举措，表明孩子的归属。这个风俗曾广泛存在于世界各地，包括印第安人、高加索地区、欧洲比利牛斯山、南非的卡菲尔人、印度的阿萨姆人及部分坎纳拉人、加里曼丹的达雅克人等。但这里的问题是南方少数民族的风俗是否能影响到李世民，这是个大大的疑问。

朱振宏《唐太宗"跪而吮上乳"试释》则认为，在唐太宗吮乳之前，李渊看着李世民和杀气腾腾的尉迟敬德曾说了一句"近日以来，几有投杼之惑"（《资治通鉴》卷一九一）。这里借用了"曾母投杼"的典故，孔子的学生曾参的母亲原本认为儿子是忠厚之人，但接连三次听到"曾参杀人"的谣言后，信以为真，投下手中纺织用的机杼而逃，典故引申意思是流言可畏，导致母子之间都失去信任。朱振宏认为，李渊是借用了草原游牧民族的风俗，草原游牧民族可能父子相残、兄弟相杀，但"不害其母"（《后汉书》卷九〇），深受草原游牧民族文化影响的李渊这样说实际上是在向李世民道歉，以求李世民不杀他。以"投杼之惑"将自己比喻为被流言迷惑的母亲。李世民跪吮李渊之乳，实际上是表示将把李渊当作母亲善待之。

笔者觉得，可能正是因为李渊体有三乳，建唐后反复宣传这一点，以比附周文王，渲染圣人异相，所以李世民听到投杼之惑四个字后，下意识做出了这个举动。

四、赵匡胤"体有金色"

众所周知，赵匡胤是靠着陈桥驿兵变，"黄袍加身"成为皇帝，夺取了后周的江山。他之所以搞出这个戏剧化举动，当然首先因为"黄袍"是皇帝专用服装，象征着皇权，其次，恐怕也与他出生时候的所谓异相有关联。

皇帝服装原本没有专用颜色，秦始皇时期"尚黑"，这与秦朝自认为自己是水德有关。后世皇帝，穿黑色、红色、黄色服装的都有，无一定之规。隋文帝好穿"赭黄文绫袍"，赭黄色开始逐渐成为皇帝专用色，宋代《野客丛书》："唐高祖武德初，用隋制，天子常服黄袍，遂禁士庶不得服，而服黄有禁自此始。"赭黄色黄中带赤，色泽略深，从隋代到元代，皇帝常服赭黄色圆领袍服，比如赭黄襕袍等，明代开始出现明黄色。清代皇帝龙袍正式确立为明黄色。

可以想见，当时在兵变现场，部下们就是把这样一件赭黄色的袍服披在了赵匡胤身上（《旧五代史》则记载说"裂黄旗以被帝体，以代赭袍"），象征着拥立其称帝。所以赵匡胤称帝后所宣传的异相也与"黄"这个颜色有关。

《宋史·太祖本纪》记载赵匡胤"后唐天成二年，生于洛阳夹马营，赤光绕室，异香经宿不散，体有金色，三日不变"。所谓"赤光绕室，异香经宿不散"是历代帝王渲染出生异象的常用桥段，可不必认真。而所谓"体有金色，三日不变"则是与其他帝王不一样的地方。这极有可能是新生儿黄疸。病因是胆红素代谢异常，胆红素水平升高，导致皮肤、黏膜及巩膜出现黄染，其中生理性黄疸是自限性疾病，在出生后 2—3 天出现，4—6 天达到高峰，7—10 天消退，所谓"三日不变"可能说的是病程高峰那三天。

这本来是疾病而已，但古代医学没办法给予科学的解释。父母辈告诉赵匡胤之后，可能使他产生"与众不同"的自负感，条件成熟时极可能帮助他确立了野心。自古以来有不少谶言、异象是大人物成功之后人为编造的，但也不排除有些谶言、异象确实曾经存在，而它们之所以能够变成现实，重要的一点在于帮助当事人确立野心。人有野心不一定成功，但没有野心万万成功不了。异象能够帮助当事人确立野心，同时给他以强大的精神支撑，与此同时，迷信的古人闻听某人有异象之后，可能会在心理上慑服于他，从而起到收拢人心的作用。

赵匡胤"体有金色"的异相可能帮助他埋下了野心的种子，尤其是经过隋唐两代皇帝的明令，黄颜色已经成为皇权的象征。这恐怕让赵匡胤更加暗地里相信自己是天命之所归。当手握兵权、条件成熟的时候，黄袍加身也就是水到渠成的事情了。*

---

* 本章写作得到北京协和医院呼吸内科邵池先生指点和帮助，特此鸣谢。

第九章

针拨白内障

——一项传奇手术的历史

　　1975 年 7 月 23 日晚上 11 点半，毛泽东住所书房内，一场众人期待已久的手术开始了。手术目的是治疗毛泽东的左眼白内障，主治大夫是唐由之——一位当年 49 岁的中医，北京广安门医院眼科主治医师。与一般中医不同的是，唐由之主要以手术见长，尤其是针拨白内障术。这场手术无疑是令人紧张的，护士测量发现唐由之的心跳达到了每分钟 120 下，有的医生失手将水壶打翻在地，但是毛泽东一直很平静，听着钢丝录音机播放的《满江红》接受手术。唐由之定下神来，仅仅用了四五分钟的时间就完成了手术。结果很成功，短短的康复期后，毛泽东左眼重见光明。高兴之余，毛泽东要来纸笔，写下鲁迅诗句"岂有豪情似旧时，花开花落两由之"，赠送给了唐由之。（孟兰英《眼科专家唐由之回忆：毛主席听〈满江红〉做手术》）

　　那么，中医为何能做白内障手术呢？这和一般认知中的中医不擅长手术，是否有所矛盾？事实上，早在一千多年前，中医已经有了初步的白内障手术法。

一、金篦术的起源

　　唐由之所操持的针拨白内障手术，是他本人在古代的针拨术基础上改进而来的。针拨白内障又叫"金篦术"，因使用金针为手术工具而得名，由古印度阿育吠陀医生 Sushruta 在公元前 4 世纪发明，汉代以后随着佛教传入中国。北凉时期翻译的《大般涅槃经》卷八：

> 是时良医即以金錍决抉其眼膜。

"錍"同"鈚"，是一种类似箭头的扁长锐利工具，发展到后世就演变成所谓的"金针"。南北朝时期这种手术已经得到了运用，《梁书》卷二二《太祖五王·鄱阳忠烈王恢传》：

> 后又目有疾，久废视瞻，有北渡道人慧龙得治眼术……及慧龙下针，豁然开朗，咸谓精诚所致。

到了唐代，这种手术运用更为广泛，在众多名人笔下都留下了印记。杜甫《秋日夔府咏怀奉寄郑监李宾客一百韵》："金篦空刮眼，镜象未离铨。"刘禹锡《赠婆门僧人》："三秋伤望眼，终日哭途穷。两目今先暗，中年似老翁。看朱渐成碧，羞日不禁风。师有金篦术，如何为发蒙。"

二、白居易的眼疾

在众多患者中，白居易十分引人瞩目。他中年以后患有白内障，长年求医效果不佳，最后决定以手术方式解决。为此写了《眼病二首》："散乱空中千片雪，蒙笼物上一重纱。纵逢晴景如看雾，不是春天亦见花。僧说客尘来眼界，医言风眩在肝家。两头治疗何曾瘥，药力微茫佛力赊。""眼藏损伤来已久，病根牢固去应难。医师尽劝先停酒，道侣多教早罢官。案上谩铺龙树论，盒中虚捻决明丸。人间方药应无益，争得金篦试刮看。"日本学者埋田重夫曾著文《眼病对于白居易的意义——视力障碍给诗人带来了什么》，认为《眼病二首》写于白居易五十四岁之时。

从症状和年龄来看，白居易似乎患有白内障。但是《与元九书》里有提到"瞀瞀然如飞蝇垂珠在眸子中者，动以万数"，似乎又有飞蚊症。在《花非花》里又说"花非花，雾非雾。夜半来，天明去。来如春梦不多时，去似朝云无觅处"，这种"夜半来天明去"夜重晨轻的症状似乎又证明伴随有青光眼。白居易为了解决"纵逢晴景如看雾"的苦恼，多次寻求解决办法。从诗句来看，他可能曾同时求助于僧道和医家，"僧说客尘来眼界"，所谓"客尘"乃佛教用语，指的是染污心性的外来烦恼，与"自性清净"对称。医家则认为"风眩在肝家"，即认为患的是风眩，风眩乃医学用语，南朝徐嗣伯曾撰有《风眩方》一卷。风眩一词包含广泛，可能包括今人所说的癫痫、偏头痛、高血压等，传统医学认为肝不藏血，血气亏损，风邪上乘，《黄帝内经》有"诸风掉眩皆属于肝"的记载，《龙树菩萨眼论》也有"肝热""肝风"的病因分析，故有"风眩在肝家"之说。而且医家还劝告白居易戒酒，这是白居易的软肋，他一生爱酒，"平生好诗酒"，而酒精是一切眼病的大敌。白居易还可能求助于道士，道士则秉着清静无为的原则劝告他"早罢官"。

在万般无奈下，白居易还自己翻看医书，所谓"龙树论"应该就是《龙树菩萨眼论》，眼科专书，可能是隋唐时期成书，从书名到内容都受到了印度医学的巨大影响。该书记载了金篦术："若翳状已成，非汤药所及，徒施千万，亦无一效。唯用金针拨之，如发云见日。"白居易说："案上谩铺龙树论，盒中虚捻决明丸。人间方药应无益，争得金篦试刮看。"应该就是在看了《龙树论》之后认定药物治疗已经无效，于是求助于金篦术。但是这个手术有较大风险，"此法治者五六，不治者亦四五"（《原机启微》）。白居易是否根除了疾病不得而知，从白居易晚年疾病诗来看，情况似乎并没有得到彻底缓解，白居易还不时抱怨"眼昏"，但他活到七十余岁，生活质量看起来也还不错，还得意赋诗云："有堂有庭，有桥有船。有书有酒，有歌有弦。

有叟在中，白须飘然。识分知足，外无求焉。"（《池上篇》）所以晚年那些哀叹眼昏的诗歌，也许包含了诗人固有的夸大习惯吧。

三、从胡药胡医到本土化

印度地界炎热，眼病患者众多，这大约是促生先进眼科医学的重要因素，所以印度眼医在中国很受欢迎，刚才提到的刘禹锡诗就是赠给"婆罗门僧"的。所谓婆罗门僧在中国广泛介入各种医疗活动，连唐太宗也曾服用其丹药。唐后期南诏攻打成都的时候，还特地劫走了城内的胡人眼医（极可能是印度医生）。在眼科用药方面，印度医学也产生了重要影响。例如玛瑙，现代中国的北方部分地区是产玛瑙的，但是宋以前的玛瑙绝大多数来自异域，玛瑙在古文献中有马脑、玛瑙、马瑙、码磟等多种写法，很可能为外来词的译音。《太平御览》卷八〇八马脑条："魏文帝曰：《马脑勒赋》曰：玉属也，出自西域，文理交错有似马脑，故其方人因以名之。"玛瑙经常被胡医用于治疗眼疾尤其是白内障，唐陈藏器《本草拾遗》："主目生障翳，为末，日点。"李时珍把这一条收入了《本草纲目》。这个疗法极可能就是胡医带来的。再例如西北出产的胡盐，从名字上就能看出它与境外医学的关系。《宋书·张邵附伜畅传》："胡盐疗目痛。"陈明《〈医理精华〉：印度古典医学在敦煌的实例分析》对于中古时期各种眼疾药用盐进行论述，从中能看出那时候对于药用盐的普遍追求。到了后来，西北地区的药用盐甚至成了重要的经济、政治斗争工具，《册府元龟》记载，唐元和五年曾有渭北党项拓跋公政等一十三府连状称在盐州放牧十五年，愿定居于此，这就是因为药用的青白盐利润丰厚。这些盐后来成了西夏经济基础之一，宋曾以禁青白盐贸易来惩罚党项李继迁。

　　虽然胡医、胡药在眼科领域内大有光环，但是失败的案例也屡见不鲜，鉴真和尚就是其中一位当事人。在第五次东渡过程中（天宝七载，748年），鉴真乘坐的船只遭遇风浪，在海上漂泊十四天，濒临绝境之时终于在海南岛振州靠岸，后来从那里返回内地。路途中，鉴真的重要助手相继去世，他心情郁闷，再加上热带炎热的摧残，眼睛出现了问题。鉴真自身精通医药，但是可能是出于"医不自治"的传统，或者是被胡医光环所迷惑，他还是延请了一位胡医，"频经炎热，眼光暗昧，爰有胡人言能治目，请加治疗，眼遂失明"（《唐大和上东征传》）。这是一次失败的治疗，究竟是什么眼病、有无采取手术手段、哪里失误也不清楚，唯一确定的是从此鉴真双目失去了光明。但大约也正因为如此，才为他矢志不渝的精神增添了一个浓墨重彩的注解，紧闭双目的鉴真成了勇敢、毅力的代名词和中日文化交流的代表性人物。

　　还有一种失败是"不适合"，针拨白内障法不能适用于所有白内障患者，杜牧就经历了这样一个痛苦无奈的过程。他的弟弟杜顗曾为镇海军幕府吏，患有白内障，在扬州求医问药而不成，后来听说有治眼名医石公集，于是请石公集到扬州，行针拨白内障手术，但依旧没有治愈。会昌二年（842）"虢州庾使君"告诉杜氏兄弟同州还有一个眼医周师达，水平在石氏之上，杜牧以重金聘请周师达前来，但是周只是指出石公集诊断失误，认为杜颛的病不适合实施手术，"嗟乎，眼有赤脉，凡内障脂凝，有赤脉缀之者，针拨不能去赤脉，赤脉不除，针不可施，除赤脉必有良药，某未知之"（《上宰相求湖州第二启》）。未采取措施即离去。此处所说的"赤脉"有可能指白内障与角膜血管翳并生，血管绵延向瞳孔，包裹角膜，从而导致失明。此病现代手术尚且有一定风险，唐人更无法应对。杜牧兄弟只能由极端的希望转向极端的失望。由此可见，《原机启微》所说的"此法治者五六，不治者亦四五"不是一句虚话。

从唐朝开始，针拨白内障法已经彻底成为中国传统医学的一部分，胡人色彩逐渐褪去，围绕它产生了很多本土名医。宋代苏轼曾有《赠眼医王生彦若》，记载了亲睹的针拨白内障手术场面，操持者是名医王彦若："而子于其间，来往施锋镞。……运针如运斤，去翳如拆屋。"苏轼是一个充满好奇心的人，勇于尝试任何新鲜事物，常常具有打破砂锅问到底的精神，在旁观手术的时候看到王彦若运针如神，去翳如拆屋，一时惊叹不已。紧跟着他开始怀疑王彦若会法术："常疑子善幻，他技杂符祝。"古代医巫不分，医者操行幻术也是时常有的事，所以苏轼认为王彦若在使用法术也是当时正常的"联想”，但是王彦若却来了个不予置评："子言吾有道，此理君未瞩。"大致意思是我自有我的方法，这个道理你看不懂和你也讲不清楚，干脆利落地阻击了苏轼进一步探索的科学精神。

王彦若之所以拒绝苏轼的探问，估计除了手术技法复杂，难以一言半语解释清楚之外，还有个重要的因素就是保密。所谓"教会了徒弟，饿死了师傅"，是中国古代所有技术阶层的共识，中国古代医人以世俗医为主，生计指靠市场，一招鲜吃遍天，所以特重保密。孙思邈曾说有的医者甚至父子之间亦严格保密，眼科这个领域自然不会例外。甚至连药名都花样百出，目的无它，就是为了保密。宋代洪迈《夷坚志》记福州某人患眼疾，好友赵子春声称有特效药"二百味草花膏"。二百味药的"大型"药方几乎是不可能有的，所以患者质疑二百味药何时可以凑得？过了几日赵子春携来药品，果然奇效，患者不久痊愈。再三追问，可能是碍于友情，赵子春解释说该药其实只是羖羊胆，去油脂填蜜，晒干碾粉，既然只有两味药，那么为何叫"二百味草花膏"呢？"以蜂采百花、羊食百草"，两个"百"相加故曰二百，目的就是"故隐其名以眩人云"。这种保密让人啼笑皆非。宋代《秘传眼科龙木论》："不是医人夸巧妙，万两黄金永不传。"大约也是这种保密行为的体现。

四、绵延千年的技术之光

宋代还有一则有关针拨白内障的故事。绍兴十二年（1142）宋金和议，夏四月，高宗生母韦妃（显仁皇后）扶徽宗棺椁归宋。临行时宋钦宗苦苦恳求转告高宗，若能回宋，只要当太乙宫主即可。韦妃哭着回答："吾先归，苟不迎君者，瞽吾目也。"但是回来后却再也不敢提出迎宋钦宗之事，原因很简单，接回宋钦宗之后，宋高宗地位会十分尴尬，位置不保，谁敢提这事，就是在触碰宋高宗的底线。

晚年时韦氏患目疾，招募医生治疗，此事在《宋史》卷四六二如此记载："皇甫坦，蜀之夹江人。善医术。显仁太后苦目疾，国医不能愈，诏募他医，临安守臣张俣以坦闻。高宗召见，问何以治身，坦曰：'心无为则身安，人主无为则天下治。'引至慈宁殿治太后目疾，立愈。帝喜，厚赐之，一无所受。"但是在《雪履斋笔记》却是如下记载："宋显仁后韦氏两目失明，募医疗者，莫能奏效。有道士应募，金针一拨，左翳脱然复明。后喜，请治其右，报当不赀。道士曰：'后以一目视足矣。彼一目存誓可也。'后恻然起拜。"即道士使用针拨白内障法治好了韦氏一只眼，却拒绝治疗另一只，原因是提醒韦氏违背了当年的誓言。此事真假不可知，道士有无胆量挑战宋高宗底线也是个疑问，也许《雪履斋笔记》记载的只是一个"段子",但是这个段子的流行,也从侧面反映出民间对于针拨白内障神技属性的认可。

宋代以后记述针拨白内障的医书可谓层出不穷,例如《龙木论》极有可能脱胎于白居易所说的《龙树论》,避宋英宗赵曙的名讳改为现名,但内容更加丰富,将白内障的老年型、先天型、外伤型、并发型作了区分。该书还成为宋太医局教材。宋代《太平圣惠方》,元代《原机启微》,明代《银海精微》(托名孙思邈)、《证治准绳》,明清之际的《审视瑶函》,清代《张氏医通》《医宗金鉴》《目经大成》等等都有关于这项手术的记载。《龙树菩萨眼论》还传播到朝鲜,成为《东医宝鉴》的一部分。

《东湖集》里甚至还记载有医者劝告患者:你的白翳不够厚,所以还不到手术时机,可以多吃一些"发物",待以时日,让白翳增厚,然后一举剥离。这种从容无疑是建立在丰富的经验基础之上的。清代《目经大成》将这种手术归结为八法:一曰审机,二曰点睛,三曰射覆,四曰探骊,五曰扰海,六曰卷帘,七曰圆镜,八曰完璧。那时候的针拨白内障技法可以说已经日趋成熟,例如对于进针部位(角膜与外眦中点),对白内障剥离后的位置观察等,都颇符合科学之道。

可以说,正是站在古人的肩膀上,唐由之才有了白内障针拨套出术的发明。虽然现在已经有了比针拨白内障更先进的治疗手段,但是依然掩盖不住这项手术的熠熠光辉,这是一道顺着丝绸之路放射进来并且绵延千余年的技术之光。

第十章

神医的代表华佗和
中医外科术

　　传统医学与中国历史上的传统技术一样，经常有一些令人惊叹的成就，但看待中国传统医学发展史上的各种成就，必须坚持"点、线、面结合"的原则，要明了传统医学曾经达到过的高度（所谓各个"点"），又要顾及中国传统医学"经验之学"的特色以及私相授受的教育模式（所谓"线"），还要考虑这项技术是否得到发扬光大，并且转化成公共技术，从而对医学的发展和社会福祉产生重大影响（所谓"面"）。并非所有的医学成就都经历过点—线—面的历程，有时"点"永远是"点"，并没有对中国传统医学和全社会产生深远影响。探索此类现象的原因可能更有助于历史真相的发掘。

　　华佗外科术就经历了这样的历程。而且颇具黑色幽默的一点是：古人曾拒绝承认华佗外科术的存在，认为不过是妄诞传闻；但在近代西医外科手术进入后，部分国人又开始为华佗塑造"外科鼻祖"之形象。华佗大约也想不到，死后近两千年还有这么多的话题附加在他身上。

　　有关华佗的传说实在是太多，比如华佗曾提议用斧子劈开颅骨为曹操施行手术，华佗曾为关羽刮骨疗毒，华佗曾为司马师动过眼部手术，华佗并不存在，华佗外科术来自印度……这些是真的吗？

一、华佗生平

华佗是东汉末期名医，擅长本草、针灸，曾发明五禽戏，最出名的当然是他的外科手术和麻沸散。但是与一般民间游医不同，华佗本出身士人阶层。《三国志》说他"以医见业，意常自悔"。那时候的医生是个卑贱身份，西汉的楼护本来是一个颇有前途的医人，能背诵数十万字的医书，随同父亲到长安各个达官贵人家行医，贵人们一方面慨叹于这个年轻人的医技之高，一方面又替他惋惜，认为没搞正经学问，那时候的正经学问自然就是经学之类，受刺激的楼护最终弃医从政。一直到唐代，韩愈还在说："医巫乐师百工之人，君子不耻。"

本是士人，一旦从医就是一生的耻辱，《世说新语》记载大臣殷浩"妙解经脉"，但这只是个人爱好，对外保密，更不要说公开坐诊。有一部下老母病重，该部下深知殷浩医术之高，万不得已求其诊病，"浩感其至性，遂令昇来，为诊脉处方，始服一剂汤，便愈。于是悉焚经方"。殷浩被他的孝道感动，把脉诊治，候其母病愈，要回处方纸，一把火焚毁，以免传出去害了自己的名声。此举足见六朝医学地位之卑贱。

华佗自然不能免俗，原本来到曹操帐下，医术可能只是一个敲门砖，想借此受到曹操重视，走上仕途，有一番大作为。但是没想到，在曹操眼里他始终就是一个"医工"。这让华佗无比失望，最后借口妻子得病，要返回老家。曹操屡次召其回来，但华佗拒不从命。曹操一怒之下，派遣使者去华佗家查验其妻是否真的得病，而且一贯有心计的曹操命使者车上带着小豆四十斛，如果验证为真，就势把小豆赐给华佗以示慰问，假如验证不真，便立即逮捕。

华佗哪里是曹操的对手，就这样锒铛入狱，最后被处以死刑。有人劝曹操不要杀害能人，曹操回答说："不忧，天下当无此鼠辈耶？"临死前，华佗书写医书一卷，交给狱吏，希望能传布社会，但狱吏怕惹事，拒不接受。华佗只好一把火将其焚毁。一代名医就此殒命，曹操由此也晋身为中国历史上最著名的医闹。

这一切的起因可说是华佗求官不得，心理失衡而决定离开，但这无可厚非，彼时士人皆以当官为人生出口，华佗这样做非常正常。而且华佗懂择主而事，先前沛相陈圭举华佗为孝廉，太尉黄琬征辟，华佗皆不至，估计是因为陈圭依靠吕布，黄琬为董卓所立，华佗觉得危险。所以说华佗对曹操是有很高心理预期的，但最后这种预期落空，耻于为医，故离开曹操。

曹操是个看人下菜碟的主。在他面前装病的人不止一个，例如邴原"虽在军历署，常以病疾，高枕里巷"，再如杨彪"遂称脚挛不复行，积十年"，就因为他们是天下名士，所以曹操都选择了隐忍。而华佗不愿当医人，托词妻病返乡，立即遭到杀害，如此之险恶，让古之文人怎能断绝仕进之心？好当官本身就是社会整体安全感缺乏的体现。

华佗死后，恶果逐渐出现。首先，曹操一直有头风，华佗先前诊断认为无法去根，但可以减缓。华佗死后曹操头风越发严重，但嘴还是很硬："佗能愈此。小人养吾病，欲以自重，然吾不杀此子，亦终当不为我断此根原耳。"意思是华佗的确能治这个病，但这个小人欲"养病以自重"，和养寇自重一个道理，为了在我面前受青睐，所以华佗就是活着也不会为我除掉病根的。

但最后一个晴天霹雳终于让曹操承认了杀华佗的失误。以聪明著称的曹冲少年夭折，曹操无比悲痛，当着赶来劝慰的曹丕等人的面，曹操说："此我之不幸，而汝曹之幸也。"（《三国志》卷二〇）透露出曹操原本有以曹冲为世子的念头。所以此时的曹操才承认："吾悔杀华佗，令此儿强死也。"

二、华佗传说辨疑数则

(一) 为曹操施行开颅术之真伪

曹操有头风,《三国志》卷二一裴注引《典略》曰:"琳作诸书及檄,草成呈太祖。太祖先苦头风,是日疾发,卧读琳所作,翕然而起曰:'此愈我病。'"《太平御览》收有曹操遗嘱,《魏武遗令》曰:"吾有头病,自先着帻幩,持大服,如存时,勿遗。"他因为头病而时常着帻幩,西晋陆云还见过曹操生前所戴帽,《与兄书》曰:"一日案行视曹公器物,有一介帻如吴帻。"

那么有关华佗建议为曹操施行开颅术的传闻是否真实?这个故事尽人皆知,但很遗憾,在任何正式史料中都未见到这样的记载。《三国志》和《后汉书》华佗本传里只有华佗施行腹腔手术的记载,未见华佗能施行开颅术的记载。这个故事是《三国演义》的"演义"。那么由此而来的所谓曹操由此怀疑华佗要借手术机会暗害自己的说法,自然也就是虚无缥缈了。

(二) 华佗是否曾为关羽刮骨疗毒

那么华佗是否曾为关羽刮骨疗毒?首先可以肯定,关羽有过所谓的"刮骨疗毒"。《三国志·关羽传》:"羽尝为流矢所中，贯其左臂。后创虽愈，每至阴雨，骨常疼痛。医曰：
'矢镞有毒，毒入于骨。当破臂作创，刮骨去毒。然后此患乃
除耳。'羽便伸臂，令医劈之。时羽适请诸将，饮食相对，臂
血流离，盈于盘器。而羽割炙引酒，言笑自若。"这与《三国
演义》等小说描绘的基本类似。但值得注意的是，《三国志》
只说"医"，未说是哪个"医"，更没有提到华佗。且《三国
志》将此事系于关羽驻守荆州期间，而华佗早在此前就已经
死了。所以"刮骨疗毒"和华佗没有关系。

（三）华佗是否为司马师动过手术

还有一个传闻，华佗曾为幼年的司马师动过手术。而司
马师最后是在征途中旧伤迸裂导致死亡。那么此事是真是假？
沈约《宋书》："景王婴孩时有目疾，宣王令华佗治之，出眼
瞳割去疾，而内之以药。"

此事或可疑。一般认为华佗卒于建安十三年（208），是
年景皇帝司马师诞生，但月份不详，华佗死前有请假回家、
系狱等波澜，二者是否有机会谋面不可知。甚至吴海林、李
延沛编《中国历史人物生卒年表》推断华佗卒于建安八年
（203），李建民《失窃的技术——〈三国志〉华佗故事新考》
认为华佗至少卒于建安十二年（207）以前，果如是，则绝无
可能为司马师治病。而且为景皇帝治病乃"重要事迹"，《三
国志》《后汉书》之《华佗传》及二书所保存之《华佗别传》

均无载，相反为县吏、军吏治病之事却有载，此又一疑。《晋书》卷二《世宗景帝纪》："初，帝目有瘤疾，使医割之。"仅云"医"，而未云华佗，此三疑也。但无论如何，司马师幼年接受过眼部手术是确实的，施行手术者很可能并非华佗本人，而沈约将此归功于华佗，所据应为当时之传闻，这也是当时华佗外科术声名显赫之例证。

三、华佗外科术的历史渊源和医学原理

"华佗外科术外来说"渊源已久。陈寅恪《三国志曹冲华佗传与佛教故事》认为华佗是真实历史人物，但其事迹可能来自印度传说："夫华佗之为历史上真实人物，自不容不信。然断肠剖腹，数日即差，揆以学术进化之史迹，当时恐难臻此。"他认为华佗外科术事迹来自印度佛教故事，林梅村《麻沸散与汉代方术之外来因素》支持此观点。日本松木明知发表于 1980 年的论文《麻醉科學史研究最近の知見（10）——漢の名医華佗は實はペルシャ人だった》（《麻醉科学史研究最近の見解（10）——汉代名医华佗其实是波斯人》）认为华佗之名及其医术来源于波斯。以上论断的依据多为语音上的对音（主要是华佗和麻沸散的名字）及华佗事迹与外国传说之接近。印度历史上的确有外科手术的传说，例如《四分律》记载印度神医耆婆故事："耆婆即与咸食令渴，饮酒令醉。系其身在床，集其亲里。取利刀破头。"但类似是否意味着华佗技术必然来自印度？这恐怕是太过冒险的结论。目前已经有学者对这些文章中的语音证据、学术进化史的认识提出质疑，笔者亦认为，近年来考古发现可以证明中国在新石器时代即有外科手术，可见华佗事迹在学术进化史上并不算突兀。下面我们来逐次分析。

　　陈寅恪先生"然断肠剖腹，数日即差，揆以学术进化之史迹，当时恐难臻此"的看法，应是产生于阅读古籍时所感受到的华佗时代腹腔外科术之罕见。但是近年来考古活动证明，华佗的外科术并非孤例，以学术进化史而言，似有一条若隐若现的外科手术发展轨迹。据韩康信等人《中国远古开颅术》介绍：在国内考古中已经发现开颅术案例三十多起，其中可以确信带有病理治疗色彩的约有十一起，时间多为距今 4000—2000 年前。而 2001 年在山东广饶傅家村大汶口文化遗址 392 号墓发现的一个颅骨则将我国开颅手术历史上推到 5000 年前，该颅骨右侧顶骨有 31×25 毫米椭圆形缺损，"根据体质人类学和医学 X 光片、CT 检查结果，392 号墓主颅骨的近圆形缺损系开颅手术所致。此缺损边缘的断面呈光滑均匀的圆弧状，应是手术后墓主长期存活、骨组织修复的结果。这是中国目前所见最早的开颅手术成功的实例"。根据骨组织的复原情况，墓主在接受手术后起码存活了两年以上，可以说手术是成功的。下页图就是笔者在山东省博物馆拍摄的该颅骨照片，请重点看缺损口的"圆润"状态：

　　经常有人有疑问：那时人体解剖学十分原始，人们对人体结构一点也不了解，怎么敢施行颅脑外科术呢？这就是典型的现代人的思维。请试着逆向思维一下：古人不按科学思维行事，有句话叫初生牛犊不怕虎，正是因为不懂人体结构，不懂危险性，所以才敢动刀子。颅脑外科术自旧石器时代就

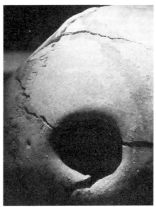

大汶口文化遗址 392 号墓发现的颅骨，右侧有明显的开颅手术所致近圆形缺损

开始出现，新石器时代几乎已经遍及全球。(《剑桥医学史》)古希腊名医希波克拉底《论头部创伤》记载了古希腊五种开颅术，包括环锯术和钻孔术。2007 年，希腊城市拜尼亚考古发现距今约 1800 年的 25 岁女性骨骸。头骨上有环锯术手术痕迹，头顶曾受到严重打击，手术试图救命，但是她没有熬过这场劫难，骨板无愈合现象。2003 年考古发现同地区一座 2 世纪墓穴中的男子头骨也有手术痕迹，研究显示，这名男子在手术后存活了多年。根据英国《星期日电讯报》报道，意大利里米尼也发现了古人遗骸有动手术的痕迹，2007 年大英博物馆展出了里米尼出土古罗马医疗器械，此次发掘历 17 年，为史上规模最大医学考古。出土 150 件器具，内含足形

陶瓷水壶，考古者推测为泡脚器。另有做开颅手术的小凿子，"手术时，先用另一件工具在头盖骨上凿出一条通道，然后用这个凿子安全地打开头盖骨"。科学家推测当时医生治病分三步：第一步通过调整饮食结构治病；第二步服用草药；第三步则要动手术。当时罗马掌握了曼德拉草、天仙子和罂粟混合调制的麻药，手术包括复杂的开颅术。

至于手术工具，就是古人用来制作玉器、石雕的那些工具。据估计，古人实行开颅术是为了解决压迫性颅骨骨折产生的压力以及癫痫病，甚至可能还有巫术的成分。有趣的是，越往后发展，开颅术逐渐被摒弃，原因肯定是危险程度太高。中国目前发现原始开颅术三十多例，能确认成功的只有少数几例。可以说越是不懂人体解剖的时代，越敢于动刀，而随着医学的发展，手术愈发趋于保守。

这里顺便说一下，开颅术在全球范围内大量发现，并不意味着古人只会开颅术这一种大型外科手术，胸腹腔的手术照样存在。《史记·扁鹊仓公列传》还记载上古医人"割皮解肌"的手术技艺："中庶子曰：……臣闻上古之时，医有俞跗，治病不以汤液醴洒，镵石挢引，案扤毒熨。一拨见病之应，因五藏之输，乃割皮解肌，诀脉结筋，搦髓脑，揲荒爪幕，湔浣肠胃，漱涤五藏，练精易形。"此段记载不无夸大，但是其程序却颇有章法（可能是几种手术程序的一个概括性综述），即剖开皮肤肌肉（割皮解肌）—血管结扎和韧带处理

（诀脉结筋）—拉开胸腹膜和大网膜（揲荒爪幕）—病变部位处理（搦髓脑，湔浣肠胃，漱涤五藏），与现代手术基本程序大致吻合，应该说没有一定的手术经验是无法做出如此陈述的。所以笔者的意见是倾向于相信华佗时代以及华佗之前有过大型外科手术，包括腹腔手术。只是由于此类手术一般只造成软组织损伤，而古尸即便能保存软组织的凤毛麟角，其中动过手术的也是少数，这就决定了考古中极难发现胸腹腔手术痕迹。但也不是完全无迹可寻。徐永庆、何惠琴《中国古尸》记载，1991 年考古工作者在新疆鄯善县苏贝希村发掘距今约 2500 年的古代墓葬时发现一具男性干尸，腹部有刀口，以粗毛线缝合，很可能是做过腹腔手术，但显然没有能挽救其生命。林梅村《麻沸散与汉代方术之外来因素》认为这表明"华佗之前中国西部地区的古代医师已经开始实施外科手术"。这倒不一定说明西域比中原更早掌握腹腔手术技术，而是因为新疆气候干燥，时不时发现古代干尸，这才有了一定的发现几率。内地则缺乏这样的条件。

《三国志》卷一五《贾逵传》注引《魏略》记载了曹魏大臣贾逵动手术的故事："（逵）乃发愤生瘿，后所病稍大，自启愿欲令医割之，太祖惜逵忠，恐其不活，教谢主簿：吾闻'十人割瘿九人死'。逵犹行其意，而瘿愈大。"贾逵有甲状腺肿大，这种病一般是缺碘导致，而当时的治疗方式是手术割除。这是一种治标不治本的方式，太祖（曹操）劝告贾逵不要冒险，但贾逵不听，执意动了手术。可惜后来甲状腺越发肿大。这证明了当时外科术的鲁莽。

四、伤口感染怎么办？

经常有人诘难曰："古人没有抗生素，没有伤口处理办法，外科手术一动必然死，所以怎么可能会动外科手术呢？"咱们先不说刚才提到的那些考古发现。单说一个简单的逻辑：自古以来，全世界那么多战士在战场上负伤，有的甚至断腿断臂，腹腔器官外露，那么是不是都伤口感染而死？中国古代有那么多宦官，进宫前都要净身，是否都伤口感染而死了？

古人有自己应对伤口感染的方式，虽然可以肯定没有现代医学高效，但并不意味着束手无策。王安石《周官新义》："至于疡医，但言凡有疡者，受其药焉，则肿疡、溃疡、金疡、折疡同科而已。……祝之不胜，然后举药；药之不胜，然后劀；劀之不胜，然后杀。"即外科之病，应该先行祝由，然后服药。服药无效，再行"劀"。《说文解字》："劀，刮去恶创肉也。从刀。"即外科手术。手术再无效，"杀"，《康熙字典》："杀谓以药食其恶肉。"即用药物除去伤口腐肉。

华佗外科术的最后步骤就是缝合伤口，涂抹药膏。比他更早的新疆苏贝希村墓葬中发现的男性干尸腹部就是用粗毛线缝合伤口。隋代《诸病源候论》记载了"鸡角"缝合："凡始缝其疮，名有纵横，鸡舌隔角，横不相当，缝亦有法，当次阴阳，上下逆顺，急缓相望。"这实际上就是"8 字缝合法"，是一种沿用至今的缝合法。唐代武则天时期安金藏腹腔外伤手术用桑白皮缝合伤口，涂抹药膏。桑白皮为桑科植物桑（拉丁学名：MorusalbaL）的干燥根皮，别名桑根白皮、桑根皮、桑皮、白桑皮。杨乐《桑白皮研究进展》介绍了桑白皮在消炎方面的作用："用二甲苯致小鼠耳肿为模型，探讨桑白皮抗炎作用的有效部位，发现其水煎剂经氯仿萃取的弱碱性提取物为桑白皮抗炎作用的有效部位。……桑白皮弱碱性部位的丙酮提取物和非丙酮提取物都是其抗炎作用的有效部位。"桑白皮和药膏都可以起到一定的消炎作用，只是没现在效率高罢了。

再例如古人处理伤口经常使用的膏药，很多带有油脂，而油脂对于伤口有较好的防止感染的作用。例如 16 世纪法国名医帕雷（发明了动脉结扎、胎位倒转术，推广疝气袋，著有《外科学教程》等书）曾经作为军医随军远征，1537 年图灵战役期间，伤亡者众多，当时医生们都用浇油法处理伤口，就是手术后用滚烫的沸油浇伤口消毒，这种恐怖的方式不仅造成伤者的巨大痛苦，而且造成了较高的死亡率。帕雷也一直使用这个办法。后来有一次，外科用油用完了，帕雷实在没有办法，只好用鸡蛋黄、玫瑰油、松节油调成药膏给伤员外敷（当然油是冷油），结果效果奇佳，伤员们普遍痛苦较小，晚上睡得安稳，而且伤口感染比例较低，从此沸油法中止。帕雷的做法与中国古代的膏药异曲同工。

当然，伤口感染而死的事例也是大量存在的。著名的有吴王阖闾之死，当时阖闾在檇李之战中被越军斩落脚趾，因此伤重而亡，这应该是伤口感染引发的败血症无疑。《荷马史诗》中阿喀琉斯之死也是缘于脚踵之伤，此虽神话，但希腊重装步兵有头盔、胸甲、胫甲以及大型盾牌，只有脚是防护盲区，因此可能是真实案例的曲折反映。

五、外科手术的没落

华佗大约没有想到，在他死后，他的事迹却逐渐被看作仅仅是一种传说，连著名的医学家们也对此表示怀疑。华佗生活的年代，正是一个医学经验逐步积累的时代，量变正在悄悄引发质变。古代的外科手术危险系数高、成功率低，越来越多的反面教训使得大型外科手术逐渐被放弃。尤其是华佗的成功本来就有一定的偶然性，这主要指麻沸散的发明和运用。一种安全高效的麻醉药是很难得的，其配方华佗一直秘不示人。《三国志》《后汉书》记载华佗身边有广陵人吴普和彭城人樊阿两名弟子，华佗给吴普传授了五禽戏，给樊阿传授了针法和服食。据《隋书》卷三四《经籍志》记载，传世的吴普作品有《本草》六卷和《华佗方》十卷，均为本草类著作，可见吴普还擅长药物。但是没有明文记载吴普和樊阿继承了华佗的外科术。唐慎微《证类本草》卷一注引《蜀本草》："李当之……华佗弟子，修神农本经，而世少行用。"这里提到了第三位弟子李当之，但其名不见于正史华佗本传，故其"华佗弟子"身份只能存疑，即便是华佗弟子，李当之擅长的仍然是本草。到死前，华佗书写并且想交给狱吏的那一卷书极可能包含麻沸散配方，但可惜被付之一炬。

华佗这样做并不奇怪，因为这是当时技术阶层的普遍风气，生怕"教会了徒弟，饿死了师傅"，师傅不到晚年不会给弟子传授核心知识，甚至父子也不例外。如《千金翼方》卷五《妇人一·妇人面药第五》云："面脂手膏，衣香藻豆，仕人贵胜，皆是所要。然今之医门，极为秘惜，不许子弟泻漏一法，至于父子之间亦不传示。"面脂手膏这种美容品为达官贵人所喜好，利润当极丰厚，医人之间严格保密，父子亦不例外。严重的技术保密、封锁，导致医疗界缺乏经验技术交流的平台。

所以，华佗之死就意味着一门技术的断绝。《千金翼方·序》云："元化（华佗字）刳肠而湔胃，……晋宋方技，既其无继，齐梁医术，曾何足云。"《千金翼方》卷二九《禁经上》对当时的医疗技术进行了分类："故有汤药焉，有针灸焉，有禁咒焉，有符印焉，有导引焉。斯之五法，皆救急之术也。"案"救急"即"治疗"之意，观文意可知隋唐时代治疗手段是汤药、针灸甚至是禁咒、符印、导引，但没有手术。可见华佗外科术此时已经是一个"另类"了。就现有史料来看，至少自南朝开始，医界就开始将华佗外科术排除在"正道"之外，陶弘景《本草经集注》云：

　　春秋以前及和、缓之书蔑闻，道经略载扁鹊数法，其用药犹是本草家意。至汉淳于意及华佗等方，今之所存者，亦皆修药性。张仲景一部，最为众方之祖宗，又

> 悉依本草，但其善诊脉，明气候，以意消息之耳。至于
> 刳肠剖臆、刮骨续筋之法，乃别术所得，非神农家事。

陶弘景距离华佗只有二百余年，身为名医，但却将华佗"刳肠剖臆、刮骨续筋之法"断言为"乃别术所得，非神农家事"（言下之意似暗指属于巫觋行径），以今之观点看来，"刳肠剖臆"非医家事复谁家事耶？但是当时医疗技术已经基本局限于汤药针灸，故陶弘景将外科手术摒于医门之外自有其时代根基。

无独有偶，唐代孙思邈对于胸腹腔外科手术也采取消极保守态度，而北宋校正医书局校正《备急千金要方》序言对此则加以赞扬：

> 合方论五千三百首，莫不十全可验，四种兼包，厚
> 德过于千金，遗法传于百代，使二圣二贤之美不坠于地，
> 而世之人得以阶近而至远、上识于三皇之奥者，孙真人
> 善述之功也。然以俗尚险怪，我道纯正，不述刳腹易心
> 之异；世务径省，我书浩博，不可道听涂说而知。

"我道纯正，不述刳腹易心之异"，"我道"者，医道也，"不述刳腹易心之异"竟成为医道纯正之体现。"易心"乃指《列子·汤问篇》所记扁鹊为二人易心的故事，确实不可信，而

"刳腹"当包含华佗故事，竟也被归为异类，可见华佗那种腹腔外科手术已被以北宋校正医书局馆臣为代表的主流医家目为奇说异闻，此思想与陶弘景如出一辙。《宋史》卷四六二《方技·庞安时传》："有问以华佗之事者，曰：'术若是，非人所能为也。其史之妄乎！'"庞安时是名列正史传记的名医，但看起来他从未涉猎腹腔外科手术，也不相信这种手术是人力所能为。

可以说，华佗身后的中国古代医界已经基本上没有了胸腹腔外科手术的传统，汤药针灸占据了主流地位。应该说这在某种程度上是历史的进步，在人体解剖知识极不完善、感染问题无法解决的情况下，腹腔外科手术一定有着巨大的风险和较高的死亡率，华佗本人对外科手术也采取极其谨慎的态度，不到万不得已不会施用。所以外科手术被逐渐放弃是可以理解的，汤药针灸等危险系数较低的疗法逐渐成为主流也是顺理成章的。

还有人以所谓"元气说"来否定华佗事迹的真实性，宋叶梦得《玉涧杂书》：

> 华陀固神医也，然范晔、陈寿记其治疾，皆言若发结于内，针药所不能及者……此决无之理。人之所以为人者以形，而形之所以生者以气也。陀之药能使人醉无所觉，可以受其刳割与能完养，使毁者复合，则吾所不

能知。然腹背肠胃既以破裂断坏，则气何由含？安有如
是而复生者乎？审陀能此，则凡受支解之刑者皆可使生，
王者之刑亦无所复施矣。

这就有抬杠的嫌疑了。叶氏认为人体不可"破裂断坏"，否则
"气"（应指所谓"元气"）无所含，则"形"亦不复存在，
要是剖开肚子人还可以活，那刑场上杀头的囚犯岂不是也可
以活？杠得理直气壮。这种元气受损论大概是今世民众"动
手术伤元气"观念之鼻祖。

　　但漫长的历史过程中，也不是没有人站在华佗这一边。
明代有人曾以奇特的方式"验证"了华佗外科术，叶权《贤
博编》："鸡瘟相次死。或教以割开食囊，探去宿物，洗净，
缝囊纳皮内，复缝皮，涂以油，十余鸡皆如法治之，悉活。
庄家所宜知，且华佗之术不诬也。"叶权给鸡动手术，剖开鸡
腹拯救食物中毒的鸡，在此过程中悟到"华佗之术不诬"（直
到近现代，鸡发生食物中毒、误食鼠药之后还有人剖开鸡
"胃"里金黄色角质内壁即"鸡内金"抠出食物残渣救鸡）。
不过这种验证方式对当时人来说，恐怕是缺乏说服力的。

六、华佗之后的外科术

华佗之后，外科术依旧存在，但越来越体表化。《晋书·魏咏之传》记魏咏之兔唇，闻殷仲堪帐下有名医能疗，故求治。医曰："可割而补之，但须百日进粥，不得语笑。"后来施行手术，效果良好。《医心方》卷五："刀锋细割开，取新煞獐鹿肉剜以补之。患菟缺又然，禁大笑语百日。"与《晋书》对照，可知当时治疗兔唇手段之一是剖开兔唇分裂处，用动物肉填补，然后缝合，百日禁止说话和大笑，以此期待兔唇愈合。《晋书》卷四四《卢钦附子卢浮传》记载卢浮有坏疽（不排除是糖尿病并发症），做了截肢手术。

《旧唐书》记安金藏为太常工人。有酷吏欲诬告皇嗣李旦谋反，左右皆遭拷打，安金藏宁死不屈曰："请剖心以明皇嗣不反！"遂引刀自剖，内脏暴露而休克。武则天闻听受到感动，"令舁入宫中，遣医人却内五脏，以桑白皮缝合之，傅药，经宿乃苏。"

但中古时期的外科技术总体来说，是处于下滑阶段的。安金藏可以幸存，第一要素必然是因为五脏并未受到严重创伤，对于这种外伤，隋代《诸病源候论》卷三六就有论述，它指出，战士肠子外露可以推回去，假如肠子已断，可以进行缝合，但是肠子一头在体内不可见者则不可救："夫金疮肠断者，视病深浅，各有死生。肠一头见者，不可连也。……肠两头见者，可速续之。先以针缕如法，连续断肠，便取鸡血涂其际，勿令气泄，即推内之。"这是"肠吻合手术"，所以可以推想，安金藏可活，多半是因为脏器并未受到重创。武则天在安金藏救活后亲自探视，"则天临视，叹曰：'吾有子不能自明，不如汝之忠也。'即令停推。睿宗由是乃免"（《大唐新语》卷五）。

《资治通鉴》记载了骇人听闻的高开道动手术故事。高开道是盐户出身，骁勇善战，隋末曾在河北参加起义军，攻取渔阳，自称燕王，建都渔阳。这个人就是个地地道道的土军阀，残忍而且狡猾。在一次作战中，他面部中箭，召医拔出箭头，医者云箭镞入骨太深，没办法。高将其斩首。再召一医，又云无法，再斩。第三个医人被召来，畏惧不已，为了活命强说可以治疗，方法是用工具将创口附近骨裂扩大，嵌入楔子，然后将箭镞拔除。高开道让其动手，动手术的时候始终面不改色，同时割炙饮酒，颇有关云长刮骨疗毒的风采。事毕赏赐医人三百匹绢。

1974 年，在江苏省江阴长泾龙集嘴明代夏颧墓中，出土了一批明代医疗器械，包括外科手术刀、铁质小剪刀、探针、铜钗、猪鬃毛刷、药罐、淋洗瓷壶、瓷香薰等器物，现收藏于江阴博物馆。夏颧（1348—1411）字叔度，号雪洲，父亲曾是元代上海县主簿。夏颧长大后从医，"明于医疗针艾之术"，精于疮疡外科。倪瓒病危时就住在他家求治，但未果而去世。

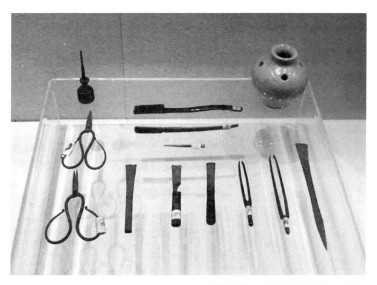

夏颧墓出土的明代外科手术器械

在题为明郑芝龙辑、清余自荣校的《金疮跌打接骨药性秘书》中有大量明清外科手术记载，主要是战场急救，例如气管接合术、肠吻合术、正骨术等。

虽然有这些外科手术的存在，但总的趋势是越来越保守，越来越体表化，医家越来越谨慎。以上列举的主要是体表型手术或者创面开放的抢救型手术，医人不会主动切开腹腔进行内脏手术。更多的手术记载主要是骨折及脱臼、鼻息肉摘除、穿刺引流、导尿术、咽喉异物剔除、针拨白内障、痔疮切除等，篇幅所限，不能一一列举。李经纬《中医外科学的发展》："（这一阶段）我国外科学发展的另一个重要特点即强调整体的理论观念日渐发展，而外科手术的发展除小手术外，已接近停顿。"

操行外科手术的人可能绝大多数是民间草泽医，恃一技以糊口，被主流医家目为"庸俗"之人。宋代陈自明《外科精要》序言："况能疗痈疽、持补割、理折伤、攻牙疗痔，多是庸俗不通文理之人。"这一点与西方历史不谋而合，中世纪的西方医学也逐渐摒弃了外科手术，操行拔牙、截肢等外科术的主要是屠夫、理发师等，被主流医学家瞧不起。这大约是那个时代人类共同的价值观，也说明经验医学走到一定程度难免会有这个阶段。

唐宋金元以后中国的外科治疗越来越强调整体治疗、辨证论治、"外病内治"，明代汪机《外科理例·前序》云："然外科必本于内，知乎内以求乎外，……有诸中，然后形诸外。治外遗内，所谓不揣其本而齐其末。"甚至有的明显应使用外科术的病症，医家仍倾向于保守疗法，《千金翼方》卷二〇《刺在肉中不出方》记载治疗有伤员箭镞在背脊中经年不出，按理说这种创伤最佳处理方式是手术摘除，但孙思邈处以"瞿麦丸"，"断口味令瘦，肉缓刺则自出矣"，至来年春季，"其镞不拔自然而落"。成分主要是瞿麦、雄黄、干地黄、王不留行、麻黄等，且忌肉类，瞿麦利尿，麻黄等减肥，颇怀疑这是以减肥方式让箭镞逐渐暴露，然后脱落。

甚至外科这个词在近代西方医学进入之前，真的就是身体外表之科。《笑林广记》曾有一个笑话："一人往观武场，飞箭误中其身，迎外科治之。医曰：'易事耳。'遂用小锯截其外竿，即索谢辞去。问：'内截如何？'答曰：'此是内科的事。'"这虽然是笑话，但以体表和体内来区分内科外科曾是传统医学沿用的分类法。廖育群《医者意也——认识中医》指出："近代西方医学的'外科'（surgery），是以手术、器械治疗损伤、畸形和其他病变的技艺，但其核心是手术；主要处理急性损伤和一些非手术治疗不可的慢性病。而中医外科基本上没有以手术治疗内脏疾患等慢性病的内容，……在矫形（如唇缺修补）、损伤、痔漏、化脓性感染等方面虽然也使用手术疗法，但更注重药物疗法。由此构成了中西外科医学的主要区别。因此，如果将所谓的中医外科译为 surgery，是不能正确表述其内涵的。对此有较多了解的外国学者，往往使用 external 组词以表明中医外科的本质。"可以想见，以中国古代的"外科"附会近代西方医学的 surgery，实际上是由于汉语语境中缺乏与 surgery 相对应词汇的结果，只好以概念勉强接近的"外科"代替之，究其根本，这是中国传统医学对华佗的"遗忘"在语言上的体现。

华佗的麻沸散在他死后失传，到现在不知道其具体配方。而后历史上出现多种麻醉药，但其目的都不是腹腔手术。例如《扁鹊心书》卷下记载的"睡圣散"，以山茄花、火麻花为主要成分，目的是缓解灸痛。《圣济总录》卷一四〇记载的"红散子"以曼陀罗子、草乌头尖、骐麟竭、茄子花、蓖麻子为原料，用于战伤镇痛。《桂海虞衡志》还记载了大名鼎鼎的经常在武侠小说里出现的"蒙汗药"，成分是曼陀罗花干末，是盗贼"麻醉抢劫"的用品。

　　这里顺便说一下，武侠小说和影视剧里出现的捅破窗户纸，伸进一根小吹管，吹出一股气体，屋内人就昏睡不醒的那种药在正规的史籍中没有记载，据我所知即便是现代技术要想做到这一点也不容易。2002 年 10 月 23 日俄罗斯发生了著名的剧院人质事件，40 多名车臣恐怖分子占领了莫斯科轴承厂文化宫大楼剧院，挟持文化宫内的 850 名人质，要求俄罗斯军队撤出车臣。4 天后，俄国特种部队阿尔法小组偷偷向大厅内注入麻醉气体，冲入后杀死了多数恐怖分子，但有 129 名人质因为吸入过量麻醉气体而死亡。这种"杀敌八百自损一千"的营救，问题就出在至今不肯透露成分的化学气体上，俄罗斯特种部队的初衷当然是麻醉而不是杀死剧场内所有人，但是很明显在剧院这种环境中，无法保证化学气体效力不过度。现代尚且如此，遑论古代。

　　日本历史上有人曾经试图复原华佗麻沸散。华冈青洲是 18 至 19 世纪日本著名医学家，学问兼顾汉方（中医）与兰医（西医），曾施行过乳腺癌切除手术。他自制了麻药，由于

崇拜华佗，故命名为麻沸（又名通仙散）。麻药问世，需要做
人体实验，其母、妻争相服药实验，最后母死，妻失明，麻
药最终成功。1968年这个人类医学史上悲壮的故事被拍成电
影《华冈青洲之妻》。而麻药发明之难于此可见一斑。

七、民族自信的重建——华佗重新被发现

与渐进性的中国历史相比较，西方的历史常有阶段性的突变，由古希腊文明到基督教文明，由中世纪到文艺复兴，西方文化往往会对"过去"进行大幅度的修正甚至颠覆。就医学而言，古罗马时期全面接受希腊人盖仑的医学理论，外科手术到了中世纪被逐渐边缘化，1543年维萨里发表《人体构造》，正式宣告近现代医学的诞生，从而引发对盖仑的否定。而中国的文化基壤中缺少这样的大规模"扬弃"的成分，证圣法古的思想是主流，变革只能是渐进的、缓慢的，要做到与"过去"的决裂更是不易。所以中国传统医学始终不能以实证主义的态度面对人体。而且医学理论的发展趋势也越来越不利于大型胸腹腔外科手术的生存，可以说胸腹腔手术缺位势在必然。从这个角度来说，中西方的外科手术并非一条跑道上孰先孰后的问题，而是压根就在两块不同的场地上各自奔跑。

华佗当年的腹腔外科手术，一定是在掌握了一定的人体结构知识基础上取得的成果，但这可能是他个人经验的积累，随着他的死亡，技艺立即湮灭。这是中国古代技术阶层的普遍现象——许多技艺的突破性发展依靠个人经验积累，传授依靠血缘、师徒等身份关系，一有变故则往往人亡技亡，华

佗的外科术也就因此不能转化为公共技术。正如本文开篇所说，华佗外科术仅仅是中国传统医学历史上的一个"点"，并未形成"线"，遑论成"面"，那么这一技术在中国传统医学历史上也只能被视为一条不大的枝蔓。

鸦片战争前后，近代化的西医大举进入中国，丁福保《历代医学书目序》："西人东渐，余波撼荡，侵及医林，此又神农以后四千年以来未有之奇变也。"观此阶段内清人有关西医的许多文章，可知西医给国人留下深刻印象的主要有外科手术、化学药物、牛痘、金鸡纳霜、医事制度、卫生观念等，尤其是外科手术。而中医则面临着重新"解释自己"的局面。面对国人近代以来对"科学"宗教般的崇拜热情（这是一种皈依者狂热），中医不得不对自己与"科学"不一致的地方做出"科学"的解释。不过也有意外收获，外科手术使得中医获得了重新"发现自己"的机会——原本对华佗外科术的怀疑已然形成定论，但是在目睹西医精湛外科手术技艺之后，国人恍然大悟，原来华佗之术确实有存在的可能！《皇朝经世文统编》卷九九《中西医理优劣论》："《后汉·华佗传》云：疾发于内，针药所不能及者，先令服麻沸散，剖腹背，割积聚，若在肠胃，则断截湔洗，除去积秽，既而缝合，傅以神膏，四五日即愈。亦与扁鹊换心事相似。人皆以神医目之，乃不谓西医入中国，竟有饮病人以麻药而割视脏腑，去瘤取虫等事，是几与古之扁鹊、华佗无异矣！"

"发现"之余，立即有"西学中源论"者指称华佗实为西医外科术之鼻祖。明末清初西学入华之初，中国知识分子中已开始出现"西学中源论"，其初衷本在于"缩小中西学术的隔阂，引进西方科学"（王扬宗《明末清初"西学中源论"说新考》），其所涵盖的范围也仅限于天文历法等。但是随着清后期西方文化的侵迫，中国部分知识分子有感于民族自信心的衰落，开始有了新式"西学中源"论，所涵盖的范围几乎扩大到自然科学各个门类，重点在于强调西方科学实际上全源自中国古人，中国古人发明了几乎所有科学技术，但中国自古所重乃是"人道"之本，所以不屑广泛运用而已。

此论虽牵强而从者众。俞樾为王仁俊《格致古微》作序云："自尧舜三代以来，吾人皆奉圣人之教以为教，专致力于人道，而于物或不屑措意焉。是以礼乐文章高出乎万国之上，而技巧则稍逊矣。彼西人之学，务在穷尽物理，而人道往往缺而不修。……苟取吾儒书而熟复之，则所谓光学、化学、重学、力学，固已无所不该矣。"意思就是对比西方科学阅读中国古书，发现中国古人早已发明了科学，而且无所不包。

沈雁冰（茅盾）《也算纪念》记载了典型的西学中源论者、北京大学教授陈汉章的故事：

　　陈汉章是前清末年就名驰国内的史学家，他教中国历史，自然要显一手。他自编讲义，从上古史开始，特点是重点在于从先秦诸子的作品中搜罗片段，证明欧洲近代科学所谓声光化电，都是我国古已有之，而那时候，现在的欧洲列强还在茹毛饮血时代。甚至说飞机在先秦就有了，证据是列子上说有飞车。有一天，他讲完课，正要走出课堂，有个同学忽然问道："陈先生，你考证出现代欧洲科学，在中国古已有之，为什么后来失传了呢。"陈汉章皱了下眉头说："这就要继续考证其原因了，这要在先秦时代以后的历史讲到。"那时我插了一句："陈先生是发思古之幽情，光大汉之天声。"这句话可作赞词，亦可作讽刺。陈老先生看了我一眼，不说什么就走了。

可是那晚，他送个字条来，叫我到他那里去谈谈。不免有点踌躇，猜想起来，他会教训我这黄毛小子（当时我实足年龄是十七），但还是去了。不料他并不生气，反而说："我明知我编的讲义，讲外国现代科学，在二千年前我国都已有了，是牵强附会。但为什么要这样编写呢？扬大汉之天声，说对了一半。鸦片战争以后，清廷畏洋人如虎，士林中养成一种崇拜外国的风气，牢不可破。中国人见洋人奴颜婢膝，实在可耻。忘记我国是文明古国，比洋人强得多。即如校长胡仁源，也是崇拜洋人的。我要打破这个风气，所以编了那样的讲义，聊当

针砭。"我当时觉得陈先生虽迂而实倔强，心里肃然
起敬。

可见起码部分"西学中源论"者不是不知道自己的牵强附会，
而是有"立场"，为民族争光荣。

　　没有的事情尚且要牵强附会，更不要说华佗外科术这种
曾在历史上存在的技术了。郑观应《盛世危言》卷二云：

　　　　如此之类（指华佗等人的外科术），不胜枚举，实为
　　西医剖割之祖。……（西医）其外治诸方俨扁鹊、华佗
　　之遗意。有中国失传而逸于西域者，有日久考验弥近弥
　　精者。

再例如王仁俊《格致古微》：

　　　　（华佗之术）此亦西医所本也，《（华佗）传》及注引
　　《别传》所载医案甚多，西人有窃其成说者，有变通其
　　法者。

许克勤《中西医理孰长论》：

　　　　至今刳割之法华人不传，而西人航海东来，工制造，

精化学，乃兼挟其医术鸣。如产难几死，剖妇以出其儿；小便石淋，刳小肠而去其石。以及割瘤去赘、截足易木之类，彰彰在人耳目焉。盖皆中国之古法，西医颇能用之者也。

再如前揭清邵之棠《皇朝经世文统编》卷九九《格物部·中西医学异同考》：

> 乃知今日西医所长，中国自古有之。……至今刳割之法华人不传，而西人航海东来，乃以医术甚行于时。

凡此种种，不一而足。要么说外科手术华佗早已发明，只是中断了，要么直接说西方人"窃其成说"，总之一句话——西方外科术是小弟，华佗是鼻祖。这大约就是华佗"外科鼻祖"称号的由来。可以说这并非一个严肃的学术话题，更像是一种"宣传"，正是在这种思潮作用下，华佗逐渐声名再起，影响至于今日。最近一百年来加在华佗身上的赞誉比以前一千多年的加起来还要多，不仅是一般性出版物，就连很多教材和专业论文也都给他冠以"外科鼻祖"的称号。我们看到，历史上华佗外科术经历了被推崇—被怀疑和"遗忘"—再度被推崇的马鞍形历程，而后面这个高峰实际上是面对西方医学外科手术成就时，国人在华佗身上重新认识自己、重新建立自信的结果。相较而言，笔者认为那个马鞍形历程的中间部位不应该被遗忘，而是更值得深思，是什么原因导致了这样的塌陷？华佗术声名的塌陷与隆盛，究竟哪个才反映了传统医学历史的真貌？

可以看到，假如没有弘扬传统医学的需求，就不会有近百年来对华佗外科术事迹的推崇，因为按照中国传统医学发展的脉络自然发展的话，华佗外科术将继续被视为神怪传说，永远尘封在故纸堆中。耐人寻味的是，国人近百年来对华佗的推崇，首先是因为西医外科成就重新确认了华佗外科术的真实性，其次是因为华佗外科术诸要素与西医暗相契合，这等于是完成了一次小规模的建立在西学话语权基础上的民族自信重建。

第十一章

名人的疾病与医药

一、曹操的养生与毒药

说到曹操与疾病，大概头风最为人所熟知，这个问题第七章已经有论述，兹不赘言。这里重点谈一谈他的"养生"与"防毒"技巧。

曹操虽有雄才大略，但在养生这个问题上并不能免俗，身旁汇聚了一大批术士。在晋张华《博物志》卷五中有这些术士的详细名单：

> 魏王所集方士名：上党王真、陇西封君达、甘陵甘始、鲁女生、谯国华佗字元化、东郭延年、唐霅、冷寿光、河南卜式、张貂、蓟子训、汝南费长房、鲜奴辜、魏国军吏河南赵圣卿、阳城郄俭字孟节、庐江左慈字元放。右十六人，魏文帝、东阿王、仲长统所说，皆能断谷不食，分形隐没，出入不由门户。左慈能变形、幻人视听、厌刻鬼魅，皆此类也。《周礼》所谓怪民，《王制》称挟左道者也。

这里首先说明，曹操身边常年有术士十六人，其中包括华佗。华佗绝非术士，而是真正的医者，但是在那个年代，医术与神仙术本来就有很多交集，医者也往往和术士一起在正史里被归为"方技""方术"之流，所以华佗出现在这里也不奇怪。尤其是他的医术曲高和寡，更容易被归为"有异术"。

余下的人，从不多的史料来看，均是真正意义上的术士。例如王真，李贤注《后汉书》引《汉武内传》："王真字叔经，上党人。习闭气而吞之，名曰'胎息'；习嗽舌下泉而咽之，名曰'胎食'。真行之，断谷二百余日，肉色光美，力并数人。"

封君达，李贤注《后汉书》引《汉武内传》曰："封君达，陇西人。初服黄连五十余年，入鸟举山，服水银百余年，还乡里，如二十者。常乘青牛，故号青牛道士。闻有病死者，识与不识，便以要间竹管中药与服，或下针，应手皆愈。不以姓名语人。闻鲁女生得《五岳图》，连年请求，女生未见授。并告节度。二百余岁乃入玄丘山去。"

东郭延年、甘始，《后汉书》卷八二："甘始、东郭延年、封君达三人者，皆方士也。率能行容成御妇人术，或饮小便，或自倒悬，爱啬精气，不极视大言。甘始、元放、延年皆为操所录，问其术而行之。"可见此二人加封君达还擅长房中术，为曹操所重。甘始还特别受曹丕器重。

左慈，《后汉书》卷八二："左慈字元放，庐江人也。少有神道。"曾参与曹操宴会，曹操说今日珍馐美味汇聚，就是少吴松江鲈鱼，左慈当即以铜盘贮水，以竹竿垂钓，钓出一条鲈鱼出，曹操曰："一鱼不周坐席，可更得乎？"意即太少，而左慈一口气钓出多条，皆长三尺余。曹操又说："既已得鱼，恨无蜀中生姜耳。"左慈说："亦可得也。"曹操恐怕他是从近旁哪里变出来的，所以说："吾前遣人到蜀买锦，可过敕使者，增市二端。"意思是你能否告诉我派往蜀地的使者，增买锦两端。话音未落，姜已经呈送上来。出门在外的曹操的使者也同时得到了曹操的命令，增买蜀锦两端。钓鱼和生姜，无疑是一种魔术，至于曹操的使者称的确奉到命令，要么是归来后被左慈收买串通，要么有可能就是后世传说之讹。

蓟子训，据说可以起死回生。

郄俭，号称善于辟谷，年二百余岁。此人特受曹操器重，"主领诸人"。

鲁女生，据说长生不死，李贤注《后汉书》引《汉武内传》曰："鲁女生，长乐人。初饵胡麻及术，绝谷八十余年，日少壮，色如桃花，日能行三百里，走及獐鹿。传世见之，云三百余年。后采药嵩高山，见一女人，曰：'我三天太上侍官也。'以《五岳真形》与之，并告其施行。女生道成，一旦与知友故人别，云入华山。去后五十年，先相识者逢女生华山庙前，乘白鹿，从玉女三十人，并令谢其乡里亲故人。"

曹操以权力将这些人汇聚一处，无疑是为了学习长生术。但是曹植却就这个问题有另外一套辩解。他本人是不相信长生、成仙之术的，可是怎么解释父亲的这一系列举动？他解释为曹操另有用意。

清代孙星衍《续古文苑》所校曹植《辩道论》："世有方士，吾王悉所招致，甘陵有甘始，庐江有左慈，阳城有郗俭。始能行气导引，慈晓房中之术，俭善辟谷，悉号三百岁。本所以集之于魏国者，诚恐斯人之徒，挟奸宄以欺众，行妖隐以惑民，故聚而禁之也。岂复欲观神仙于瀛洲，求安期于海岛，释金辂而履云舆，弃六骥而羡飞龙哉？自家王与太子，及余兄弟，咸以为调笑，不信之矣。"曹植也无法否认曹操到处罗致天下术士的行为，但他给出了一个意想不到的解释：曹操认为这些人皆善于以法术蛊惑人心，放之社会乃是"不安定因素"，所以蓄养身边，以免贻害社会。问题是《后汉书》云曹操"问其术而行之"，《博物志》说曹操认真学习这些人的养生术，"武帝行之有效"。所以说，曹植的话可能只是基于他个人立场的一种辩解罢了（顺便说一句，在《说疫气》等文章中曹植也体现了自己对装神弄鬼的厌恶，这在当时社会氛围下属于难得的清醒），多少有点此地无银三百两的感觉。

另外，张华《博物志》记曹操号称"啖野葛（断肠草）至一尺，亦得少多饮鸩酒"，也就是说曹操每天服用少量毒药，以此磨炼自己耐毒本领，防备他人下毒。唐孟诜《食疗本草》则认为雍菜（空心菜）有解野葛毒效力，"云南人先食雍菜，后食野葛，二物相伏"，故他推测曹操也是如此。此事

或为野史杂谈，或为曹操释放信号，欲阻政敌下毒，其服毒
药未必为真，恐怕是向世人宣告自身有抗毒能力，叫人死了
这条心。此推断若成立，必须赞叹一声：真枭雄也！

附录： 鹤顶红与鸩毒

曹操所谓"鸩酒"，是"毒酒"的代名词。中国历史上有两种鼎鼎大名的毒药，一个是鹤顶红，一个是鸩毒。不过，它们都仅仅是传说而已。

鹤顶红在"毒药排行榜"上虽然有名，但是出现较晚。最初只是指颜色，后来指的是鱼类，最终成为毒药，而且这是为鸩鸟背黑锅的结果。至于其成分，最初可能是乌头，后来可能包括砒霜。

苏轼诗《山茶》曾提及鹤顶红，但只是颜色而已："掌中调丹砂，染此鹤顶红。"指花的颜色。后来"鹤顶红"变成鱼的名称，例如《玉芝堂谈荟》称金鱼中一种为鹤顶红，另有说法指南海"鹤鱼"，明代《事物绀珠》："鹤顶红，出南番大海中，有鱼鈌红如血，名鹤鱼。"也就是说，最早的鹤顶红只是颜色的形容，变为毒药另有缘由。

鸩并非现实中存在的鸟类，当然也就不存在所谓"鸩毒"。霍斌《毒与中古社会》认为汉唐之间最经常使用的毒药是附子、乌头，另外宋代以后还常用砒霜。刘中申认为鸩酒之鸩读作堇，堇就是乌头，因而鸩毒其实是乌头之毒，所谓鸩鸟并不存在。

但鸩鸟的传说由来已久，人们信以为真，但是现实里谁也没见过鸩鸟，而丹顶鹤的外形和鸩鸟如此接近，以至于人

传说中"鸩"的形象，与我们熟悉的丹顶鹤十分相似

们将两者混淆。

既然鹤与鸩鸟混为一谈了，那么久而久之"鸩毒"就演变成了"鹤顶红"。《格致镜原》指出鹤顶红变为毒药名词乃明代之事："（鸩）秋冬之间脱羽，人以银爪拾取，着银瓶中，否则手烂堕。以之沥酒，饮人即死也。所谓鸩酒。今以为鹤顶红毛，非也。"也就是说，鹤顶红的传说由鸩毒演变而来，至于归为鹤头顶的红毛，纯属以讹传讹。但中国古人习惯于为奇绝之药物塑造一个奇绝之来源，鹤顶之红毛就莫名其妙成了毒药了。

二、卢照邻与麻风病

著名唐代才子卢照邻患有慢性病，痛苦异常，曾请孙思邈医治亦无效，为此写了名篇《病梨树赋》，并曾自制墓圹。《朝野金载》称其"不幸有冉耕之疾"，典出《论语·雍也》"斯人也而有斯疾也"，邢昺疏："冉耕有德行而遇恶疾也。"所谓恶疾特指麻风。冉耕得病时曾被隔离，极有可能是恶性传染病。卢照邻亦病此。

清代《晚笑堂画传》里有"初唐四杰像"，画家凭想象画出了初唐四杰的形象，而且很注意细节，比如画出了卢照邻得病后近乎毁容扭曲的脸，虽然衣服、书籍形制都与唐朝相距甚远，但起码说明画家是观察过麻风病患者面庞的。

终其一生，卢照邻都在痛苦中度过。为了治病想购买朱砂，但是朱砂之昂贵令其万般无奈。出土《唐天宝二年（743）交河郡市估案》记载有交河郡（吐鲁番）商铺的朱砂价格，大谷文书第3450＋3036号残片："朱沙一两，上值钱壹佰伍拾文，次壹佰肆……"在整个《唐天宝二年（743）交河郡市估案》中唯独朱砂最为昂贵。卢照邻《与洛阳名流朝士乞药直书》，提到"好上砂"价格"两必须钱二千文"。两则史料中朱砂价格不一，这里要考虑到卢照邻时代早于天宝，且彼时身处洛阳，物价与天宝时期西州有异，且欲购丹砂属

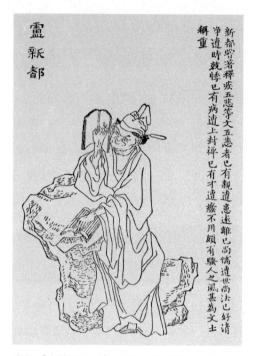

盧新都

顆重

新都嘗著釋疾五悲等文五悲者已有親遺患遠離已尚懦遺世尚法已好清
净遺時竟悟巳有病遺上封禪巳有才遺瘵不用頗有騒人之風甚為文士

清代《晚笑堂画传》中的卢照邻像，体现了诗
人因患麻风病而扭曲的面容（卢照邻曾任新都
县尉，故称"卢新都"）

于精品。他重点强调"丹砂之不精者，服之令人多嗽"，朱砂
原本就是价格不菲之物，若为精品更是天价，以至于为疾病
所困的卢照邻屈尊纡贵去祈求达官贵人，直接发出"爱心筹
款"呼吁："若诸君子家有好妙砂，能以见及，最为第一。无
者各乞一二两药直，是庶几也。"此事下文不清楚。最后不堪
忍受病痛折磨的卢照邻投水自杀。

三、武惠妃的艰难生育史

唐玄宗的爱妃武惠妃一生有七个孩子，前三个都夭折了。古代儿童的夭折率很高，即便皇室也无法幸免，皇子皇女中夭折的比比皆是。开元初年，武惠妃生了长子李嗣一，又叫李一，这孩子在唐玄宗所有儿子中排名第九，但是一生下来就特别受玄宗喜爱，长得特别漂亮。可惜的是，这个孩子还不到六岁就死掉了，唐玄宗伤心欲绝，当时他和武惠妃正住在洛阳，给这个孩子追赠夏悼王，葬于洛阳以南龙门石窟附近的一座小山冈上。

武惠妃次子名叫李敏，也是漂亮可爱，却夭于襁褓，追封为怀哀王。又生一女，也是貌美，要说武惠妃的遗传基因大概真的很好，但是这个孩子也夭折了，追封为上仙公主。然后，武惠妃又诞下一个麟儿——未来杨贵妃的老公寿王李瑁。

面对这个新生儿，武惠妃忧心忡忡。自己前面生了三个孩子，全部夭折，虽说古代儿童夭折率很高，但像武惠妃这样点背的也是很少见的。所以武惠妃怕了，唯恐这个孩子重蹈哥哥姐姐们的覆辙。那么怎么办呢？当时有一个风俗，就是自己生的孩子要是担心养不活，就把他送到寺庙里去，或者交给其他人抚养，借此来冲一冲。所以孩子刚生下来，唐玄宗的大哥李宪就主动站出来要求抚养。

　　还别说，李瑁真的活下来了！从此武惠妃生育之路就很顺畅了，先后生盛王李琦、咸宜公主、太华公主，都顺利长大成人。对于武惠妃来说，这下子算是有了骄傲的资本了。尤其是李瑁，漂亮可爱而且十分聪明，七岁时晋见皇帝，一群皇子行礼，就李瑁行礼最规矩，一丝不苟，可见李宪真的是教育有方，唐玄宗看见了十分高兴。这个孩子在唐玄宗所有儿子里排行十八，所以人称十八郎。开元十三年封为寿王，回到了皇宫。而他就是杨贵妃的第一任丈夫。

　　附带说明：寿王的名字没有写错。尽管新旧唐书和《资治通鉴》都记载寿王名为"李瑁"，但欧阳修《集古录跋尾》引开元二十五年唐群臣《请立道德经台奏答》所附诸王列名及武惠妃碑，云寿王名皆题作"琩"，只是很可惜这两种碑刻实物早已不复存在。后来出土了寿王两位女儿的墓志，一块是《清源县主墓志》，里面只提到"寿王女"，没提到寿王名字，一块是《阳城县主墓志》，里面提到寿王名"琩"。女儿是断然不可能搞错父亲名字的，故由此可以认定，寿王名琩，而流传已久的"瑁"纯属字形相近，以讹传讹，正史和《资治通鉴》也搞错了（估计他们有同样的史料来源）。关于这一点可参看仇鹿鸣《校勘家与段子手：〈旧唐书〉与两〈五代史〉修订花絮》。

四、病号杜甫

杜甫被誉为"诗圣"，他的诗歌被称为"诗史"，这都不必多说。关于他的生平经历，在众所周知的仕途坎坷、颠沛流离之外，其实健康问题尚未得到足够的研究。从疾病这个角度来看杜甫的境遇，更能体会他那颗衰弱但却火热的心。

杜甫的一生几乎都不富裕，这种生活条件造成了他身体素质的羸弱。李白曾写过《戏赠杜甫》："饭颗山头逢杜甫，顶戴笠子日卓午。借问别来太瘦生，总为从前作诗苦。"杜甫作诗格律严整，颇为用心，也很耗心力，在李白这样文风洒脱的人看来的确有点"苦"，他所描绘的杜甫形象提到了"太瘦"，这恐怕正是杜甫长期营养不良的结果，也使得杜甫成为一个长年病号，堪称百病缠身。他没有李白那份洒脱，也无元稹般的得意，杜诗现存1400多首，其中有167首咏病，而同为写实者的白居易，现存近3000首诗中咏病者仅76首，两人生活境遇之不同可见一斑。

（一）疟疾

中国南方疟疾多为恶性疟，北方疟疾多为间日疟及三日疟、卵形疟。民间所谓"打摆子"指的主要就是间日疟等。杜甫诗提及其曾长期患疟，《寄彭州高三十五使君适虢州岑二十七长史参三十韵》："三年犹疟疾，一鬼不销亡。隔日搜脂髓，增寒抱雪霜。"其中"隔日搜脂髓"一句显示其所患可能是间日疟。

疟疾是疟原虫通过中间宿主蚊子叮咬后感染人体导致的疾病，间日疟病征或有全身发冷与发热交替出现，多汗，长期患病可引起贫血和脾肿大。由于隔日发作，所以被称为"间日疟"。宋代《青箱杂记》："又蜀有痎市，而间日一集，如痎疟之一发，则其俗又以冷热发歇为市喻。"这是个黑色幽默，所谓"痎市"即每隔一日举行的市集，"痎"即疟疾。间日疟每隔一日发作一次，与该市场隔一日开一次一样，故以此为名。

古人并不知道疟原虫的存在。1882年法国医学家拉韦朗才利用显微镜发现了疟原虫，获得1907年诺贝尔奖。驻印英军医生罗纳德·罗斯1897年发现了寄生在蚊胃腔中的疟原虫，由此发现疟疾传染途径，获得1902年诺贝尔奖。

对于古人来说，疟疾令人十分痛苦，一旦患上，病魔长期不退。当时人认为是有疟鬼作祟。而对付疟鬼的方式则是巫术恐吓。找一个比它更为豪横的鬼来压制。

杜甫也不能免俗，据说他曾劝别的疟疾患者念自己的诗治疗疟疾，《韵语阳秋》卷一七引宋人《古今诗话》："杜少陵因见病疟者曰，诵我诗可疗。令诵'子章髑髅血模糊，手提掷还崔大夫'之句，病遂愈。余谓子美固尝病疟矣，其诗云：

'患疗三秋孰可忍，寒热百日相攻战。'又云：'三年犹疟疾，一鬼不销亡。隔日搜脂髓，增寒抱雪霜。徒然潜隙地，有觑屡红妆。'子美于此时，何不自诵其诗而自已疾邪？是灵于人而不灵于己也。"（此事目前可见最早的记载是晚唐的《树萱录》）

"子章髑髅血模糊，手提掷还崔大夫"出自杜甫《戏作花卿歌》，为什么这两句可以治疗疟疾呢？因为古人相信疟疾是疟鬼缠身造成的，而对付疟鬼办法之一就是恐吓、吓退。比如祭祀战场上的败死将军，因为败死将军是厉鬼，比疟鬼豪横，可以吓退疟鬼。（可参看范家伟《汉唐时期疟病与疟鬼》）《高力士外传》记载高力士从成都回京师后，宫中流行疟疾，"敕于功臣阁下避疟"，可能就是想依靠"死将军"的庇佑。杜甫之所以提出用这两句诗，是因为足够狰狞血腥，所以可吓退疟鬼。

但《古今诗话》在此指出，杜甫自己就是疟疾患者，为何不用这两句诗治自己的病？《古今诗话》结论是"是灵于人而不灵于己也"，对别人灵，对自己不灵，与古代的"医不自治"异曲同工。

这事还有宋代严有翼《艺苑雌黄·杜诗治疟之妄》之"补刀"："此殊可笑！借使疟鬼诚知杜诗之佳，亦贤鬼也；岂复屑屑求食于呕吐之间为哉？"意思是要是疟鬼能听懂杜甫的诗，那足以证明是个有文化的贤鬼，贤鬼怎么可能当疟鬼？

杜甫为了摆脱"疟鬼"想尽办法，甚至化妆躲避。《寄彭州高三十五使君适虢州岑二十七长史参三十韵》："徒然潜隙地，有觊屡鲜妆。"《宾退录》指出："则不特避之，而复涂抹其面矣。"也就是说为了躲避疟鬼，杜甫在脸上涂抹鲜艳颜色，想依靠化妆让疟鬼无法辨认。

这里顺便说一下，笔者在《唐代疾病、医疗史初探》一书中曾经考证认为，唐代影响力最大的是传染病，而传染病中最困扰唐人的就是疟疾。为了吓阻疟鬼，唐人想到了很多办法，而上文提及的败死将军崇拜就是其中重要的一个。笔者在这里有个大胆的联想，最早的关羽崇拜是不是与败死将军崇拜有关？但是必须首先说明，这只是个推测，并无直接证据，在此斗胆提出，意在抛砖引玉，期待有新材料或者新观点的出现。

冻国栋先生《略论唐宋间关羽信仰的初步形成及其特点》指出关羽信仰最早诞生于唐代荆州等地。要跟大家说明的是，唐代的关羽崇拜还不成气候：首先，并非全国性的信仰，主要限于关羽生前活动过的荆州等地；第二，所谓"忠义"的意义还没有附加到关羽身上，唐人的史书和文学作品中对关羽也没有特别的关注，冻国栋先生指出荆州崇拜关羽是将其归为城隍神避灾消难；第三，唐代官方崇拜的武神不是关羽，而是武成王，即姜子牙。姜子牙的武神地位一直维持到明代才被关羽取代。

城隍神来源多样，一般都是民间先有祭祀，然后逐步被纳入地方信仰体系，成为卫护一方平安的神明。关羽的神格在成为城隍神之前的发展脉络并不清楚，考虑到荆州地区疟疾的高发，笔者认为不能排除当地民众最初是秉承当时的风俗，出于"败死将防疟鬼"目的而崇拜关羽。后来才演变为城隍神。但正如前文所述，这是一个推测而已，目前没有过硬的证据。

（二）糖尿病

杜甫虽然一直瘦弱，但却是一个糖尿病患者。《别蔡十四著作》："我虽消渴甚，敢忘帝力勤。"消渴就是糖尿病，因为患者常口渴，饮水多，小便频繁而得名。这个名称由来已久，四川老官山出土汉代医简中的《六十病方》里就提到过"治消渴卅六"。糖尿病还有个"雅称"叫"长卿病"，杜甫《同元使君春陵行》："我多长卿病，日夕思朝廷。"长卿就是司马相如，比较早而著名的糖尿病患者，《史记·司马相如传》："相如口吃而善著书。常有消渴疾。"所以文人们经常用长卿病指代消渴病。

杜甫的糖尿病可能比较严重，所以有一系列的并发症。例如肺病，《同元使君春陵行》："肺枯渴太甚，漂泊公孙城。"在《秋峡》里自称"肺气久衰翁"。《寄薛三郎中》："春复加肺气，此病盖有因。"《返照》："衰年肺病唯高枕，绝塞愁时早闭门。"糖尿病很容易合并呼吸道尤其是肺部感染,肺结核的发生率要比非糖尿病患者高2—4倍。虽然无法断定杜甫说的"肺气"就是肺结核,但其可能性是不能排除的。

另外,糖尿病可能还带来了中风。《清明二首》:"此身飘泊苦西东,右臂偏枯半耳聋。"《遣闷奉呈严公二十韵》:"老妻忧坐痹,幼女问头风。"《耳聋》:"眼复几时暗,耳从前月聋。"这是杜甫人生最后阶段的病征,所谓"偏枯"就是半身不遂,所谓"头风"包含今天所说的脑血管疾病。到了最后阶段,杜甫的右臂麻痹不能用,写信靠儿子代笔,还发生了耳病。这些都可能是糖尿病并发症。

另外,杜甫在四十岁左右头发就白了,而且可能出现了某种老年眼病,《小寒食舟中作》:"春水船如天上坐,老年花似雾中看。"

(三)抗争与逝世

杜甫很想与疾病抗争,但上天给予他的是坎坷的一生,他没有办法挽救自己。当时上层社会流行用丹药治病。可是炼制丹药需要的钟乳石、丹砂、礜石、石英,杜甫一样也买不起,所以只好服用一些低档次的草木药制成的所谓"丹药"。有关这一点,可参看廖芮茵《唐代服食养生研究》。出蜀之后,杜甫曾在夔州居住养病,听说乌鸡可医治自己的病,于是孵了上百羽,还监督自己儿子宗文建立鸡圈:"愈风传乌鸡，秋卵方漫吃。”（《催宗文树鸡栅》）不仅要吃肉，还想吃乌鸡蛋治病。

但是，没有稳定的生活条件，没有良好的营养基础，杜甫只能看着自己的身体每况愈下。安史之乱时他辗转来到成都避难，仰赖成都尹严武的支持，过了几天安稳日子。但严武去世后，又遭遇军人叛乱，他不得不离开成都，来到夔州。

768年正月，在弟弟杜观催促下，杜甫离开夔州，重新踏上旅途。到了荆州，连续发生变故，商州兵马使刘洽叛乱。紧接着又听说吐蕃进攻凤翔，长安受到威胁。这些消息使得杜甫打消了北上的念头。此时的他，形容憔悴，越发衰老。

荆州的日子也难以为继，于是沿着岳州、潭州一路走去。在潭州，他遇到了同样流浪的唐玄宗时期著名音乐家李龟年，想到玄宗旧事，感慨万千。杜甫运气就是这么差，潭州地方官又叛乱，他不得不前往衡阳。计划前往郴州，因为他的舅舅崔伟在那里当官。可怜的杜甫，衣食不济，只能投亲靠友换一碗饭吃。

走到耒阳，江水暴涨，杜甫困在舟中，五天没有饭吃。当地聂县令听说过杜甫的名字，很仰慕他，于是拿着白酒牛肉来接济他。此处白酒应该指的是白色米酒，唐代还没有蒸馏白酒。耒阳等地至今还有所谓“醐酒”，就是颜色发白或者米黄色、浑浊的低度米酒。

杜甫当然很感谢。但是水势不退，杜甫只好掉转船头北上，与聂县令失去了联系。等到水落，聂县令去找杜甫，却怎么也找不到，以为他在大水中死去了，于是在耒阳给杜甫修了一座空坟，以示纪念。但此事造成了历史误会，在那个信息不通畅的时代，人们传言杜甫是因为过于饥饿，得到白酒牛肉后大吃一顿而死。《旧唐书·杜甫传》就是这样说的，结果导致以讹传讹。

此事发生于 770 年夏季，其实当年秋冬之际杜甫还写了《风疾舟中伏枕书怀三十六韵奉呈湖南亲友》，写作地点是洞庭湖，诗里他说"转蓬忧悄悄，行药病涔涔"。大约在写完这首诗之后，杜甫便撒手人寰。要说杜甫死于耒阳，那么此诗就无法解释了。冯至先生的《杜甫传》指出，杜甫大约是 770 年冬去世的，卒于潭岳之间。正史所谓死于白酒牛肉的说法来自《明皇杂录》之误记。

一代诗圣就此陨落。他的一生从未富裕过，也从未得登高位，而且几乎从未摆脱疾病的困扰。他有很多不切实际的幻想。但是他对国家、对人民充满爱，他自己的不幸并未导致他的自暴自弃，而是塑造了他的伟大品格，塑造了他的诗，他用诗记载那个时代。在这里，你可以看到盛世的繁华，也可以看到大厦倾倒时刻的惊慌与悲怆，也可以看到人民的疾苦。杜甫从来都与民众同呼吸。从这点来说，杜甫当得起那个"圣"字。

五、安禄山之死

安禄山，安史之乱的发起者，唐朝由盛转衰的罪魁。众所周知，他死于自己的儿子安庆绪所发动的政变。但实际上，即便没有安庆绪政变，安禄山恐怕也命不久矣，因为他有糖尿病，并且已经有了严重的并发症。

在没有胰岛素的古代，糖尿病并发症出现早，病情发展快。虽然史籍没有明确记载，但蛛丝马迹表明，安禄山极可能是一个严重糖尿病患者。他体胖，而且已经有了糖尿病的诸多症状。

糖尿病在肥胖人群中高发是不争的事实。安禄山就极度肥胖。《册府元龟》卷八八三："安禄山垂肚过膝，自称得三百五十斤，每朝见，玄宗戏之曰：'朕适见卿肚几垂至地。'禄山每行，以肩膊左右，抬挽其身，方能移步。"由于体胖，上马困难，所以就要有个台阶才能上去。他的马鞍都是特别设计的，前面带个小鞍，用来承载他垂下来的大肚子。由于肚子太大，穿衣服很困难，尤其是唐代官服外面要系腰带，所以他有特别的穿衣法，《旧唐书·安禄山传》："禄山肚大，每着衣带，三四人助之。两人抬起肚，（李）猪儿以头戴之，始取裙裤带及系腰带。"每次穿衣服要有人在旁边抬起肚子，而奴仆李猪儿跪下用头顶起肚子，在下面系上腰带。《安禄山事迹》记载，安禄山有部将孙孝哲，其母美貌，与安禄山私通。孙孝哲本人又擅长缝纫，安禄山有一次在接受唐玄宗接见前衣服崩坏，大窘，孙孝哲不慌不忙，从怀里掏出针线，很快缝好。安禄山体肥，后来所有衣服必须经孙孝哲缝纫。

安禄山担任范阳节度使期间，每从范阳进京，沿途的驿站都要事先做准备，修一座上马用的台阶，号称"大夫换马台"，而且每匹马都要事先用几百斤重的沙袋压上去试试承受力，能及格的不惜花费重金收购，精心饲养，专门提供给安禄山。

安禄山曾经得益于自己的胖大身形。《旧唐书·安禄山传》："张守珪为幽州节度，禄山盗羊事觉，守珪剥坐，欲棒杀之，大呼曰：'大夫不欲灭两蕃耶？何为打杀禄山！'守珪见其肥白，壮其言而释之。"这是他寒微之时的事情，幽州节度使张守珪因为其身形肥白，貌似不凡，所以饶恕了他。后来在张守珪手下安禄山混得风生水起。

虽然唐人以胖为美，实际上凡事皆有限度，唐人欣赏的其实是丰满，不是痴肥，而安禄山胖得实在过分了，张守珪后来就有所嫌弃，安禄山听说后马上开始禁食减肥，使得张越发欣赏他。

但是很明显，后来安禄山体重再次反弹，不但越发肥胖，而且逐渐出现了糖尿病症状：

1. 体表生疖长痈疽，并且常年不愈。《旧唐书·安禄山传》："禄山以体肥，长带疮。……又著疽疾。"糖尿病患者高糖状态容易诱发周围血管神经病变，导致容易被细菌感染。有近三分之一的糖尿病患者体表容易长疮，并且难以愈合。有的甚至引发败血症。

2. 有眼疾。《旧唐书》记载说他"及造逆后而眼渐昏，至是不见物"。糖尿病患者有较高几率发生视网膜病变，严重者可导致失明。而安禄山恰恰符合这个症状。

3. 可能有足疾。在掀起叛乱的时候，安禄山率军南下，但并未像以前那样骑马，而是乘坐铁舆，即铁辇，而且在指挥过程中一直乘坐，怀疑其足部有疾，不排除糖尿病足的可能。

4. 嗜睡。安禄山身旁有谋士高尚，《旧唐书·高尚传》："出入禄山卧内。禄山肥，多睡，尚执笔在旁或通宵焉。由是浸亲厚之。"高尚常为安禄山起草文稿，并且做记录。安禄山嗜睡，而高尚经常在旁边持笔等候通宵，以备安禄山随时醒来。嗜睡也是糖尿病症状，患者病体内糖代谢紊乱，血糖无法被充分吸收，大量从尿中排出，从而引起中枢神经系统氧化应激反应减退，导致嗜睡。

有学者认为安禄山是服食丹药引发病征，最主要的证据就是安禄山体表长年有痈疽，而痈疽是服食丹药引发的，丹药中的重金属会导致中毒，可能诱发多发性神经炎，症状就是体表难以愈合的脓疮。但如果解释为丹药引发的神经炎，那么嗜睡、眼疾等症状就没法得到圆满解释。所以笔者认为，综合各种症状，安禄山患有糖尿病的可能性更大。

病痛使得安禄山晚年愈发癫狂。其子安庆绪在地位受到威胁之后联合严庄等人发动政变，刺杀了安禄山，凶手则是每天服侍安禄山穿衣的李猪儿。李猪儿侍奉安禄山多年，当年还是安禄山亲自将其阉割。而李猪儿之所以被安庆绪等人说动，与安禄山的疾病密切相关。安禄山因为疾病所以脾气暴躁，经常无故殴打辱骂李猪儿。李猪儿早已怀恨在心。严庄对他说：你若不行大事，必然被皇上打死。李猪儿就此和安庆绪、严庄联起手来。

当晚，李猪儿手持利刃进入卧室，刺向正在醋睡的安禄山。安禄山被疼痛惊醒，但因为眼疾，什么也看不见，慌乱中摸枕下防身的佩刀，也摸不到，于是手摇着帐竿，大喊道："是家贼！"最后肠子都流了出来，气绝而亡。

坦白说，以安禄山的病情，即便没被刺杀，恐怕也命不久矣，因为种种症状表明他的并发症已经到了很严重的地步。而他晚年的一系列昏着，例如更换继承人，辱骂殴打严庄、李猪儿等心腹或者近侍，也未必和疾病无关。

我们总喜欢为历史人物的行为找到一个"深层次"的政治或者经济动机，似乎只有这样分析历史才显得高深，这与中国史学脱胎于政治史框架密切相关。但人有理性也有感性的一面。影响历史进程的不仅有理性的行为，也有非理性的偶发因素，如果认为历史人物所有行为都有"深层次"的政治和经济动机，那就是忽略了人性的复杂，将人视为机器，将历史简单化。包括安禄山在内，很多历史人物的行为，必须考虑到健康状况对他们情绪、判断能力、行为目标的影响。

六、韩愈与丹药

韩愈曾是丹药的坚决反对者，最后却死于丹药。其行为充分体现了人的思想和行为的复杂性。我们读史的时候，太容易把人以阶级、性别、受教育程度、地域等进行划分，其实人是非常复杂的，思维动机绝不是用"黑"与"白"就可以划分清楚的。韩愈就是一个复杂类型的典型。

韩愈不仅是文起八代之衰的大文豪，同时也是当时的舆论领袖之一。对待疾病和医药也有鲜明的个性。

魏晋隋唐以来，服食寒食散、金丹蔚然成风。余嘉锡《寒食散考》推测从魏正始至唐天宝的五百年间，服散者可能多达数百万，因之殒命的恐怕有数十万之多。他列举了帝王、大臣、僧道、妇人服散诸多例子，指出由于服散成本高昂，故一般是上层社会人士行为。鲁迅《魏晋风度及文章与药及酒之关系》认为所谓魏晋名士风度与服食寒食散和丹药密切相关，他说："吃了散（寒食散）之后，衣服要脱掉，用冷水浇身；吃冷东西；饮热酒。这样看起来，五石散吃的人多，穿厚衣的人就少；……因为皮肉发烧之故，不能穿窄衣。为预防皮肤被衣服擦伤，就非穿宽大的衣服不可。现在有许多人以为晋人轻裘缓带，宽衣，在当时是人们高逸的表现，其实不知他们是吃药的缘故。一班名人都吃药，穿的衣都宽大，于是不吃药的也跟着名人，把衣服宽大起来了！还有，吃药之后，因皮肤易于磨破，穿鞋也不方便，故不穿鞋袜而穿屐。所以我们看晋人的画像或那时的文章，见他衣服宽大，不鞋而屐，以为他一定是很舒服，很飘逸的了，其实他心里都是很苦的。"

到了唐代，服食金丹之风依旧非常盛行。韩愈是上层社会成员，又浸染在这样的氛围里，但是他却对此大不以为然，在《故太学博士李君墓志铭》中列举了身边所见丹药所害之人，然后说："余不知服食说自何世起，杀人不可计，而世慕尚之益至，此其惑也！"以今人思维看来，韩愈是看透了炼丹术的不可靠，是对服食行为的全盘否定。但是诡异的是，后来韩愈自己却也服用起了丹药，并且死于丹药。

这种矛盾的行为恐怕有两个原因：首先，越老越怕死，人到晚年思想可能与以前有所不同。其次，极有可能韩愈反对的不是丹药本身，而是认为前人的服用方式不对，所以要摸索一套自己的方法。陶榖《清异录》："昌黎公愈……用硫磺末搅粥饭，啖鸡男，不使交，千日烹庖，名曰'火灵库'。公间日进一只焉，始亦见功，终致绝命。"当时丹药往往经过火炼，原材料有朱砂、礜石、钟乳石、白石英、紫石英、硫磺等。而韩愈的丹药不经火炼，也不使用流行的丹药配方，而是以硫磺喂鸡，然后吃鸡，间接服用。

韩愈极可能就是死于过多的硫磺摄入。白居易《思旧》

诗："闲日一思旧，旧游如目前。再思今何在，零落归下泉。退之服硫黄，一病讫不痊。微之炼秋石，未老身溘然。杜子得丹诀，终日断腥膻。崔君夸药力，经冬不衣绵。或疾或暴夭，悉不过中年。"这里所列举的就是韩愈、元稹、杜牧、崔玄亮服丹药而死的事情。

韩愈卒于 824 年，享年 57 岁。长期服用硫磺会产生慢性中毒，未被氧化的游离硫化氢是强烈的神经毒物，患者症状是中枢神经系统症状和窒息等，韩愈应该是死于此病。

但这也曾引起学界争论，方崧卿《韩子年谱》认为白居易《思旧》中提到的字退之的人是卫中立而非韩愈，钱大昕《十驾斋养新录》卷十六《卫中立字退之》表示赞同，并且认为韩愈不可能行为自相矛盾："长庆三年作《李干墓志》，力诋六七公皆以药败。明年则公卒，岂咫尺之间身试其祸哉？"林纾《韩柳文研究法》、章太炎《文录》卷一《思乡愿》也都认为白诗中的"退之"系卫中立。陈寅恪《元白诗笺证稿·附论乙白乐天之思想行为与佛道之关系》则从白居易的交往和诗的语境出发认为退之非韩愈莫属。卞孝萱从白韩交游、韩愈卒年、唐代士大夫生活情况、韩愈晚年生活，以及韩愈曾向友人乞取丹药等多个方面考察认为"退之"就是"韩愈"。

其实这样的行为在历史上不乏旁例，例如孙思邈就有一边对石药发出"宁食野葛，不服五石"的指责，一边又自制太一神精丹的行为。宋代也有持类似行为的名人，江休复

《醴泉笔记》卷下："高敏之以钟乳饲牛，饮其乳，后患血痢卒。或以为冷热相激所致。"高敏之即高若讷，高不仅是政治人物，而且以医术闻名，他服食的方式与韩愈类似，即不直接服用丹药，而是以钟乳石饲牛，然后饮用牛乳。

要解释这样的"矛盾行为"，可以借鉴一下伊姆雷·拉卡托斯（Imre Lakatos）《科学研究纲领方法论》中的保护带（protective belt）理论。具体到服食人的思想上，他们的思想"核心"当然是丹药可以令人长生甚至成仙，但是这个核心有一圈"保护带"，就是一些假设条件，若不满足某些条件，丹药就会失灵，比如炼制方式不对、服用方式不对、触犯禁忌（比如那时候认为炼制丹药时候不能见女人，也不能见动物）、服用者德行不够，例如不仁不孝等。当丹药失灵的时候，人们不会怀疑丹药本身是否能使人长生或者成仙，而是认为那些假设条件没有得到满足，所以导致失灵。

比如苏东坡就曾经自设"保护带"。《东坡志林》卷五中，他对服食行为发出指责，认为害人不浅；但很明显，他所指责的不是服食行为本身，而是"不正确"的服食，他有自己的办法。《东坡志林》卷一：

> 以三十瓷器，皆有盖，溺其中，已，随手盖之，书识其上，自一至三十。置净室，选谨朴者守之。满三十日开视，其上当结细砂如浮蚁状，或黄或赤，密绢帕滤

取。新汲水净，淘澄无度，以秽气尽为度，净瓷瓶合贮
之。夏至后取细研，枣肉丸如梧桐子大，空心，酒吞下，
不限丸数，三五日后服尽。夏至后仍依前法采取，却候
冬至后服。此名阳丹阴炼，须清净绝欲，若不绝欲，其
砂不结。

苏东坡对当时流行的炼丹法并不满意，而是创造出一套类似
于"秋石"提取法的"阳丹阴炼"，以罐子储存尿液，满三十
日后依次开启，提取其中结晶物，洗净过滤，夏至后配合枣
肉捏成丸，用酒冲服，称为"阳丹"。而且也做了预设条件，
即禁欲，否则无法成功。这些行为都是在所谓保护带中不断
替换辅助性假设的行为。

彻底否定丹药的当然也不乏其人。著名的《古诗十九首》
中《驱车上东门》就说："人生忽如寄，寿无金石固。万岁更
相送，圣贤莫能度。服食求神仙，多为药所误。不如饮美酒，
被服纨与素。"认为人生苦短，服药反而误人，不如饮酒享
乐。向秀《难嵇叔夜养生论》中也说：

又云"导养得理以尽性命，上获千余岁，下可数百
年"，未尽善也。若信可然，当有得者。此人何在？目未
之见。此殆影响之论，可言而不可得。纵时有耆寿耇老，
此自特受一气，犹木之有松柏，非导养之所致。若性命

以巧拙为长短，则圣人穷理尽性，宜享遐期。而尧、舜、禹、汤、文、武、周、孔，上获百年，下者七十，岂复疏于导养邪？顾天命有限，非物所加耳。

白居易也是一个典型，《思旧》诗云：

> 唯予不服食，老命反迟延。况在少壮时，亦为嗜欲牵。但耽荤与血，不识汞与铅。饥来吞热物，渴来饮寒泉。诗役五藏神，酒汩三丹田。随日合破坏，至今粗完全。齿牙未缺落，支体尚轻便。已开第七秩，饱食仍安眠。且进（一作尽）杯中物，其余皆付天。

意思就是自己不服食，但是却得以享尽天年，七十岁了尚且食宿正常。但思想是多元的，韩愈、高若讷等人的态度与白居易等人的态度只能说各自代表一端。

韩愈临死前有个奇特的举动，能充分展现他的"轴脾气"。众所周知，韩愈一生反佛，曾经在唐宪宗迎佛骨舍利的时候泼冷水，上了著名的《论佛骨表》，提出"乞以此骨付之有司，投诸水火，永绝根本，断天下之疑，绝后代之惑"，惹得唐宪宗龙颜大怒，将其贬为潮州刺史。也就在去岭南的路上，他写下了著名的《左迁至蓝关示侄孙湘》："云横秦岭家何在？雪拥蓝关马不前。知汝远来应有意，好收吾骨瘴江边。"

　　到了岭南，韩愈才知道传说中的瘴气似乎没有那么可怕，他并未因此而亡。后来辗转回到了朝中。在潮州，他最担心的是流言，即"韩愈悔过信佛"的谣言，原因是在潮州，他与一个叫大颠的和尚来往甚密，于是有人以为韩愈信佛了。在《与孟尚书书》中他说："有人传愈近少信奉释氏，此传之者妄也。潮州时，有一老僧号大颠，颇聪明，识道理。远地无可与语者，故自山召至州郭，留十数日，实能外形骸，以理自胜，不为事物侵乱。与之语，虽不尽解，要自胸中无滞碍；以为难得，因与来往。及祭神至海上，遂造其庐，及来袁州，留衣服为别，乃人之情，非崇信其法，求福田利益也。"意思是当时的潮州文化极端落后，竟然无能对话者，听说当地有一僧人大颠，聪明有文化，故与之交往，并非自己改弦更张信佛了。

　　一直到去世前，他还在与僧徒们对抗。《唐语林》："韩愈病将卒，召群僧：'吾不药，今将病死矣。汝详视吾手足支体，无诳人云韩愈癞死也。'"所谓"癞"，即麻风，韩愈临死前召集僧人，检视自己的手足四肢，以证明自己未得麻风，从而堵住僧人的嘴。佛教中得麻风（癞）常被视为恶人所遭报应。

　　为什么会产生这样的担心？可能还是与硫磺有关。慢性硫磺中毒的症状之一就是引起皮肤湿疹，而麻风的症状是皮

肤出现斑疹、丘疹、结节、斑块，甚至溃烂。韩愈大约因此
担心僧人将湿疹视为癞病，以证所谓报应，所以临死前要求
他们检视自己的身体。此事足可见韩愈虽经大颠之事，与佛
教徒还是"斗争到底"。

有关韩愈服硫磺之事，在现代竟然还曾引发一场"名誉
权"官司，令人大跌眼镜。官司发生在中国台湾。1976年郭
寿华以笔名"干城"在《潮州文献》第2卷第4期发表《韩
文公、苏东坡给与潮州后人的观感》一文，说韩愈好色，在
潮州感染"风流病"，又听信术士之言服用丹药，导致死亡。
没想到有自称韩三十九代孙韩思道者，以"诽谤死人罪"提
起控诉。

其实郭寿华文章十分粗糙，什么韩愈得风流病纯属臆测，
没有史料依据。对其文展开批评无可厚非，但没想到竟然打
了官司。一时舆论纷纷，包括钱穆等在内的一众学者也纷纷
撰文发表意见。多数学者指责韩思道荒谬，但一贯卫护中华
文化正统的钱穆则对原告表示支持："郭某谓韩公在潮得风流
病，一般学人又谓法院判郭罪乃文字狱。此所谓风流病与文
字狱两语，似不宜随便使用。"文章的末尾他又诉说了支持的
理由，即维护儒家文化，反对崇洋贬古，是一种"虽千万人
吾往矣"的慨叹：

> 民国以来，吾学术界亦有共鸣，则为崇洋谴华，是

今非古。余不幸，乃独于前清之末即知读韩公书，乃不能免于敬贤尊古之凤习。近代学术界亦非不敬贤尊古，惟所敬所尊乃洋贤洋古，而惟己是谴。余则谴己生之不肖，不敢谴祖宗之无德。因以自孤于一世，则每以韩公之颂伯夷者自慰自勉。偶值诽韩风潮，亦不免作不平鸣，然其声哑以嘶，其辞晦而抑，并不能鸣举国一世之盛，而特为国族往古鸣不平。是余之所鸣，乃得当世之私而反。惟亦窃自附于学术言论之自由，当受卫护，不受裁判，则虽遭鄙斥，又何说以效东野之不释然哉。韩公《答胡生书》有曰："别是非，分贤与不肖，愈不敢有意于是。"窃愿附于此，用息不知者之谤。

这就远非学术问题了。

后来台湾的法院一、二审皆认可原告诉求，判罚金三百元。此案引发之震荡远超史学界范畴。不仅涉及历史事实的认定，还涉及法学方法论中的"目的性限缩"，更涉及学术自由问题。一直到现在还有提起讨论者。这大约也是韩愈想不到的"行为后果"。

七、王阳明的死因

王阳明应该是一位肺结核患者。下图是上海博物馆藏《阳明先生小像》，是王阳明最为满意的一张画像。作者蔡世新，号少鳌，赣州人，画家，王阳明弟子。王阳明任南赣巡抚期间，蔡世新为他画像，王阳明非常满意，因为王阳明"骨法棱峭"，所以画像不好画，以往的画像均不称心，唯独蔡世新所作，王阳明觉得符合自己的形象。

[明]蔡世新绘《阳明先生小像》，体貌清癯，神态洒然，而微带病容

王阳明的特点就是瘦，清癯颇有风度，然亦不掩病状。查《王文成公全书》有他晚年病重时亲笔撰写的《乞恩暂容回籍就医养病疏》，提到自己身患"咳痢之疾"，按《千金方》及《外台秘要》均有咳痢，但皆儿科病。那么王阳明的"咳痢之疾"是什么？

先看《乞恩暂容回籍就医养病疏》内容，此为王阳明病重之际给皇帝的上疏，恳请回原籍余姚养病，实际上是已经垂危，乞归葬耳。文曰：

> 臣自往年承乏南赣，为炎毒所中，遂患咳痢之疾。岁益滋甚。其后退伏林野，虽得稍就清凉，亲近医药，而病亦终不能止。但遇暑热，辄复大作。去岁奉命入广，与旧医偕行，未及中途，而医者先以水土不服，辞疾归去。是后既不敢轻用医药，而风气益南，炎毒益甚，今又加以遍身肿毒，喘嗽昼夜不息，心恶饮食，每日强吞稀粥数匙，稍多辄又呕吐。当思恩、田州之役，其时既已力疾从事，近者八寨既平，议于其中移卫设所，以控制诸蛮，必须身亲相度，方敢具奏。则又冒暑舆疾，上下岩谷，出入茅苇之中。竣事而出，遂尔不复能兴。今已舆至南宁，移卧舟次，将遂自梧道广，待命于韶、雄之间。新任太监、总兵，亦皆相继莅任，各能守法奉公，无地方骚扰之患。两省巡按等官，又皆安靖行事，创涤

往时烦苛搜刻之弊，方务安民。今日之两广，比之异时，庶可谓无事矣。臣虽病发而归，亦可以无去后之忧者。夫竭忠以报国，臣之素志也。受陛下之深恩，思得粉身齑骨以自效，又臣近岁之所日夜切心者也。病日就危，尚求苟全以图后报，而为养病之举，此臣之所大不得已也。惟陛下鉴臣一念报主之诚，固非苟为避难以自偷安，能悯其濒危垂绝不得已之至情，容臣得暂回原籍，就医调治。幸存余息，鞠躬尽瘁，以报陛下，尚有日也。臣不胜恳切哀求之至。

值得注意者：

1. 王阳明自述病发于抚平南、赣之时，此为 1516 年事，则可推断患病长达十三年以上去世，是慢性病。而且主要病症是呼吸系统疾病。

2. 王阳明自述病状有咳嗽、浮肿、恶心呕吐、食欲低，且有"痢"字，可见还有腹泻。以上病状似接近肺结核，浮肿是电解质紊乱导致，腹泻则是含结核杆菌唾液影响肠胃所致。王阳明体型的瘦削也符合肺结核患者外观形象。

3. 王阳明提到每逢炎热则病况加重，夏季的确为肺结核病情加重的季节。

王阳明上疏后等不及皇帝回复，立即动身前往原籍，但尚未到家，嘉靖七年（1528）十一月二十九日卯时病逝于南安府舟中。临终之际，弟子问遗言，王阳明曰："此心光明，亦复何言。"遂病逝。

　　中国历史上肺结核一直是严重的传染病，死于此病的人极多，而王阳明算得上最著名的人之一。

第十二章

割股奉亲

——一言难尽的孝道

　　著名的"二十四孝"中，有骇人听闻的郭巨埋儿，却没有大名鼎鼎的割股奉亲。割股奉亲这种重口味的行为看来在作者眼中"政治不正确"，因为围绕它有个悖论：割股奉亲是孝道，可身体发肤受之父母不合毁伤也是孝道，传统的孝道是父母可以伤害子女，子女却不得伤害父母（例如舜之父可以杀舜，舜却只能躲避），哪怕伤害的仅仅是父母传给自己的血肉。

　　但问题是，这并没有阻止割股奉亲的盛行一时。越是骇人，越是能展现孝心，孝心是需要通过激烈的方式展现出来的。1998 年宣化下八里 2 区出土辽代墓葬 1 号墓《割股疗亲》图，一老妪做病痛状，一女子持刀正在自割股肉准备下药，其身份应是老妪的女儿或者儿媳。

　　有人反对，有人推崇，割股奉亲就是用这样奇特的方式出现在历史长河里。

　　开篇之前，首先要说清楚一件事——这里说的割股疗亲，与著名的"介子推割股"没有关系。介子推故事是这样的：介子推随公子重耳流亡到卫国，随从偷光了资粮逃走，重耳几乎饿死。介子推把腿上的肉割下一块，与野菜同煮成汤给重耳，重耳大受感动。重耳即位后大行封赏，介子推未受封，且不屑与宵小之徒为伍，于是奉母隐居绵山。重耳为了逼他

宣化下八里 2 区出土辽代墓葬 1 号墓《割股疗亲》图

出来，放火烧山，却导致介子推被烧死。但其实，介子推是否曾经割股还是一个疑问。《左传》和《史记》里有介子推随重耳流亡事，却没有割股之事，此事首见于《庄子·盗跖篇》，又见于《韩非子·用人篇》，由于这两篇被历代许多学者断为后人擅增，所以此事实可存疑（包括介子推是否被烧死，也是疑问，《左传》只说"遂隐而死"）。但即便真的有，也只是个案，且与孝道无关。

那么侍奉父母的割股奉亲是什么时候出现的？极有可能是隋代或者比隋代稍早的时期。原本人们都认为是唐代开元时期陈藏器《本草拾遗》首创割股疗疾，但李时珍《本草纲目》卷五二《人部》"人肉"条指出：

张杲《医说》言：唐开元中，明（州）人陈藏器著

《本草拾遗》，载人肉疗羸瘵，间阎有病此者多割股。按，
陈氏之先，已有割股割肝者矣。

李时珍的说法是正确的。比陈藏器的《本草拾遗》更早
就有了割股奉亲，根据唐开元年间僧德宣撰《隋司徒陈公舍
宅造寺碑》记载，隋代晋陵人陈杲仁曾经有过割股疗亲的行
为。这似乎是目前能见到的最早的相关记录。

一、人肉为何可以治病？

人肉是如何与医疗挂钩的呢？有证据表明，至少在东晋时就已经有僵尸肉可以入药的观念了，刘敬叔《异苑》卷七云：

> 京房尸至义熙中犹完具，僵尸人肉堪为药，军士分割之。

这和后世活人割股当然不同，但反映出当时确实有以人肉入药的"偏方"存在。"僵尸肉入药"的观念其实是某种落后的原始思维模式的残存，这种模式被法国人类学家列维·布留尔命名为"互渗律"。布留尔是这样阐释的："食用一种生物，就意味着在某种意义上与它互渗，与它相通，与它同一……我们知道，某种食人之风即来源于此。"《异苑》文云"僵尸人肉堪为药"，可能反映出这样的一种观念：僵尸历经多年而不腐，古人认为其中一定有某种神秘的物质在起作用，这种物质作用在死人身上可以使尸体不腐，那么作用在活人身上大概也可以使人身不坏，通过吃僵尸肉就可以占有这种神秘物质。

活人肉早期的应用和后世不一样，不是针对所有疾病的，而是被用来治疗结核性疾病。《本草拾遗》原话是"人肉治瘵疾"或者是"人肉疗羸瘵","瘵疾"和"羸瘵"就是肺结核。所以说最初人肉入药可能是针对结核性疾病的。《册府元龟》卷一三九《帝王部·旌表》有关于先天年间割股疗亲的事例："（先天二年，713）孝子王知道母患骨蒸，医云须得生人肉食之，知道遂密割股上肉半斤许，加五味以进母，母食之便愈，即托他疾卧，不令母知。"在我们目前能看到的早期割股实例中只有这一则提到了具体的疾病名称，而所谓"骨蒸"恰恰是结核病的另一个称呼。

众所周知，结核病在抗生素类药物诞生之前是一种致命的慢性病，吃肉是治疗方式之一。即如《剑桥医学史》所言："贫穷是结核病最好的沃土，而充足的高蛋白食谱、不断改善的营养，以及更好的卫生和居住条件则会阻止它的发展。"古代欧洲肺结核患者往往靠食用生肉来补充营养。印度梵文医学经典《医理精华》第 8 章第 9 条认为"（对）肺病患者（而言），……鸟肉和野兽肉也是很适合的"，第 31 章第 12 条认为用大蒜汁和脂肪或者骨髓相加能使肺病患者强壮起来。唐宋的医书中也不乏此类记载，例如《外台秘要》卷一三引《救急方》"疗骨蒸传尸方"就以皂荚、黑饧糖和拳头大的羊肉块入药，同卷还记载有苏游的见解，他认为应该给患者吃鹿脯肉。《圣济总录》卷九三《骨蒸传尸门》则有以猪肚入药的"猪肚黄连丸"。

可是吃动物肉怎么转变成吃人肉的呢？在某些特定情况下（灾荒、战乱、赤贫），升斗小民获得牲畜肉类可能比较困难，因此有孝子会自割股肉代替之，这也就是"割股奉亲"首先出现于民间下层的原因。

到了后来，人肉才被人们应用于其他疾病。编纂于宋代的《新唐书》和《南部新书》《册府元龟》已经不知道人肉最初的用处了，只泛泛说人肉可以治病。医学史上，这种药物被逐渐"滥用"的现象并非罕见。

读者或有问：百姓获得一点肉食至于如此困难吗？郑麒来《中国古代的食人》对此已经有了很好的回答。郑先生指出食人肉的现象在中国古代很常见，并且把这种行为分为两大类：求生性食人与习得性食人，认为前者是在饥馑或者战争条件下产生的，后者"是一种食用人体特定部分的风俗化行为"。

笔者认为"割股疗疾"兼有两者特征。首先，最初的割股疗疾极可能是在战乱或者饥馑情况下出现的，某人在身患瘵疾的尊亲急需肉类之时，在维持日常最低热量的食物都无法得到保障的情况下，不得不出此下策，属于"求生性食人"。某种机缘之下，尊亲的瘵疾竟然痊愈，也许痊愈的原因与人肉无直接关系（一个人能从自己身上割多少肉呢），但是古人的观念中，总是习惯于把治愈绝症的功劳归于所服用药材中之奇绝者，于是人肉获此"殊荣"，使得这个药方传播开来，成了民间偏方。对于后世割股疗疾者来说，他所处的时代尽管有可能是食物（包括肉食）比较充裕的时代，但他已经不知道割股最初的目的了，只知道这是一个"有效"的秘方，自己的股肉会治愈尊亲的疾病，这样的行为应该归于"习得性食人"。

另外还有一种情况，那就是禁屠也可能导致有人自割身肉，这是有直接证据的。前揭《全唐文》卷九一五僧德宣《隋司徒陈公舍宅造寺碑》："公（陈果仁）事后亲，亲病须肉，时属禁屠，肉不可致，公乃割股以充羹。"陈是当地豪族，他之所以割股，当然不是由于贫穷或者饥馑，而是因为当时禁止屠宰牲畜，不得已而为之。

不过，以活人肉治病毕竟有悖于儒家伦理，所以只存在于民间医疗活动中，在主流医家那里没有得到承认。现存的隋唐重要医书——《诸病源候论》《千金方》《千金翼方》《外台秘要》以及官修的《新修本草》里面没有这种内容，唯一一个敢于将其正式记录的就是陈藏器的《本草拾遗》。原因是：陈藏器很"二"。

《撒马尔罕的金桃——唐代舶来品研究》的作者薛爱华认为："唐史中没有为陈藏器立传——这是对他标新立异的惩罚。"他是一个在当时不入正规医学家法眼的医人。

陈藏器的"药物"可谓光怪陆离、无所不包，例如古镜、钉棺下斧声、枷上铁钉、天子耤田三推犁下土、社坛四角土、市门土、载盐车牛角上土、寡妇床头尘土、富家中庭土、三家洗碗水、猪槽中水、市门众人溺坑中水、自经死绳、故渔网、故缴脚布、产死妇人冢上草、孝子衫襟灰、灵床下鞋履、人血、人肉、人胞、妇人裤裆、人胆、男子阴毛、死人枕、夫衣带等。

可以看出来，陈藏器是个另类医学家，与其说是医学家，不如说更接近巫医。例如"天子耤田三推犁下土"，陈氏说它有"安神定魄强志，入官不惧，利见大官，宜婚市"的效能，"社稷四角土"则有"牧宰临官，自取以涂门户，主盗不入境"的作用，"听人家钉棺下斧声"可以治疗"胬肉"（即"胬肉攀睛"，睑裂部球结膜与角膜上一种赘生组织），"寡妇床头尘土"可以治疗"月耳割疮"（割耳疮）。

不过话说回来，假如没有一种氛围能帮助隋唐人突破传统儒家的"身体发肤受之父母不合毁伤"的理念，陈藏器也"二"不起来，更不可能有那么多追随者。这种有悖科学和社会伦理的社会风习，与时代历史背景息息相关，涉及当时的医学思想、外来文化包括佛教的影响、儒家思想的演变、政府对于孝道的鼓励、人民赋役的沉重，等等。可以说，唐朝特有的时代背景使得这个历史怪胎壮大起来。这远非医学本身可以解释的。

二、割股奉亲在隋唐兴起的原因

为什么隋唐时人能冲破儒家的理念，接受这种自残行为呢？

（一）佛教的影响

《法苑珠林》卷一七《求法部》："《涅槃经》云：'佛言：……此娑婆世界有佛出世，号释迦牟尼。为众生宣说《大涅槃经》。我于尔时从善友所，传闻佛说《大涅槃经》，心中欢喜，即欲供养。贫无财物，遂行卖身，薄德不售，即欲还家。路见一人而复语言：吾欲卖身，君能买不？其人答言：我家作业，人无堪者。吾有恶病，良医处药，应当日服人肉三两。卿若能以身肉三两日日见给，便当与汝金钱五枚。我时闻已，欢喜语言：惠我七日，须我事讫，便还相就。其人答言：听汝一日。我即取钱往至佛所，礼已奉献，然后诚心听受是经。我时暗钝，唯受一偈……受是偈已，至病人家。虽复日日与肉三两，以念偈故，不以为痛。日日不废，足满一月。其人病瘥，疮亦平复。我时见身具足平复，即发菩提，愿未来世成佛之时，亦愿号字释迦牟尼。以是因缘，今得成佛。'"

《法苑珠林》卷九五《瞻病部》："又《弥勒所问本愿经》

云：佛语阿难：我本求道时，勤苦无数，乃得成佛，其事非一。佛言阿难：乃往过世时，有太子，号曰所现，端正姝好。从园观出，道见一人得病困笃。见已有哀伤之心，问于病人：以何等药，得疗卿病？病者答曰：唯王身血，得疗我病。尔时太子即以利刀刺身出血，以与病者。至心施与，意无悔恨。尔时太子者，即我身是。四大海水尚可斗量，我身施血不可称限。"

金宝祥《和印度佛教寓言有关的两件唐代风俗》认为割股奉亲就是出自这两个故事。但也有疑问，《法苑珠林》提到的《涅槃经》是《大般涅槃经》简称，翻译者是北凉时期的昙无谶，就是说至少在北凉时期该寓言故事已经为中土所知。同样的，《弥勒所问本愿经》就是《弥勒菩萨所问本愿经》，而该经进入中国时间更早，是由西晋竺法护翻译的。这样我们就会产生一个疑问：假如"割股疗疾"纯粹出于佛教寓言影响，那为什么不大行其道于佞佛甚盛的南北朝期间，而要等到数百年之后的唐朝中期才蔓延成风？更重要的是，这个说法无法解释人肉为什么最初只被用来治疗结核性疾病。

可以这样说：佛教并没有直接发明"割股奉亲"，而是潜移默化破除了儒家的教条，即"身体发肤受之父母不合毁伤"。有几个脍炙人口的佛教故事就是体现"割肉"行为的，例如"舍身饲虎"以及"割肉贸鸽"等。敦煌壁画中有《尸毗王割肉喂鹰》。尸毗王是印度国王，他看到一只老鹰追逐鸽子，怜悯鸽子，与鹰商量，从自己身上割一块同等重量的肉来换回鸽子的性命。

尸毗王割肉喂鹰

中原佛教信徒中出现了大量此类行为的模仿者。《高僧传》卷一二有专门的所谓"亡身"篇，记载了一系列"舍身利他"的故事：例如彭城驾山释昙称听说有恶虎伤人，就舍身饲虎，据说虎患从此在当地绝迹。高昌释法进为了救济饥民，割股肉给饥民充饥。魏郡释僧富看见强盗要取一个儿童的心肝"解神"，于是主动要求代替儿童，引刀自剖。韩愈《论佛骨表》中提到的狂热的唐代佛教信徒们"焚顶烧指"的行为更是广为人知，说明包括自残自伤在内的宗教苦行在民间已经屡见不鲜。民间的割股奉亲者完全可以在佛教那里找到理论上的支持，从而坚定其决心。

（二）少数民族风俗的影响

少数民族风俗习惯的影响也是自伤肉体这种行为在唐代社会日渐普及的重要因素。自古一些周边少数民族即有自残肉体的风俗，借以表达自己的某种强烈情绪，例如葬礼上，人们多以刀划面表示悲痛。《后汉书》卷一九《耿秉传》："匈奴闻秉卒，举国号哭，或至黎面流血。"突厥风俗亦相同，《周书》卷五〇《异域下·突厥》："死者停尸于帐，子孙及诸亲属男女，各杀羊马，陈于帐前，祭之。绕帐走马七匝，一诣帐门，以刀剺面，且哭，血泪俱流，如此者七度乃止……葬之日，亲属设祭，及走马剺面，如初死之仪。"《隋书》卷八四《突厥传》同样记载："有死者，停尸帐中，家人亲属多杀牛马而祭之，绕帐号呼，以刀划面，血泪交下，七度而止。"在表达强烈诉求时，也往往有自伤以求骇人耳目的做法，《旧唐书》卷一八六上《酷吏上·来俊臣传》："时西蕃酋长阿史那斛瑟罗家有细婢，善歌舞，俊臣因令其党罗告斛瑟罗反，将图其婢。诸蕃长诣阙割耳剺面讼冤者数十人，乃得不族。"《旧唐书》卷一〇四《高仙芝传》："入朝，拜开府仪同三司，寻除武威太守、河西节度使，代安思顺。思顺讽群胡割耳剺面请留，监察御史裴周南奏之，制复留思顺，以仙芝为右羽林大将军。"

综合以上可以看出来，劓面割耳等自残身体的行为是部分少数民族表达自己或悲伤、或愤怒、或强烈诉求等情绪的一种手段。下图是日本甲贺美秀美术馆藏中国北朝石榻，应该是一位粟特籍胡人的葬具，其中出现了割耳劓面的场景：

北朝时割耳劓面图

又如敦煌 158 窟北壁《涅槃变王子举哀图》描绘的各国王子在佛祖涅槃时哀悼的场景，也有割耳劓面的行为，且行为人作胡人装束。

魏晋至唐，汉民族文化在各个方面都受到游牧民族文化

涅槃变王子举哀图

的影响，史家述及此事时经常征引《新唐书》卷八〇《常山王承乾传》中承乾模仿突厥人生活习俗的记载，其中就提到承乾扮作逝世可汗，部下"号哭剺面，奔马环临之"，可见剺面这种风俗也传入了中原。

唐以前的史料中已经屡见汉人模仿少数民族的行为。以"割耳明志"为例，《晋书》卷八六《张轨传》："治中杨澹驰诣长安，割耳盘上，诉轨之被诬，模乃表停之。"《南史》卷七四《孝义下·张景仁附卫敬瑜妻传》：记载梁代人卫敬瑜之妻在丈夫死后拒绝再嫁，"截耳置盘中为誓"。《隋书》卷八〇《列女传·郑善果母传》记载郑善果母年轻守寡，为了表示从一而终的决心而宣称"割耳截发以明素心"。

　　在唐代，自残肉体的现象更加频繁地见于记载，《新唐书》卷九三《李勣传》记载李勣在单雄信临刑时"乃号恸，割股肉啖之曰：'生死永诀，此肉同归于土！'"《旧唐书》卷一四一《田承嗣传》记载田承嗣"讽其大将割耳劗面"，借以要挟朝廷钦差。《新唐书》卷一四四《崔宁传》记载崔宁的部下曾经在朝廷使者面前"劗耳"为主将申冤。《新唐书》卷二二四下《叛臣·陈敬瑄传》记载昭宗准备处置陈敬瑄时，陈指使百姓"遮道劗耳诉己功"。打官司的当事人诉求时就往往"截耳进状"。这个现象之普遍甚至引得皇帝多次下诏明加禁止，《册府元龟》卷五一六《宪官部·振举一》、卷六一二《刑法部·定律令四》、卷六一三《刑法部·定律令五》记载有多道禁止"截耳进状"的诏书，时间分别为开元、建中、大和时期。

　　可见少数民族自伤以表达强烈情绪的风俗在唐代已是全社会的普遍现象，广泛存在于各个阶层当中。

　　不论是佛教的理论，还是少数民族的风俗习惯，剥去其外衣，我们可以发现一个共同的内核——那就是为了表达心意，自伤肢体在所不惜。因此，自残自伤行为就有了生存下去的土壤。

三、儒家的自相矛盾

当"割股奉亲"出现时，士大夫们就会碰到难题，一则父母传体受到了毁伤，二则这种毁伤目的在于为父母疗疾尽孝，该如何评价这种行为？既然介子推可以受褒扬，那么割股奉亲者的行为不是也应该受到表彰吗？在后面的论述中我们将看到士大夫阶层对此反应不一，肯定者、反对者理由似乎都很充足，这种现象产生的原因就在于儒家思想的自相矛盾。

士大夫阶层中有很多"割股奉亲"的支持者，例如令狐楚曾云："纵蚕及肤，口犹难忍。援刀刺股，心岂易安。……天生仁孝，日用元和，忘甚痛于己躯，期有瘳于亲疾，人伦共感，名教所宗。"再例如柳宗元所撰《寿州安丰县孝门铭并序》："（寿州有李兴割股救父）谨按，兴匹庶贱陋，循习浅下，性非文字所导，生与耜耒为业，而能钟彼醇孝，超出古列，天意神道，犹锡瑞物，以表殊异。"他们认为这种行为忍受肉体巨大痛苦，是本性中孝心的自然流露，足以感动上天。

而反对者则抓住这些支持者们刻意回避的儒家教条"父母之体不合毁伤"加以阐发，其中最典型的是韩愈。元和年间，京兆鄠县曾经有一个郭姓孝子割股奉亲，朝廷准备进行旌表，韩愈对此大为反感，作《鄠人对》予以抨击：

　　鄂有以孝为旌门者，乃本其自于鄂人曰：彼自剔股以奉母，疾瘳。大夫以闻其令尹，令尹以闻其上，上俾聚土以旌其门，使勿输赋，以为后劝。鄂大夫常曰："他邑有是人乎？"愈曰："母疾则止于烹粉药石以为是，未闻毁伤支体以为养，在教未闻有如此者，苟不伤于义，则圣贤当先众而为之也。是不幸因而致死，则毁伤灭绝之罪有归矣，其为不孝得无甚乎？苟有合孝之道，又不当旌门：盖生人之所宜为，曷足为异乎？既以一家为孝，是辨一邑里皆无孝矣；以一身为孝，是辨其祖、父皆无孝矣。然或陷于危难，能固其忠孝而不苟生之逆乱，以是而死者，乃旌表门闾，爵禄其子孙，斯为为劝已，矧非是而希免输者乎？曾不以毁伤为罪、灭绝为忧，不腰于市而已黩于政，况复旌其门？"

韩愈在这里首先指出割股奉亲者毁伤肢体，违背圣人遗训，不孝之甚，然后又暗示这些人是"希免输者"，反映出当时赋役的沉重已经导致许多百姓利用政府的这种褒奖，以一时之痛楚换取未来之安逸。

　　既然儒家如此自相矛盾，意见纷纭，那么老百姓当然可以各取所需。所以说，儒家"身体发肤受之父母不合毁伤"的教条此时已经失灵了。

　　而且，诸位读者，古人很多行为的背后，其实也是有利益动机的。人的特点就在于此：无论多么高尚的行为，只要有政府的鼓励，就会有矫饰者粉墨登场，就会出现鱼目混珠。

自打割股奉亲这种极端孝道行为出现后，由于其惊世骇俗，所以唐代政府对此大为赞赏，各种奖励措施也来了：首先，旌表门户；其次，蠲免赋税徭役；唐玄宗时期甚至还给割股奉亲的孝子赐官。

对于古代平民来说，赋税倒还在其次，徭役是最沉重的负担，两项皆可减免，而代价无非是一时之痛，何乐而不为？以前就有过靠自残躲避徭役、兵役者，《唐会要》卷三九《议刑轻重》："自隋季政乱，征役繁多，人不聊生。又自折生体，称为'福手''福足'，以避征戍。无赖之徒，尚习未除。"这是种黑色幽默，把为了躲避兵役徭役而致残的手脚称为"福手""福足"，即便是号称治世的唐太宗贞观时期也没杜绝此类现象，由此引得唐太宗贞观十六年（642）七月敕下："今后自害之人，据法加罪，仍从赋役。"

既然自残手足都可以做到，那么从武则天以后，割股奉亲可以冠冕堂皇受到表彰，正大光明减免赋税，还能落得孝子美名，何乐而不为？于是各种割股层出不穷，甚至还有人割肝剜眼以示自己更孝顺（想起了周星驰《唐伯虎点秋香》里的比惨大赛）。

宝历年间的一件事情从侧面证明了这个现象的存在。宝历二年（826）正月，户部侍郎崔元略上奏："……其孝子顺孙、义夫节妇及割股奉亲，比来州府免课役，不由所司。今后请应有此色，敕下后，亦须先牒当司。如不承户部文符，其课役不在免限。"诏从之。可见当时对割股奉亲者蠲免赋役的权力已经由中央下放到州府手中，由此可能出现了伪滥现象，损害了政府利益，使得中央不得不收回该项权力。

但是旌表割股奉亲者的政策并没有因为有反对者而发生改变。晚唐时期此风日甚一日，皮日休《鄙孝议上篇》曾经这样慨叹：

> 夫人之身者，父母之遗体也，剜己之肉，由父母之肉也。言一不顺色、一不怡情，尚以为不孝，况剜父母之肉哉？……今之愚民，谓己肉可以愈父母之病，必剜而饲之，大者邀县官之赏，小者市乡党之誉，讹风习习，扇成厥俗。通儒不以言，执政不以禁。

这个现象在唐灭亡后得到暂时遏止。后梁时"诸道多奏军人百姓割股，青、齐、河朔尤多"，朱温下令："此若因心，亦足为孝。但苟免徭役，自残肌肤，欲以庇身，何能疗疾？并宜止绝。"（《旧五代史》卷三《梁书·太祖本纪》）朱温之所以要下达这样的命令，估计是因为当时处于战争状态，大量百姓以"割股奉亲"为手段逃避征役，于是朱温也顾不得什么孝道了，一举取消了对割股奉亲者的优待。

后唐灭梁后，不知道从什么时候开始恢复了对割股奉亲者的奖励。后唐自视为唐的继承者，重新提倡孝道、恢复对割股奉亲者的奖励是自然而然的事情。此门一开，"割股奉亲"愈发泛滥，甚至出现了这样的现象："民苦于兵，往往因亲疾以割股，或既丧而割乳庐墓，以规免州县赋役。户部岁给鬸符不可胜数。"真怀疑在这样鬸符满天飞的情况下，政府是否还有能力保证此事的严肃性，避免出现假冒者。

天成四年（929）四月，程逊曾经上疏说：

> 臣闻身体发肤受之父母，不敢毁伤，所以乐正子春下堂伤足三月不出而有忧色。民间多有割股上闻天听者，伏以尧代则共推虞舜，孔门则首举曾参，皆以至孝奉亲，不闻割股肉疗疾。或真有怀怙恃之感，报劬劳之恩，孝起因心，痛忘遗体，实行此事，自是人子之常情，不合鼓扇声名，希沾恤费。伏维陛下道齐覆载，孝治寰区，渐致升平，全除矫妄，乞愿明敕遍下诸州，更有此色之人，不令举奏。所冀真诚者自彰孝感，诈伪者免惑乡闾，咸归朴素之风，永布雍熙之化。（《册府元龟》卷四七五《台省部·奏议六》）

这段话的中心思想和韩愈的《鄠人对》如出一辙。虽然很中肯，但是到了这个时候，割股奉亲已经成为中国社会一种牢固的风习，难以根除了。

最主要的标志就是宋代士大夫阶层已经开始普遍认可这种行为，或至少是睁一眼闭一眼，朱熹就曾经说："今人割股救亲，其事虽不中节，其心发之甚善，人皆以为美。"（《朱子语类》卷五九《孟子九》）

对于韩愈的《鄠人对》，也有人进行了猛烈抨击。如黄震认为割股奉亲者都是一些缺医少药的小民，其本意在于为父母治病，其孝心足以感动天地，怎么能说这是为了逃避赋役呢？他批评《鄠人对》太过刻薄，《黄氏日抄》卷五九："剔股以瘳母疾，虽非圣贤之中道，实孝子一念之诚切也，为对鄠人之说者，何忍且薄耶！"他甚至怀疑《鄠人对》不是韩愈所作，并进一步把孝子割股与唐代颜杲卿等忠臣尽忠成仁的举动相提并论。宋朝自建国以来就屡遭外患，士大夫对于"忠"是十分看重的，忠孝本为一体，在这个大前提下，鼓励"孝"是很自然的事情。黄氏的议论就是其中的代表。割股奉亲也就借此继续蔓延。

元代忽必烈政府曾经发布禁止旌表割股奉亲的命令："至元七年十月，御史台为新城县杜添儿为伊嫡母患病，割股煎汤行孝，旧例合行旌赏，为此公议得上项：割股旌赏体例虽为行孝之一端，止是近代条例，颇与圣人垂戒不敢毁伤父母遗体不同，又恐愚民不知侍养常道，因缘奸弊，以致毁伤肢体，或致性命，又贻父母之忧，……今后遇有割股之人，虽不在禁限，亦不须旌赏，省府准呈仰照验施行。"

　　明朝洪武时期，已经明令取消了相关奖励，但是割股奉亲者还是大有人在，成为社会痼疾。即便到了西方现代医学全面进入的民国时期，割股奉亲已经被证明在医疗方面是毫无意义的，但是仍然屡禁不止，一直到二十世纪中期以后才逐渐绝迹。割股之举已经是孝子们表达自己孝心的极致手段，也是社会舆论衡量子女孝顺与否的标准，从这个角度看来，它早已经超出医疗的层面了。

附录

唐人张九奴的一天（微小说）

目前，史学研究正在日益细化，研究者的目光开始更多地落在历史细节之上，先民的社会日常生活就包括其中。笔者将唐代基层民众医疗状况用虚拟手段表现出来，尽量拣选比较典型的历史片段，缀合并浓缩为一个唐代长安普通居民张九奴的一天。这一天里，这个虚拟的主人公将为自己的疾病忙碌奔波，跟随着他的步伐，历史的画卷将逐步展开，为我们展现出唐代基层民众的社会生活面貌。需要说明的是，本文既非完全的纪实，但也不是"戏说"，文章中各关键之处的出典，均附于文后，敬请读者留意。

唐文宗太和年间的某一天。清晨，长安城醒来。远处的终南山巍峨端庄，俯瞰着这座宏伟的城市。城墙内炊烟氤氲，城东北巍然耸立的大明宫含元殿超乎其上，承受着清晨的阳光。宵禁解除后，整齐的棋盘状街道上，已经开始出现熙熙攘攘的人群。

归义坊高高的坊墙内，一个名叫张九奴的五十多岁的男人蹒跚而行[1]。他是这座数十万人口城市中毫不起眼的一员[2]，平日里靠在城外碾硙佣作生活，近日却不得不停下了活计——他的左眼生了白翳，视力锐减。昨日曾请一间阎医工前来诊视[3]，医工说："这个病乃是脑积毒热，脑脂融化流下，盖塞瞳子，生成白翳，名曰内障，又名瞖。"[4] 问他如何调理，他却不敢措手，只是说曾闻有人可以针拨去白翳[5]，但是不详其法，曾以重金赂之，却无人肯向其传授[6]。最后只给九奴开出一味药方，暂且调养，药物有石胆、波斯盐绿、真石盐、硇砂、秦皮、蕤仁、乌贼骨、细辛、防风、黄连等[7]。九奴暗自叫苦，秦皮、黄连、蕤仁之类尚且易得，波斯盐绿、石胆之类，皆来自异域，石胆以南诏所产为佳，波斯盐绿更是舶来品[8]，叫一个穷汉如何取得？妻子劝他治病为重，拿出了积蓄，让他第二天去药肆打探一下价钱。

长安城的药肆，主要集中在东西二市，无奈距离九奴家甚远。九奴家住长安城南部，这是长安的穷人聚居区[9]，东西二市在城中线偏北，视力衰退的九奴走起来颇感吃力，所以他首先想到了邻近的通轨坊一家私开的药肆。之所以说是私开，是因为它没有按规定开到东西二市之中，而是将坊墙拆毁一小段，直接开成一个临街的门面，做起药材生意来。这是律令禁止的，可是多年来巡街的金吾卫对此也是视而不见，因为长安城内此种打破坊墙自由贸易的现象已是常事，唐初那种严格整齐的坊市制度早已不复存在。通轨坊的药肆面积不大，价格便宜，穷汉们抓药首先想到的就是这里。

大街上，尘土飞扬，大路旁的槐花发出阵阵清香[10]，与路旁排水沟里的异味混合[11]，刺激着九奴的鼻腔。走不多远就是那家药肆，九奴走到近前才发现药肆门口聚集着一大堆人，药肆主人也在其中，情绪似乎十分激动，高声嚷着。周围是几个长安县的胥吏（唐长安城以朱雀大街为界线，西部属长安县，东部属万年县），个个手执工具，嘻皮笑脸地看着药肆主人。一个年长的胥吏手拿一纸，指着对方的鼻子比试嗓门："奉敕令，长安各坊先前私开向街门户皆须关闭，恢复原样。尔非三品以上官员，尔坊原本四面有门，故尔私开门户必须于今日关闭，慎毋多言！"[12] 即将断了财路的药肆主人急赤白脸，几欲与胥吏们撕扯起来，一贯胆小怕事的九奴见状急忙走开，再不敢回头看那纷闹的场景。

这附近，原本还有两家药肆，可是既然是全城行动，估计那两家也要关门了，九奴思忖片刻，叹了口气："只有去西市了。"时辰尚早，西市此时尚未开门（唐长安东西市正午开市），九奴刚好可以拖动身躯挪到那里去。

春季的阳光照耀在蹒跚而行的九奴身上，颇有些燥热。约在午时，九奴来到了西市南门前，黑压压的人群里混杂着马车、牛车、驴车和高大的骆驼，正在等待开市，熙熙攘攘，热闹非凡。人群中除了长安本地居民外，还有远来的行商，波斯人、新罗人、大食人、回鹘人、南诏人、粟特人……衣着、语言各不相同，都要在这个超级大都市的市场里追逐几分商利。然而这一切都引不起九奴的兴趣，他所关注的仍然是自己干瘪的钱袋能否在这里换来一副药剂。

鼓声响起，不缓不急，初来者引颈观望，老练者不慌不忙，须知这鼓声要响上二百下市门方得开启[13]。鼓声停止，高大的市门吱呀呀打开，人群像水流一般涌入了市场。

这个巨大的市场四四方方，内里按照经营种类的不同排列商行，每日吞吐着大量的丝麻、瓷器、药材、木器、食盐、粮食、果蔬，还有众多的奇巧宝器以及妖媚的酒肆胡姬，时常引来富家贵族子弟流连忘返。人群、牲畜激起的声浪甚嚣尘上，九奴穿过喧嚷的人群来到了一家药肆前。

西市的药肆，无论是规模还是气派都是各坊小药肆无法比拟的，每日都有无数珍奇药物吐纳其间。即便是吐蕃占领西域之后，来自西亚和中亚的商品还是辗转绕路或者通过海陆联运来到长安，其中就包括大量的香药和其他药材。长安周围的私家药园产品和山野村民所采药物也多在此集散。药肆一般都财大气粗，出手上千万钱的交易是经常的事情。九奴站在热闹、高敞的药肆门前，更觉得自己的渺小。以前西市曾有过一个叫宋清的药商，为人宽厚，穷人来买药，往往可以赊账，债条多了，宋清则一把火烧净，毫不以为意[14]。自打宋清故去，这个铜臭充溢的市场里就再也没有穷人可以赊账的地方了。

九奴逡巡再三，终于鼓起勇气向衣着光鲜的药肆伙计打听起价格，伙计冷冷地打量了他一眼，料他也不识字，于是转过头，用机械的语调读出木牌上的价格："波斯盐绿一分，上值钱六十文，次五十文，下四十文……"[15]九奴盘算再三，以荷包内的钱，凑足一份药尚可，可是以后呢？病来如山倒，病去如抽丝，后续的药钱，如何打理？张九奴只好转身离去，在他的身后，西市依旧喧嚣沸天，丝毫不在意那个失望远去的背影。

九奴走在路上，忽然想起：何不去看看官医？长安城按制度，设有医学博士一人，博士下还有助教一人，率领三十名医学生掌管百姓医疗[16]，或许可以去碰碰运气。之所以说去碰运气，是因为长安城内为百姓看病的官医只有这一处（至于翰林医官、尚药局、药藏局以及太医署，或为皇帝，或为东宫太子，或为百官公卿看病，不会惠及下层民众，除非发生大规模瘟疫），医人中的好手一般都供职于尚药局，有幸者还可以当上翰林医官，来当医学博士的，多是太医署毕业生中成绩次等者，至于其所教授的医学生，也多半是新手，尚无力承担医疗之任，人手常显不足，看病的民众经常等待一天也排不上，何况此时日已过午。[17]

九奴在路边买了一个蒸饼权作午餐，边吃边走。到了目的地一看，果不其然，患者盈门，而医学博士据说被迎到城外某处看病，只剩下助教和三五个医学生留作应付。九奴眼见无望，转身离去，却在门口和一个年轻的医学生搭上了腔。九奴的白翳如此醒目，以至于经验尚浅的医学生也能轻易判明，并告诉他此病博士治疗效果不佳，但是城内有几个有名胡医擅长此道[18]，可以去试试。九奴告以囊中羞涩，医学生听罢思忖一番，又向九奴推荐了两个人："此去同州（今陕西大荔），有二眼医，一名石公集，一名周师达，乃是姑表亲，其家族世传针拨内障法，屡有神效。尔若去，所费无多，且可一劳永逸。"[19]九奴听罢大喜过望，同州距此不远，且有亲戚可以投宿，如能一拨见效，对九奴来说真是再好不过。但医学生接着又说："针拨法最忌白翳下生有赤脉，有则无从下手。"九奴听不懂这个名词，只觉得这是一件很严重的事情，急忙问学生："你看我可有赤脉？"医学生拱手："此非某力所能为。"沉思片刻，医学生又说："汝可求助于咒禁法，或可弭灾。"九奴听罢再三揖求学生为自己施咒禁法，医学生再拱手："某身为医学生，未尝专力于此，此去香积寺病坊[20]，有高僧大德可施咒禁。"[21]九奴再三感谢，转身直奔城外……

夕阳西下的时候，九奴步履艰难地回到了明德门（长安城正南门），余晖将他的影子拖得很长，一如九奴沉重的心思。暮霭沉沉，身后遥远的终南山已经模糊不清，它将和长安城一同睡去。

九奴回到家中，将这一天的经过告诉了妻子，并且拿出了在香积寺求得的符，上面的图案谁也看不懂。这是九奴在寺庙里向一个沙弥讨来的，沙弥还认真地教了几句咒文让九奴背过："愿眼紫金灯，洒洒水离易，黄沙满藏经。千眼千首千龙王，文殊大士骑狮子，普贤菩萨乘象王。日里云膜尽翳膜消磨。强中强，吉中吉，眼中常愿得光明，清净般若波罗蜜。"[22]背完九奴又将符纸贴到东墙上，夫妻一起虔诚地拜了一拜。

在老伴的服侍下，疲惫的九奴躺在了榻上，老伴在一旁絮絮叨叨地为他盘算："明日去同州，可赁一头驴骑乘，若是那医人能手到病除，回程就不要乘驴了，钱已无多……"九奴一边答应着，一边沉沉睡去，似睡非睡之间，他想起明日的旅程，心中还是充满了期望。是啊，明日，九奴这样的升斗小民，若没有对"明日"的期待，又如何能熬过这漫漫黑夜呢……

注释：

（1）在敦煌文书和唐代墓志铭中，普通民众里叫作"XX奴"者十分常见，我们的主人公姑且称为"张九奴"。

（2）关于唐代长安的人口数量研究者甚多，例如冻国栋、武伯伦、李之勤、郑显文、龚胜生、薛平栓、外山军治、平冈武夫、佐藤武敏、日野开三郎、妹尾达彦等。但是结论差别比较大，因为长安人口不仅仅包括在籍户口，还包括很多流动人口（赴京考生、参加铨选的官员、游方僧人、外国人、行商等），难以准确判断。以开元、天宝时期为例，日野开三郎《论唐大都邑的户数规模——以首都长安为中心》（载《日野开三郎东洋史学论集》第13卷）认为当时长安有100万居民，而按照妹尾达彦《唐都长安城的人口数与城内人口分布》（载《中国古都研究（十二）》，山西人民出版社1998年版）的推算则为70万，文宗时期的长安城繁华程度可能逊于开、天时期，但也有相当大的规模。

（3）走街串巷的医人古称"游方郎中"或者"铃医"等，唐代此类人名为"闾阎医工"。《资治通鉴》卷二四九唐宣宗大中九年（855）十一月条："有闾阎医工刘集，因缘交通禁中，上敕盐铁补场官。"胡三省注云："医工无职于尚药局，不待诏于翰林院，但以医术自售于闾阎之间，故谓之闾阎医工。"

（4）本文中张九奴所患乃是白内障，关于病因的解释和治疗方式，参照了杜牧《樊川文集》卷十三《上宰相求湖州第二启》中其弟杜顗治疗白内障的经历。

（5）针拨白内障法很早就由印度传入中国，参见本书第九章《针拨白内障——一项传奇手术的历史》。

（6）医人之间相互保密、恶性竞争的情况贯穿于整个中国历史，民国著名医生伍连德说："数千年来，吾国之通病，偶有所得，秘而不宣，则日久渐就湮灭。"见《论中国当筹防病之方实行卫生之法》，载《东方杂志》第 12 卷第 2 号。

（7）此药方见于唐王焘著《外台秘要》卷二一引《近效方》之疗眼瞖方。

（8）波斯盐绿是含铜的碳酸盐矿物，又名孔雀石，《唐本草》记载其产地在焉耆，是治疗眼病的首选："绿盐，云以光明盐、硇砂、赤铜屑酿之为块，绿色。真者出焉耆，水中取之。状若扁青、空青。为眼药之要。"唐代李珣《海药本草》则云其产于波斯："按《古今录》云，盐绿，波斯国在石上生。方家少见用也。按舶上将来为之石绿，装色久而不变。"要言之，"盐绿"主要来自西域或者中亚。唐文宗时期西域尚被吐蕃占领，唐之外贸多依靠海路，故称其为"舶来品"。

（9）唐长安城中，宫阙在北端，因此达官贵人为了上朝方便亦多居北部，北部人口密集，而南部一些地段甚至空旷无人，以至变成耕地，宋敏求《长安志》卷七《唐京城》云："自朱雀门南第六横街以南率无居人第宅。自兴善寺以南四坊，东西尽郭，虽时有居者，烟火不接，耕垦种植，阡陌相连。"

（10）长安城内大路旁多栽种槐树，见《唐会要》卷八六。

（11）唐代宫城、皇城有完善的下水道，但是城区其他地方靠露天的阴沟排水，阴沟上常有通行的小桥。唐宪宗元和十年，宰相裴度遇刺时曾经滚入路旁水沟，躲过一劫。

（12）《唐会要》卷八六："太和五年七月左右，巡使奏：伏准令式及至德、长庆年中前后敕文，非三品已上及坊内三绝，不合辄向街开门，各逐便宜，无所拘限。因循既久，约勒甚难，或鼓未动即先开，或夜已深犹未闭，致使街司巡检人力难周，亦令奸盗之徒易为逃匿。伏见诸司所有官宅多是杂赁，尤要整齐，如非三绝者，请勒坊内开门向街门户悉令闭塞。敕旨除准令式各合开外，一切禁断，余依。"唐代类似的举措有过多次，其主要目的除了维护街巷秩序之外，对当时冲破坊市制度束缚的商品经济也是一个打击，但是这样的举措并未能完全阻止自由商品经济的发展，有兴趣的读者可参看冻国栋《唐代的商品经济与经营管理》（武汉大学出版社，1990 年）以及宁欣《唐代长安的街——线形空间在突破坊市制度过程中的作用》（中国唐史学会第九届年会论文）等。

（13）唐制：正午击鼓二百下，市场开门交易，日落前七刻击钲三百下，市场关门。见《唐会要》卷八六。

（14）药商宋清确有其人，其事迹见柳宗元撰写之《宋清传》。

（15）唐代药肆的药材以分为单位，分上中下三等分别标价的形式，见于大谷文书《唐天宝二年（743）七月交河郡市司状（市估案）》。

（16）这一制度见《新唐书》卷四九《百官志》，但是长安城医学生人数记载有误，作"二十人"，根据《玉海》卷一一二《唐医学》的记载，应该是三十人。

（17）唐代虽然在两都及地方州（郡）设有医学博士（有时称医博士）掌管境内巡疗，但是其人数甚少，与人口的比例甚至有时在 1：20000 左右，不可能满足境内百姓的医疗需求。

（18）唐代胡医甚多，尤其擅长眼科。胡医是对外国医师的泛称，其中有天竺人、大秦人等。

（19）此二眼医确有其人，见杜牧《樊川文集》卷十三《上宰相求湖州第二启》。

（20）唐代不少寺庙设有悲田病坊，为穷人疗病兼收乞丐，政府几度将悲田病坊归为政府辖管，欲以此割断宗教团体与民众的关系。参见本书第三章《古代的医生与医院》。

（21）古代很长时期中是医巫不分的。"医"之旧体字作"毉"，此字由"医"和"巫"组成，恰如其分地反映了这一点。一直到中古时期，医巫不分的现象还在持续，唐代医疗手段中，带有浓厚迷信色彩的咒禁术十分盛行，宫廷设有"咒禁博士"，民间医疗活动中咒禁更是盛行，孙思邈《千金翼方》卷二九《禁经上》云："故有汤药焉，有针灸焉，有禁咒焉，有符印焉，有导引焉。斯之五法，皆救急之术也。"将咒禁术和符印法列在医疗"五法"之中。不但佛寺、道观为人看病时使用咒禁术，民间也有专业的咒禁师，或称为"诅师"。韩愈《谴疟鬼》云："屑屑水帝魂，谢谢无余辉。如何不肖子，尚奋疟鬼威？乘秋作寒热，翁妪所骂讥。求食欧泄间，不知臭秽非。医师加百毒，熏灌无停机。灸师施艾炷，酷若猎火围。诅师毒口牙，舌作霹雳飞。符师弄刀笔，丹墨交横挥。"这里描述了医师、针灸师、咒禁师各施其能对付疟疾的场景。

有一个故事能反映出这一点，后唐庄宗皇后刘氏幼时父母离散。后其父前来认亲，刘皇后嫌弃其医人身份低贱，竟然心一横，坚持不认亲。庄宗拿此事开玩笑，他是历史上著名的爱好戏剧的皇帝，还经常自己下场子去扮演角色，这么好的一个机会当然不放过。《北梦琐言》："庄宗好俳优，宫中暇日，自负蓍囊药篚，令继岌破帽相随，似后父刘叟以医卜为业也。"当时刘皇后正在假寐，而他和儿子李继岌身背医药和卜筮工具，扮演风尘仆仆的师徒二人，借以取笑刘皇后，把皇后气得够呛。这幅画面应该就是唐五代游医的典型形象，医工携带药品，也携带卜算工具，反映了当时的医巫不分。

（22）此咒语出古代眼科专著《银海精微》，此书原题作者为孙思邈，系伪托。

主要参考文献

史料、专著

［汉］司马迁：《史记》，中华书局，1959 年。

［汉］班固：《汉书》，中华书局，1962 年。

［南朝宋］范晔：《后汉书》，中华书局，1965 年。

［晋］陈寿：《三国志》，中华书局，1982 年。

［唐］房玄龄等：《晋书》，中华书局，1974 年。

［南朝梁］沈约：《宋书》，中华书局，1977 年。

［南朝梁］萧子显：《南齐书》，中华书局，1972 年。

［北齐］魏收：《魏书》，中华书局，1974 年。

［唐］令狐德棻等：《周书》，中华书局，1971 年。

［唐］李百药：《北齐书》，中华书局，1972 年。

［唐］李延寿：《北史》，中华书局，1974 年。

［唐］李延寿：《南史》，中华书局，1975 年。

［唐］魏徵、令狐德棻：《隋书》，中华书局，1973年。

［后晋］刘昫等：《旧唐书》，中华书局，1975年。

［宋］欧阳修、宋祁：《新唐书》，中华书局，1975年。

［元］脱脱等：《宋史》，中华书局，1985年。

［元］脱脱等：《金史》，中华书局，1975年。

［宋］司马光：《资治通鉴》，中华书局，2011年。

［宋］李焘：《续资治通鉴长编》，中华书局，2004年。

［唐］郑处诲，［唐］裴庭裕：《明皇杂录 东观奏记》，田廷柱校点，中华书局，1994年。

［唐］吴兢：《贞观政要》，上海古籍出版社，1978年。

［五代］王仁裕，［唐］姚汝能：《开元天宝遗事 安禄山事迹》，曾贻芬点校，中华书局，2006年。

［宋］王溥：《唐会要》，中华书局，1955年。

［宋］王谠：《唐语林》，上海古籍出版社，1978年。

［元］辛文房：《唐才子传校笺》，傅璇琮主编，中华书局，1995年。

［宋］李昉等编：《太平御览》，中华书局，1960年。

［宋］李昉等编：《太平广记》，中华书局，1961年。

［宋］李昉等编：《文苑英华》，中华书局，1966年。

［宋］王钦若等编：《册府元龟》，凤凰出版社，2006年。

［南朝梁］慧皎：《高僧传》，汤用彤校注，汤一玄整理，中华书局，1992年。

［唐］道宣：《续高僧传》，郭绍林点校，中华书局，2014 年。

［宋］赞宁：《宋高僧传》，范祥雍点校，中华书局，1987 年。

［唐］释道世：《法苑珠林校注》，周叔迦、苏晋仁校注，中华书局，2003 年。

［北魏］杨衒之：《洛阳伽蓝记校注》，范祥雍校注，上海古籍出版社，1978 年。

［汉］许慎：《说文解字》，天津古籍出版社，1991 年。

［汉］刘安编，何宁撰：《淮南子集释》，中华书局，1998 年。

［汉］应劭：《风俗通义校注》，王利器校注，中华书局，1981 年。

［唐］刘恂：《岭表录异》，扬州：广陵书社，2003 年。

［五代］孙光宪：《北梦琐言》，贾二强校点，中华书局，2002 年。

［宋］苏轼：《东坡志林》，王松龄点校，中华书局，1981 年。

［宋］洪迈：《夷坚志》，何卓点校，中华书局，2006 年。

［宋］张君房：《云笈七签》，李永晟点校，中华书局，2003 年。

［宋］周去非：《岭外代答校注》，杨武泉校注，中华书局，1999 年。

［明］王临亨：《粤剑编》，凌毅点校，中华书局，1987 年。

［明］沈德符：《万历野获编》，中华书局，1959 年。

［明］徐应秋：《玉芝堂谈荟》，《文渊阁四库全书》本。

［清］屈大均：《广东新语》，中华书局，1985 年。

［清］屠寄：《蒙兀儿史记》，世界书局，1962 年。

［梁］萧统编，［唐］李善注：《文选》，上海古籍出版社，1986 年。

［清］彭定求等：《全唐诗》，中华书局，1960 年。

［清］董诰等编：《全唐文》，中华书局，1983 年。

［清］邵之堂辑：《皇朝经世文统编》，光绪辛丑年上海宝善斋
　　石印本。

［明］王守仁：《王文成公全书》，王晓昕、赵平略点校，中华
　　书局，2015 年。

睡虎地秦墓竹简小组编：《睡虎地秦墓竹简》，文物出版社，
　　1990 年。

天一阁博物馆、中国社会科学院历史研究所《天圣令》整理
　　课题组校证：《天一阁藏明钞本天圣令校证附唐令复原研
　　究》，中华书局，2006 年。

［汉］张仲景：《伤寒论校注》，刘渡舟等校注，人民卫生出版
　　社，1991 年。

［晋］皇甫谧：《针灸甲乙经》，明古今医统正脉全书本。

［晋］葛洪著，王明校释：《抱朴子内篇校释》，中华书局，
　　1986 年。

［梁］陶弘景：《名医别录》，人民卫生出版社，1986 年。

［隋］巢元方等撰，南京中医学院校释：《诸病源候论校释》，
　　人民卫生出版社，1980 年。

［唐］孙思邈：《千金翼方》，人民卫生出版社，1955 年。

［唐］孙思邈：《备急千金要方》，人民卫生出版社，1955 年。

［唐］孙思邈：《孙真人千金方》，李景荣校点，人民卫生出版
　　社，2000 年。

［唐］王焘：《外台秘要》，人民卫生出版社，1955 年。

［唐］王冰：《黄帝内经素问》，人民卫生出版社，1963 年。

［唐］陈藏器撰，尚志钧辑释：《〈本草拾遗〉辑释》，安徽科
　　学技术出版社，2004 年。

［宋］赵佶敕编：《圣济总录》，王振国、杨金萍主校，中国中
　　医药出版社，2018 年。

［元］倪维德：《原机启微》，明刻薛氏医案二十四种本。

［明］李时珍：《本草纲目》，人民卫生出版社，1979 年。

［明］杨谈允贤，［清］任树仁：《女医杂言　妇科约囊万金
　　方》，中医古籍出版社，2007 年。

［明］王肯堂辑：《证治准绳》，倪和宪点校，人民卫生出版
　　社，1991 年。

［日］丹波康赖编撰，沈澍农等校注：《医心方校释》，学苑出
　　版社，2001 年。

陈邦贤：《花柳病救护法》，上海医学书局，1917 年。

余云岫：《古代疾病名候疏义》，人民卫生出版社，1953 年。

范行准：《中国预防医学思想史》，华东医务生活社，
　　1953 年。

吴海林、李延沛编：《中国历史人物生卒年表》，黑龙江人民

　　出版社，1981 年。

贾静涛：《中国古代法医学史》，群众出版社，1984 年。

中国卫生年鉴编辑委员会：《中国卫生年鉴（1984）》，人民
　　卫生出版社，1985 年。

范行准：《中国病史新义》，伊广谦等整理，中医古籍出版社，
　　1989 年。

王书奴：《中国娼妓史》，上海书店，1992 年。

徐永庆、何惠琴：《中国古尸》，上海科技教育出版社，
　　1996 年。

梁庚尧：《宋代社会经济史论集》，允晨文化实业股份有限公
　　司，1997 年。

邓启耀：《中国巫蛊考察》，上海文艺出版社，1999 年。

三门峡市文物工作队：《北宋陕州漏泽园》，文物出版社，
　　1999 年。

刘新明、刘益清主编，《中国卫生年鉴》编辑委员会编：《中
　　国卫生年鉴（2003）》，人民卫生出版社，2003 年。

范家伟：《六朝隋唐医学之传承与整合》，中文大学出版社，
　　2004 年。

廖芮茵：《唐代服食养生研究》，台湾学生书局，2004 年。

余英时：《东汉生死观》，何俊编，侯旭东等译，上海古籍出
　　版社，2005 年。

邓铁涛：《中国防疫史》，广西科学技术出版社，2006 年。

曹树基、李玉尚：《鼠疫：战争与和平——中国的环境与社会变迁（1230—1960 年）》，山东画报出版社，2006 年。

廖育群：《医者意也——认识中医》，广西师范大学出版社，2006 年。

周琼：《清代云南瘴气与生态变迁研究》，中国社会科学出版社，2007 年。

韩康信、谭婧泽、何传坤：《中国远古开颅术》，复旦大学出版社，2007 年。

王吉民、伍连德：《中国医史》，上海辞书出版社，2009 年。

马伯英：《中华医学文化史》，上海人民出版社，2010 年。

梁其姿：《面对疾病——传统中国社会的医疗观念与组织》，中国人民大学出版社，2011 年。

黄楼：《唐宣宗大中政局研究》，天津古籍出版社，2012 年。

陈明：《印度梵文医典〈医理精华〉研究》，商务印书馆，2014 年。

苏上豪：《癫狂的医学：你所不知道的医疗奇闻》，现代出版社，2017 年。

杜新豪：《金汁——中国传统肥料知识与技术实践研究（10—19 世纪）》，中国农业科学技术出版社，2018 年。

于赓哲：《从疾病到人心——中古医疗社会史再探》，中华书局，2020 年。

（英）Edward Jenner，*On The Origin of the vaccine Innoculation*，printed by D. N. Shury，soho. 1801.

（美）美国人口普查局：《美国历史统计年鉴：从殖民时代到1970 年》；美国健康与人力服务部，国家卫生统计中心，1991 年。

（美）郑麒来：《中国古代的食人——人吃人行为的透视》，中国社会科学出版社，1994 年。

（美）罗伊·波特（Roy Porter）：《剑桥医学史》，张大庆等译，吉林人民出版社，2000 年。

（美）贺萧（Gail B. Hershatter）：《危险的愉悦——20 世纪上海的娼妓问题与现代性》，韩敏中、盛宁译，南京：江苏人民出版社，2003 年。

（日）山田庆儿著，李建民主编：《中国古代医学的形成》，东大图书股份有限公司，2003 年。

（美）费侠莉（Charlotte Furth）：《繁盛之阴——中国医学史中的性 960—1665》，甄橙主译，南京：江苏人民出版社，2006 年。

（美）威廉·麦克尼尔（William H. McNeill）：《瘟疫与人》，余新忠、毕会成译，中国环境科学出版社，2010 年。

（美）克罗斯比（Alfred W. Crosby）：《哥伦布大交换：1492年以后的生物影响和文化冲击》，郑明萱译，中国环境科学出版社，2010 年。

（美）约翰·伯纳姆（John Burnham）：《什么是医学史》，张
　　大庆校，颜宜葳译，北京大学出版社，2010 年。

（美）薛爱华（Edward H. Schafer）：《撒马尔罕的金桃——唐代
　　舶来品研究》，吴玉贵译，社会科学文献出版社，2016 年。

报刊、论文

伍连德：《论中国当筹防病之方实行卫生之法》，《中华医
　　学杂志》1915 年第 1 期。

李大钊：《废娼问题》，《每周评论》1919 年第 19 号。

罗尔纲：《霍乱病的传入中国》，《历史研究》1956 年第 3 期。

（日）松木明知：《麻醉科學史研究最近の知見［10］——漢
　　の名医華佗は實はペルシャ人だった》，日本《麻醉》
　　1980 年第 5 期。

胡戟、胡乐：《试析玄武门事变的背景内幕》，载中国唐史学
　　会编《唐史学会论文集》，陕西人民出版社，1986 年。

李经纬：《中医外科学的发展》，载《中国医学百科全书·医
　　学史》，上海科学技术出版社，1987 年。

黄永年：《唐元和后期党争与宪宗之死》，载《中华文史论丛》
　　第 49 辑，上海古籍出版社，1992 年。

徐永志：《近代溺女之风盛行探析》，《近代史研究》1992 年
　　第 5 期。

萧璠：《汉宋间文献所见古代中国南方的地理环境与地方病及
　　其影响》，载《"中央研究院"历史语言研究所集刊》（台
　　北）1993 年第 63 本第 1 分。

林梅村：《麻沸散与汉代方术之外来因素》，载《学术集林》
　　卷 10，上海远东出版社，1997 年。

妹尾达彦：《唐都长安城的人口数与城内人口分布》，载《中
　　国古都研究（十二）》，山西人民出版社，1998 年。

范家伟：《汉唐时期疟病与疟鬼》，"中央研究院"历史语言研
　　究所主办"疾病的历史"研讨会论文，2000 年。

陈寅恪：《三国志曹冲华佗传与佛教故事》，载氏著《寒柳堂
　　集》，生活·读书·新知三联书店，2001 年。

李玉尚：《霍乱在中国的流行（1817—1821）》，载《历史地
　　理》第十七辑，上海人民出版社，2001 年。

徐建云：《我国古代女医的成就及其人员稀少的原由探析》，
　　《南京中医药大学学报（社会科学版）》2002 年第 1 期。

左鹏：《汉唐时期的瘴与瘴意象》，载荣新江主编《唐研究》
　　第 8 卷，北京大学出版社，2002 年。

李贞德：《唐代的性别与医疗》，载邓小南主编《唐宋女性与
　　社会》，上海辞书出版社，2003 年。

（印）苏巴拉亚巴（Subbalayappa）：《李约瑟视野中的印度科
　　学》，《世界汉学》第 2 期，2003 年 5 月。

韩奕、耿建国：《张仲景时代与生卒年考》，中华中医药学会

仲景学说学术研讨会会议论文，2004 年。

李伯重：《堕胎、避孕与绝育——宋元明清时期江浙地区的节育方法及其运用与传播》，《中国学术》2004 年第 1 期。

张箭：《梅毒的全球化和人类与之的斗争——中世晚期与近代》，《自然辩证法通讯》2004 年第 2 期。

阎爱民：《"世民跪而吮上乳"的解说——兼谈中国古代"乳翁"遗俗》，《中国史研究》2004 年第 3 期。

谭婧泽、徐智、金建中：《中国新石器时代古代居民体质研究》，载《第十届中国古脊椎动物学学术年会论文集》，海洋出版社，2006 年。

李建民：《失窃的技术——〈三国志〉华佗故事新考》，载《古今论衡》第 15 期，2006 年。

潘洪钢：《中国传统社会中的"具文"现象——以清代禁赌禁娼为例的讨论》，《学习与实践》2007 年 5 月。

李化成：《瘟疫来自中国？——14 世纪黑死病发源地问题研究述论》，《中国历史地理论丛》2007 年第 3 期。

孟兰英：《眼科专家唐由之回忆：毛主席听〈满江红〉做手术》，中国共产党新闻网 2007 年 12 月 29 日。

晋文、赵怡冰：《"重瞳"记载的起源、内涵和转变——从项羽重瞳说起》，《中国史研究》2014 年第 2 期。

仇鹿鸣：《校勘家与段子手：〈旧唐书〉与两〈五代史〉修订花絮》，澎湃新闻 2018 年 6 月 15 日。

王星光、郑言午：《也论金末汴京大疫的诱因与性质》，《历史
　　研究》2019 年第 1 期。

劳拉·斯宾尼（Laura Spinney）：《改变 20 世纪人类历史的
　　西班牙大流感》，腾讯网 2020 年 1 月 4 日。

陈胜前：《瘟疫的考古学思考》，《中国文物报》2020 年 3 月
　　1 日。

刘钊：《古文字中的"疫"情》，澎湃新闻 2020 年 4 月 10 日。

朱振宏：《唐太宗"跪而吮上乳"试释》，载氏著《跬步集：
　　从中古民族与史学研析洞悉历史的发展与真相》，台湾商
　　务印书馆，2020 年。